Kruse-Rodenacker · Die Stunde der Außenseiter

Albrecht Kruse-Rodenacker

Die Stunde der Außenseiter

Die Supermächte haben versagt
Die Gesetze des Verfalls
Planung als falsche Hoffnung

Econ Verlag · Düsseldorf · Wien

Lektorat: Peter Gutmann/Dirk Meynecke

1. Auflage 1972

Gesetzt aus der 10/12 Punkt Linotype Garamond der Stempel AG
Gesamtherstellung: Ebner, Ulm
Printed in Germany
ISBN 3 430 15735 8

Inhalt

Die Ohnmacht der Mächtigen 7

Erster Teil Aufbruch zur Gegenwart
Die zwei Welt-Polizisten: USA und UdSSR 13
Zwei Blöcke und die neue Politik 22

Zweiter Teil Entwicklungshilfe: Die große Invasion
Waffen und Brot 39
Das Ende eines Mythos 53
Die Dritte Welt wird Niemandsland 76

Dritter Teil Die Stabilität der Blöcke und ihre Konsequenzen
Die vier Säulen der Stabilität 103
Europa als Mitläufer 116
Die re-aktive Gesellschaft 139

Vierter Teil Das Ende des ökonomischen Zeitalters
Der Niedergang der Leistungsgesellschaft 153
Die Wende zum offenen Konflikt 195
Die Stunde der Außenseiter 237

Register 241

Die Ohnmacht der Mächtigen

Wer von uns heute in die Zukunft schauen will, der stößt auf einen Wirrwarr von Voraussagen. Wer aber unsere Gegenwart verstehen möchte, der geht leer aus. Denn was wir täglich sehen, hören, lesen und erleben – es fügt sich nicht mehr zu einem Bild. Wohl selten hat eine Gesellschaft mit so wenig Selbstverständnis leben müssen wie die unsrige. Die Regierungserklärungen erklären nichts mehr. Die Stimmen der Opposition hallen wie hilflose Klagerufe. Und niemand mag jenen mehr recht Glauben schenken, die immer noch die alten Forderungen stellen nach Zuwachs der Leistungen, nach Beschleunigung der Ablaufprozesse.

Eingesperrt im Warteraum der Gegenwart beginnen wir uns gegenseitig zu beschimpfen. Es werden Schuldige gesucht. Und dennoch herrscht so etwas wie ein heimliches Einverständnis darin, daß wir alle diese Gegenwart, so wie sie heute ist, nicht wollen. Auch was die Demonstranten in New York oder Paris, in Rio oder in Warschau auf ihre Plakate schreiben und durch die Straßen führen, ist ein NEIN zu dieser Gegenwart. Es ist ein NEIN gegen Reformen und Gegenreformen, gegen Gesetze und Gesetzesänderungen, gegen Planungen und auch gegen die schönen »Modelle der Zukunft«.

Wir leben in einem schrecklichen Widerspruch zwischen erstaunlichen Möglichkeiten und den vielen Dingen, die heute nicht mehr möglich sind. Nie zuvor hat die Gesellschaft über eine so gewaltige Anhäufung von Kapital, Produktionsgütern und Erzeugnissen des Überflusses verfügen dürfen, und dennoch vermag sie nicht mehr die einfachsten Probleme und Nöte des Alltags zu lösen. Im Gegenteil, die Reformen und die sogenannten Sanierungen offenbaren die wachsende Machtlosigkeit der Gesellschaft.

Deshalb sammeln sich immer mehr unter dem NEIN zur Gegenwart. Hier und dort treten sie aus ihrem stummen Protest heraus in den Konflikt aller gegen alle. Niemand vermag vorauszusagen, welche Brisanz dieser Konflikt wirklich in sich birgt. Denn schon wird die ganze Wirkungslosigkeit unserer heutigen Kontrollsysteme sichtbar, wenn sich kleine Gruppen mit Entschlossenheit der gewaltigen Mittel bedienen, die ihnen die hochentwickelte Industriegesellschaft geradezu anbietet.

Auch in den internationalen Beziehungen treten wir in das Stadium gefährlicher Kettenreaktionen ein. In den Entwicklungsländern brechen Kriege vom Zaune, ohne daß die mächtigen Nationen dies verhindern könnten. Längst sind die Grenzen zwischen Krieg und Frieden bis zur Unkenntlichkeit verwischt. Kleine Aktionen bewirken große Effekte. Kleine Gruppen unterlaufen die Mächtigen dieser Erde. Wir erleben heute die Umkehrung dessen, was wir im Laufe unserer Industrialisierung gelernt haben. In den vergangenen Jahrzehnten war die politische Macht führender Gruppen immer nur so groß, wie sie wirtschaftliche Macht in ihre Dienste stellen konnten. Heute wendet sich das Blatt. Das wirtschaftliche Wachstum mündet unaufhaltsam in Konflikte, die durch wirtschaftliche Mittel nicht gelöst sondern noch verstärkt werden. Deshalb bieten sich den politischen Aktionen von Außenseitern immer verlockendere Möglichkeiten des Zugriffs. Und tatsächlich geben heute nicht mehr die technologischen Überlegenheiten der Giganten den Ausschlag, sondern die Überraschungen, die uns eine Handvoll Unbekannter bereiten.

Längst schon sind die Metropolen der Macht zum Schauplatz der Ohnmacht geworden. Washington und Moskau haben die Initiativen nicht mehr in der Hand und auch nicht die brauchbaren Mittel, wenn es im Mittleren Osten losbricht, in Peru, in Uganda oder in Pakistan. Auch innerhalb unserer Gesellschaft versagen die Mittel, wenn Kaufhäuser angesteckt oder Botschafter entführt werden.

Dabei ist das ganze Neuland noch gar nicht entdeckt, das sich heute dem kühnen Zugriff kleiner Gruppen anbietet. Es sammeln sich immer mehr unter dem NEIN zur Gegenwart. Aber noch niemand hat die Konturen dessen aufgezeigt, was technisch möglich ist für Akteure, die sich außerhalb der Spielregeln einer Gesellschaft stellen wollen, welche mit ihrer eigenen Gegenwart nicht mehr fertig wird.

Ist die Ohnmacht der Mächtigen eine vorübergehende Erscheinung? Ist der Prozeß des Auseinanderbrechens aufzuhalten? Das ist das Thema dieses Buches. Ich habe es geschrieben, um eine Antwort auf diese Fragen zu geben. Von Anfang an habe ich auf eine bloße

Darstellung des Zerfalls einer ohnmächtig-mächtigen Leistungsgesellschaft verzichtet. Immer wieder strich ich jene Teile aus dem Manuskript heraus, die den Vorgang nur veranschaulichten. Dagegen konzentrierte ich mich auf alles das, was diesen Vorgang zu erklären in der Lage ist. Auf diese Weise entstand das Buch.

Eigentlich schrieb ich das Buch rückwärts. Denn begonnen habe ich mit dem Verfall der Leistungsgesellschaft. Die Ursachen hierzu führten mich auf eine interessante Spur: die »re-aktiven« Gesellschaften und ihr Verbund in den zwei großen Blöcken Ost und West. Von hier aus war es nur noch ein kleiner Schritt zu dem Ringen beider Blöcke um die Vorherrschaft in der Dritten Welt.

Nachdem die einzelnen Kapitel fertiggestellt waren, schrieb ich das Buch noch einmal ganz von vorn. Ich ließ alle Tabellen und statistischen Dokumentationen beiseite. Auch die zahlreichen Quellenverweise erschienen mir ebenso überflüssig wie die analytischen Exkurse. Ich wollte in erster Linie mit dem Leser in ein Gespräch eintreten über die eigentlichen Ursachen einer Gegenwart, die unserer Kontrolle entgleitet. Das erste Kapitel handelt vom Aufbruch zur Gegenwart und erläutert den Fahrplan, den Washington und Moskau unserer Gegenwart diktierten. Das Buch endet dort, wo dieser Fahrplan sich selber aufzuheben beginnt.

Es muß dort enden. Denn noch zeichnen sich die Konturen einer neuen Ära nicht ab. Vielmehr deutet alles darauf hin, daß wir erst noch durch den ganzen Prozeß des Auseinanderbrechens hindurch müssen.

Erster Teil

Aufbruch zur Gegenwart

Die zwei Welt-Polizisten: USA und UdSSR

Der Aufbruch der USA und UdSSR zur Weltmacht vollzog sich unter dem Zwang der Ereignisse des Zweiten Weltkrieges. Niemand hatte vorausgesehen, daß dies der letzte »europäische« Krieg sein sollte. Welcher Art waren die entscheidenden Ereignisse? Diese Frage stellen wir an den Anfang.

Der sowjetische Gigant wurde von deutschen Truppen aus seiner jahrelangen Isolierung gezerrt. Erst tat er einen Schritt nach Polen hinein. Dann wich er bis Moskau zurück und brach schließlich auf zum Einmarsch nach Europa. Welches waren die für uns heute wichtigen Besonderheiten dieses Aufbruchs? Man kann sie auf einen einfachen Nenner bringen: Moskau gewann ohne wirklich neue Konzeptionen seinen gewaltigen Einflußbereich, die Basis des sozialistischen Blocks. Das alles geschah unter dem Zwang der Tag-für-Tag-Entscheidungen. Moskau kämpfte mit dem Rücken zur Wand. Deshalb schmiedete es keine weitreichenden Pläne. Sein Aufbruch vollzog sich in der europäischen Tradition territorialer Ausdehnung. Auch das sollte von großer Bedeutung sein.

Der amerikanische Gigant dagegen war von schützenden Weltmeeren umgeben. Sein Aufbruch vollzog sich nicht am Rande des Abgrunds, nicht unter dem Schock eines blutigen Überfalls auf das eigene Territorium. Es war ein langsames Erwachen aus der Isolierung. Wie der russische Gigant, so wollten auch die USA zunächst noch nicht zur Kenntnis nehmen, daß dieser Aufbruch zugleich der Aufbruch zur Weltherrschaft sein werde. Dennoch war hier das Handeln sehr bald von weiterreichenden Plänen bestimmt.

Schritt für Schritt erwachte die amerikanische Nation aus ihrem Dornröschenschlaf. Der erste Schritt mußte die amerikanische Kriegserklärung sein. Aber die Öffentlichkeit wollte nicht in den »europäischen Krieg« eintreten. Man war mit eigenen Dingen beschäftigt.

Im Juni des Jahres 1941 kehrten amerikanische Kriegsschiffe von »ihrer ersten Erfahrung mit der Atlantik-Patrouille oder dem Konvoi oder wie man es nennen will« zurück. Ein Zerstörer hatte britische Schiffbrüchige aufgenommen. Sogleich machte die Nachricht die Runde, amerikanische Wasserbomben seien auf ein deutsches U-Boot geworfen worden. Die Öffentlichkeit bäumte sich auf. Das Wort »Konvoi« wurde zum Tabu. Präsident Roosevelt aber kämpfte unbeirrt den Kampf der Überredung, in welchem er ein Meister war:

». . . nur einen Angriff abzuweisen. Ich wiederhole das jetzt wieder. Aber wir müssen realistisch sein, wenn wir das Wort ›Angriff‹ benutzen. Wir müssen das mit dem Blitz-Tempo der modernen Kriegführung in Beziehung bringen ... Wir haben daher unsere Patrouillen in den nördlichen und südlichen Atlantik ausgedehnt. Wir beteiligen immer mehr Schiffe und Flugzeuge an dieser Patrouille.«

Dann überfielen im Dezember desselben Jahres die Japaner die amerikanische Flotte in Pearl Harbor. Jetzt erst begriff die Öffentlichkeit, daß es um mehr ging als um einen »europäischen« Krieg. Dennoch verdächtigte man den Präsidenten der Rolle des Mitwissers beim japanischen Überfall auf die eigene Flotte. Jedoch überstürzten sich die Ereignisse so, daß keine Zeit mehr blieb für lange Kongreßdebatten.

Das heimliche Drängen des Präsidenten kam aus einer bösen Erfahrung und fußte zugleich auf einer weittragenden Idee. Die bösen Erfahrungen hatten die USA mit dem Ersten Weltkrieg gemacht, den sie militärisch gewannen, aber politisch verloren. Die Ursache hierfür war das Fehlen einer tragfähigen Konzeption für die Nachkriegszeit. Das sollte sich nicht wiederholen. Der Präsident gab noch am Ende des gleichen Jahres 1941 Anweisung, unverzüglich mit der Ausarbeitung von Nachkriegsplänen zu beginnen. So hatten sich nun beide Giganten endlich erhoben; aber nur einer von ihnen schmiedete Pläne, die unsere Gegenwart nachhaltig beeinflußten.

Die Konturen der Weltherrschaft

Welches waren die Grundzüge des amerikanischen Konzepts für die Nachkriegszeit? Zunächst einmal dies: Die treibende Kraft war die Idee des Präsidenten Roosevelt, daß eine neue Welt des Friedens und Wohlstands erstehen müsse, eine »Welt, wie wir sie wollen«, die zu gestalten die historische Aufgabe der USA sei. Damit strahlte der amerikanische Präsident eine moralische Kraft aus, der man dringend bedurfte. Hier etablierte sich die Konzeption der »Einen Welt«, die er dem alten Moskauer Konzept der kommunistischen Ausdehnung wohl noch unbewußt entgegensetzte.

Man hat zu Recht diese tragende Idee nach dem Kriege einen »großen Mythos« genannt, ohne zu wissen, daß er bis in die 60er Jahre hinein wirksam sein sollte. Zutreffend schreibt McNeill in seiner Analyse jener Jahre:

»Roosevelt verkörperte einen Mythos, und er überzeugte viele, wenn nicht gar die meisten Amerikaner, daran zu glauben. Der Mythos war ein optimistischer. Roosevelt sagte wiederholt – und anscheinend glaubte er auch selber daran –, daß, wenn erst der Krieg gewonnen ... sei, ein Zeitalter des internationalen Friedens, Wohlstandes, der Freiheit und Gerechtigkeit anheben werde und daß dies gewiß geschehe, wenn nur alle Menschen guten Willens tapfer diesem Ziele zustrebten.«

War diese Idee nicht ein zweiter Aufguß des Programms Präsident Wilsons vom Jahre 1918? War es nicht schon einmal gescheitert? Roosevelt muß sich diese Frage ernsthaft gestellt haben. Jedenfalls gab er eine Antwort auf die entscheidenden Fragen, die Wilson offengelassen hatte. Sie ist in den folgenden drei Elementen der amerikanischen Konzeption für die Nachkriegszeit enthalten:

1. Die Organisation des Weltfriedens
2. Die innere Stabilität der Staaten
3. Das Ende der europäischen Vormachtstellung

Die Organisation des Weltfriedens wurde zur Denk- und Planungsaufgabe erklärt. Eine Gruppe von 200 amerikanischen Juristen erarbeitete ein detailliertes System der vertraglichen Sicherung des Friedens. Es basierte auf dem großen Mythos von der »Welt, wie wir sie wollen«. Wesentliche Elemente dieser Konstruktion sind später in den Aufbau der Vereinten Nationen eingegangen. Im Grunde orientierten sich diese »Spezialisten des Friedens« an den Prinzipien, mit denen auch im innerstaatlichen Bereich Frieden und Ordnung aufrechterhalten werden.

In einem Gespräch mit Stalin kam Roosevelt ohne Umschweife auf das erste Element seiner Nachkriegskonzeption und damit auf den Kern der Sache: die Weltherrschaft. Dieses Gespräch, von Hopkins aufgezeichnet, zeigt deutlich genug, daß beide Giganten nunmehr die ihnen zufallende Rolle in den ersten Umrissen zu erkennen vermochten. Drei Forderungen Roosevelts und zwei Fragen Stalins definierten diese Umrisse.

Roosevelt: »Eine Versammlung der Vereinten Nationen solle beraten und empfehlen.«

Stalin: »Europa oder alle Nationen?«

Roosevelt: »Die Großen Vier und fünf Regionalvertreter sollen die wirtschaftlichen Aufgaben in die Hand nehmen.«

Stalin: »Sind ihre Beschlüsse für alle verbindlich?«

Roosevelt: »Nur die Großen Vier sollen sich in die Gewalt teilen.«

Die Großen Vier sind die USA, Sowjetunion, Großbritannien und China. Roosevelt nennt sie die »vier Polizisten«. Das ist eine Sprache, die auch Stalin versteht.

Seine erste Frage beantwortet Roosevelt damit, daß alle Nationen in der Versammlung vertreten sein sollen. Das ist der erste Schritt zur »Einordnung Europas«, gegen die Churchill später vergeblich zu kämpfen versucht.

Stalins zweite Frage läßt Roosevelt offen. Konnte er etwa die vier Polizisten den Beschlüssen der fünf Regionalvertreter unterwerfen? Diese Frage mußte er, und wenn nicht er, dann doch der amerikanische Senat verneinen.

Zu dem dritten Punkt – der Herrschaft der »Polizisten« – stellte Stalin keine Fragen. In diesem Kernpunkt war Roosevelts Absicht deutlich genug. Auch zu Eden sagte er im März 1943: »Die großen Entscheidungen müssen von den USA, Großbritannien, Rußland und China getroffen werden, die für viele Jahre nach dem Kriege die Welt überwachen werden – TO POLICE THE WORLD.« Nach seiner Meinung hatte die Zusammenarbeit der vier Polizisten »während des Krieges gut funktioniert, und er wollte, daß dieses Verhältnis fortbestehe«. Den Vorschlag Churchills für eine Völkerbundversammlung aller Nationen sozusagen auf gleicher Ebene lehnte er energisch ab.

Daß im Club der vier Polizisten die USA eine entscheidende Rolle spielen mußten, konnten auch die Männer um Roosevelt kaum bezweifelt haben. Im Gegensatz zur riesigen Wirtschaftspotenz der USA standen die übrigen Polizisten auf schwachen Beinen. Das noch wenig entwickelte Rußland würde nach dem Kriege »einen überwältigenden Bedarf an amerikanischen Lieferungen haben«. Großbritannien steuerte auf eigene, erdrückende Probleme zu. China befand sich schon vor dem Kriege in der Abhängigkeit von amerikanischen Hilfsprogrammen. Die weltweite Führungsrolle der USA im Rahmen dieses Vier-Polizisten-Regiments war von Roosevelt vielleicht nicht bewußt angesteuert. Sie ergab sich aber zwangsläufig aus dem zweiten und dritten Punkt seiner Konzeption. Niemand würde sich ihr entziehen können. Wer sich widersetzte, sollte ein Ultimatum erhalten:

»und wenn dieses (Ultimatum) nicht sofort angenommen wird, würden sie (die Polizisten) Luftangriffe auf die betreffende Nation eröffnen und, falls notwendig, eine Invasion unternehmen.«

Das zweite Element der Nachkriegskonzeption Roosevelts war die innere Stabilisierung der Staaten durch wirtschaftliche Hilfe. Dieses zweite Element schloß nicht nur amerikanische Lieferungen ein, sondern auch die spätere Strategie der Auslandshilfe. Hier war die Führungsrolle der USA fest verankert. Dieses Terrain war den Amerikanern vertrauter als die Labyrinthe der europäischen Diplomatie mit ihrer Orientierung an Territorialkonflikten. Auf ihm führte Roosevelt seine Nation aus der Isolierung.

Ein straffes Polizisten-Regiment und die Priorität wirtschaftlicher Maßnahmen – das sollte die Basis für die Jahrzehnte nach dem Kriege sein. Die USA konnten deshalb als größte Wirtschaftsmacht den kommenden Führungsaufgaben gelassen entgegensehen.

Das dritte Element war die Ausklammerung Europas. Es folgte zwangsläufig aus dem ersten und mehr noch aus dem zweiten. Gerade die Orientierung Roosevelts an der wirtschaftlichen Potenz als dem entscheidenden Hebel der amerikanischen Politik entzog dem verwüsteten Europa die Basis seiner bisherigen Vormachtstellung. Das geschah lange bevor es der Eiserne Vorhang spalten sollte. Diese neue Orientierung in der amerikanischen Nachkriegskonzeption äußerte sich in dem völligen Desinteresse an der »europäischen Frage«. Das ganze »Paket« europäischer Probleme kam überhaupt nicht mehr auf den Tisch. Die tragende Idee Roosevelts führte deshalb unvermeidbar zur Ausklammerung Europas.

Roosevelt weigerte sich deshalb auch, den Vorschlag Churchills für »eine Art Vereinigte Staaten von Europa« ernsthaft zu diskutieren. Ebenso ging man dem britischen Vorschlag nicht weiter nach, den Einmarsch der Sowjets durch einen mitteleuropäischen Riegel aufzuhalten. Die amerikanische Konzeption kannte keine territoriale Orientierung mehr.

Auf diese Weise entstand in den Kriegsjahren das, was bis in unsere heutige Gegenwart so bestimmend wirkt: das Vakuum in Europa. Gerade, weil Roosevelt eine Lösung der »europäischen Frage« nicht mehr ins Auge faßte, spielten hier die Zufälle eine so folgenschwere Rolle.

Die Ausklammerung Europas vollzog sich noch auf eine andere Weise. Seine frühere Weltgeltung stützte sich zugleich auch auf den Besitz seiner Kolonien. Sie bildeten die Bastionen der europäischen Vormachtstellung. Hier standen den europäischen Mächten unschätzbare Hilfsquellen aller Art zur Verfügung. Konnte nicht gerade Europa mit seinen Kolonien den zwei aufbrechenden Giganten den Anspruch auf die Weltherrschaft streitig machen? Wer wollte über die weltweit gesicherte Basis Englands und Frankreichs einfach hinwegschreiten?

Genau dies war die Absicht Roosevelts. Die Ausklammerung der »europäischen Frage« verknüpfte er mit der völligen Abtrennung der kolonialen Basis europäischer Weltgeltung. In diesem Punkte zeigte sich die amerikanische Haltung von ihrer ganz entschiedenen Seite. Der große Mythos von der Welt-wie-wir-sie-wollen sah keine Kolonien mehr vor. Deutlicher noch: Er sah die Auflösung der europäischen Vormachtstellung in den Gebieten Asiens und Afrikas vor. Dies alles war von den Idealen einer freien Welt und eines freien Welthandels getragen, von der »Freiheit von Not«, von der »Einen Welt«. Aber es lief eben doch auf die Liquidierung der europäischen Vormachtstellung hinaus.

Die amerikanischen Vorstöße trafen ein ohnehin schwankendes Gebäude. Während des ganzen Krieges mußten die Kolonialgebiete ein zweitesmal die europäischen Mutterländer in ihrem Kampf mit finanziellen Mitteln, mit Arbeitskräften und Soldaten unterstützen. Die Folge hiervon war eine umfangreiche Verschuldung der Mutterländer. Im Verlaufe der Kriegsjahre entglitten weite Kolonialgebiete ihrer Kontrolle. Die deutsche Okkupation und die japanischen Eroberungen in Asien beschleunigten diesen Prozeß. Als 1942 die USA erfolgreich die Abtrennung der kolonialen Basis von Europa betrieben, kontrollierte Japan vorwiegend europäische Kolonialgebiete mit etwa 450 Mio. Menschen und reichen Bodenschätzen (95% der Weltproduktion von Rohgummi, 90% Chinin, 70% Zinn etc.). Angesichts dieser Entwicklung unternahm Indien die ersten selbständigen Schritte wie z. B. die Aufstellung einer nationalen Armee.

Der Glaube an die »Gute Welt«, die Beschwörung des großen Mythos und der »Welt, wie wir sie wollen« – alles das konnte doch nicht über den harten Kern der amerikanischen Konzeption hinwegtäuschen, welche die Jahrzehnte nach dem Zweiten Weltkrieg so nachhaltig prägen sollte. Ungeachtet der schönen Ideale führte diese Konzeption zwangsläufig zur Herrschaft der Welt-Polizisten, zum Vorrang wirtschaftlicher Macht und darauf fußend zur amerikanischen Führungsrolle sowie zum Ende der europäischen Vormachtstellung.

De Gaulle schrieb über ein Gespräch, das Roosevelt noch in den Kriegsjahren mit ihm führte, die lapidaren Sätze: *»Ich hörte Roosevelts Erläuterungen seiner Pläne an. Wie es unter Menschen üblich ist, kleidete sich der Wille zur Macht in den eigenen Idealismus.«*

Was der Morgenthau-Plan lehrt

Das europäische Vakuum entstand noch durch einen weiteren Schritt der amerikanischen Politik. Auch dieser Schritt entsprang dem großen Mythos. Der große Mythos wollte die »Gute Welt«. Deshalb mußte die »böse« Welt der Aggressoren ein für allemal beseitigt werden. Das Deutsche Reich war der Inbegriff der bösen Welt; es hatte zweimal einen Weltkrieg vom Zaun gebrochen. Deutschland mußte aus dem Spiel heraus. Aber wie?

Die Antwort gab der Morgenthau-Plan. Dieser Plan ist in Europa mißverstanden worden. Man sah in ihm vornehmlich die Rache der Sieger. Sollte dieser Plan das aggressive Deutschland nicht einfach von der politischen Landkarte tilgen? Dafür sprachen das persönliche Verhältnis Morgenthaus zu Deutschland und die Feindseligkeiten, die der Krieg entfacht hatte. Dennoch enthält der Morgenthau-Plan etwas gänzlich Neues. In der Tat könnte man ihn als den ersten umfassenden und gesamtwirtschaftlichen »Entwicklungsplan« der westlichen Welt bezeichnen. Lange bevor wir uns in der Kunst der ökonomischen Planung übten, liegt hier ein Programm vor. Jedoch trägt es die umgekehrten Vorzeichen: Es will die Rück-Entwicklung. Es ist ein ziemlich kompletter Plan für den Übergang der deutschen Volkswirtschaft von einer hohen Stufe wirtschaftlicher Entwicklung auf niedrigere Stufen. In seiner Orientierung an dem vor-industriellen Entwicklungsstadium werden wichtige ökonomische Entwicklungsgesetze in ihrer Richtung einfach umgekehrt. Das ist wirklich mehr als die bloße Zertrümmerung und Plünderung eines besiegten Landes, für das die Geschichte viele Beispiele bereithält.

Henry Morgenthau jr. erläutert in seinem Buch »Germany Is Our Problem« (1945) den Plan ausführlich. Er tut das mit einem ökonomischen Ansatz, der sich etwas wunderlich wie eine Lektion über den »glücklichen Agrarstaat« ausnimmt. Vielfältige statistische Analysen und Vergleiche sowie die wirtschaftspolitische Argumentation legen hier ein ganz neuartiges Programm vor.

Was sich uns hier präsentiert, ist der uns heute geläufige »Entwicklungspfad« einer Volkswirtschaft in umgekehrter Richtung: Maschinen werden durch Handarbeit ersetzt – Die Menschen wandern aus den Städten hinaus auf das Land – Billige Arbeitskräfte machen Landverluste wett – Kapitalinvestitionen werden herabgeschraubt – Die Spartätigkeit wird reduziert – Die Produktionsverfahren werden vereinfacht – Aus Großbetrieben werden Kleinbetriebe – Der Dienstleistungsbereich schrumpft.

Als Ziel dieser geplanten und kontrollierten Rück-Entwicklung malt Morgenthau das glückliche Leben eines autarken Landvolkes, für das ein moderner Bauernverband keine schöneren Worte finden könnte. Auf eigenem Grund und Boden können dann 95% der Bedürfnisse befriedigt werden. »Gewiß werden die Deutschen den Niedergang von Amüsierbetrieben erleben, von Blumenläden, Cafés und Geschäften aller Art.« Aber die Rückentwicklung »ist keine Haß-Kampagne«, sondern ein auch volkswirtschaftlich »gesundes« Programm. Inmitten des reichen Zahlenmaterials findet sich die schwärmerische Geschichte vom glücklichen Amerikaner Henry Clark, der wie viele Tausende in seinem Heimatland eine schlechte Zeit als Industriearbeiter erlebte. Dann ging er auf das karge Land in Tennessee, wo er ein so tüchtiger Bauer wurde, daß seine Bekannten »nur mit dem Kopf schüttelten«. Der Verfasser schließt seinen Exkurs: »Der Erfolg von Henry Clark könnte sich in bescheidenerem Umfang und mit Abänderungen für Millionen von Deutschen wiederholen.«

Anlaß für diesen Plan war der Auftrag Roosevelts an seinen Finanzminister Henry Morgenthau im September 1944, ein Rahmenprogramm zur Deutschlandfrage zu entwerfen. Es war damals das einzige konkrete Programm der amerikanischen Nachkriegskonzeption für den gesamten europäischen Bereich. Heute können wir feststellen, daß es die Bildung eines europäischen Hohlraums nur noch beschleunigte. Zwar endete der Einfluß Morgenthaus nach dem Amtsantritt Trumans. Aber dem Potsdamer Abkommen liegen alle wesentlichen Elemente dieses Plans zugrunde.

Zwei Blöcke und die neue Politik

Der große Mythos Roosevelts verlieh nicht nur die moralische Kraft, den Krieg durchzustehen und schließlich zu siegen. Er verschleierte zugleich auch die neuen Realitäten, die der Sieg geschaffen hatte: das Vakuum in Europa und in der südlichen Hemisphäre sowie der absolute Vorrang wirtschaftlicher Macht.

Der Übergang zur Friedenswirtschaft sollte zugleich auch die alten Ziele erreichen helfen: die Gestaltung der »Einen Welt«. Präsident Truman ging unverzüglich ans Werk. An die Stelle eines »europäischen Gleichgewichts der Kräfte« mußten die neuen Elemente der amerikanischen Konzeption treten. Roosevelt hatte sie schon nach der Jalta-Konferenz dem Kongreß unmißverständlich klargemacht:

»Die Jalta-Konferenz ... soll ein Schlußstrich sein unter das System einseitiger Handlungen, exklusiver Allianzen, Einflußsphären, des Gleichgewichts der Kräfte und all der anderen Mittel, derer man sich jahrhundertelang bediente – und die stets versagt haben.«

Jetzt trat in der amerikanischen Konzeption der realpolitische Kern unverhüllt hervor: Aus der Gruppe der vier Polizisten schieden Großbritannien und China aus. Wie schon die Kriegsjahre vorausahnen ließen, wurde Großbritannien in seine enormen Wirtschaftsprobleme und China in einen revolutionären Bürgerkrieg verstrickt. So beherrschten die zwei Polizisten – die USA und UdSSR – von Anfang an allein die Szene. Sie waren allerdings noch weit davon entfernt, die Welt unter ihrer gemeinsamen Kontrolle zu halten. Dazu bedurfte es noch eines schmerzlichen Lernprozesses.

Die Vereinigten Staaten machten ihre ersten Erfahrungen in San Franzisko bei der Gründung der Vereinten Nationen. Das Programm der 200 Spezialisten des Friedens sollte Wirklichkeit werden. Aber Stalin war so sehr mit Polen und dem mitteleuropäischen Raum beschäftigt, daß er nicht einmal seinen Außenminister Molotow nach San Franzisko schicken wollte. Die amerikanische Öffentlichkeit zeigte sich hierüber so ungehalten, daß Molotow schließlich noch in aller Eile anreiste. Aber schon traten neue Realitäten zutage: Die Sowjetunion drängte in den europäischen Hohlraum. Sollte nun doch wieder das Spiel europäischer Konflikte von neuem beginnen – mit all den Mitteln, »die stets versagt haben«?

Alle drei Punkte der amerikanischen Nachkriegskonzeption schienen durch das sowjetische Engagement in Europa in Frage gestellt zu werden: Die Organisation des Friedens trat in den Hintergrund; das Regiment der zwei Polizisten drohte an ihrer unterschiedlichen Orientierung zu scheitern; Europa trat wieder in den Vordergrund der Weltszene.

Die Nachkriegskonzeption der USA unterlag einer Zerreißprobe. Der eigentliche Anlaß war die Position, in der sich die Sowjetunion auch nach dem Kriege befand: Ihre Orientierung war nach wie vor territorialer Natur. Der »zweite« Polizist betrieb die Besitznahme fremder Gebiete, welche die amerikanische Konzeption gerade ausschließen wollte. Im Gegensatz zu den USA waren weite Gebiete der Sowjetunion im Kriege überrannt worden. Welche Veranlassung sollte nun die Sowjetunion haben, auf alles das zu verzichten, was durch den Vormarsch der Truppen in ihre Hände gefallen war?

Dieser qualitative Unterschied in der Orientierung der zwei Polizisten hat die Nachkriegsära bestimmt. In grober Vereinfachung kann man sagen, daß zunächst nicht die USA, sondern die Sowjetunion handelte. Sie zwang den USA im europäischen Vakuum eine territoriale Konsolidierung auf, die in der Bildung und Stabilisierung der beiden Blöcke ihren Niederschlag fand. Das war nicht die Rückkehr zum alten europäischen Spiel der Gebietskonflikte. Das war im Gegenteil nichts anderes als die Auffüllung des Vakuums und die Zementierung des territorialen Status quo. Erst als dieser Prozeß abgeschlossen war, kam die amerikanische Konzeption weltweit zum Tragen. Da entstand für die Sowjetunion die Notwendigkeit umzulernen.

Zunächst entscheiden sich die USA für ein Gleichziehen im Vakuum Europas. Das Signal für diesen entscheidenden Schritt gab nicht etwa eine sensationelle Regierungserklärung, sondern zwei wenig beachtete Reden vor einem kleinen Kreis von Akademikern.

Churchill, der einige Versuche einer Einwirkung auf die europäische Nachkriegssituation unternommen hatte, hielt die eine der beiden Reden. Im März 1946 sagte er in Gegenwart und wohl auch mit Billigung des amerikanischen Präsidenten in Fulton/Missouri:

»Über die vor so kurzer Zeit noch vom alliierten Sieg erleuchteten Schauplätze haben sich Schatten gesenkt. Niemand weiß, was Sowjetrußland und seine kommunistischen internationalen Organisationen in unmittelbarer Zukunft zu unternehmen gedenken. ... Von Stettin an der Ostsee bis nach Triest am Adriatischen Meer ist längs durch den Kontinent ein Eiserner Vorhang gefallen.«

Jetzt war das Stichwort gefallen. Das ganze Ausmaß des einmal eingegangenen Engagements wurde der amerikanischen Öffentlichkeit sichtbar. Aber von der ersten Erkenntnis bis zur Tat war noch ein weiterer Schritt: der Marshall-Plan. Mit diesem Plan brachten die USA ihre überlegene wirtschaftliche Potenz ins Spiel. Aus der Hilfe für Griechenland und die Türkei wurde eine Hilfe für ihren ganzen europäischen Einflußbereich.

Nun fand die europäische Vormachtstellung ihr endgültiges Ende. Die militärischen Fronten vertieften sich zu politischen Fronten. Auf diese Weise erwies sich der kalte Krieg als die natürliche Folge der amerikanischen Konzeption für die Nachkriegszeit, im Widerstreit mit der territorialen Orientierung der Sowjetunion.

Bevor die USA ihre Politik der wirtschaftlichen Einflußnahme und Kontrolle auf die Dritte Welt ausdehnten, mußten sie begreifen lernen, daß der europäische Hohlraum bis zum Eisernen Vorhang unter ihrer eigenen Kontrolle zu verbleiben habe. Deshalb forderte die amerikanische Öffentlichkeit vergeblich den Abzug der Truppen aus Europa.

Bevor die Sowjetunion sich dem amerikanischen Führungsanspruch in der Dritten Welt entgegenstemmte, mußte sie begreifen lernen, daß sie ihre eigene Kontrolle des europäischen Hohlraums nicht über den Eisernen Vorhang hinaus ausdehnen konnte. Vergeblich waren ihre Vorstöße gegen Griechenland, gegen die Türkei und gegen West-Berlin.

Der europäische Hohlraum wurde die feste Basis der Weltherrschaft der zwei Polizisten. Hierzu bedurfte es allerdings noch eines weiteren Schrittes: der Errichtung ihres Ost- und West-Blocks.

Washington und Moskau schmieden ihre Blöcke

Jener Außenminister George C. Marshall, der den Marshall-Plan ins Leben rief, öffnete 1948 mit dem Senator Arthur H. Vandenberg im amerikanischen Kongreß die Türen für einen kollektiven Verteidigungspakt. Schon 1946 hatten sich die Umrisse einer Spaltung abgezeichnet. Auf den amerikanischen Entwurf für einen kollektiven Sicherheitsvertrag und garantierte Abrüstung Deutschlands reagierte Moskau ebensowenig wie Washington auf den darauffolgenden sowjetischen Vorschlag für eine internationale Kontrolle des Ruhrgebietes.

Der NATO-Pakt konstituierte sich als kollektiver Beistandspakt: »Die Parteien vereinbaren, daß ein bewaffneter Angriff gegen einen oder mehrere von ihnen in Europa oder Nord-Amerika als ein Angriff gegen sie alle angesehen wird.« (Artikel 5). In der ersten Aufbauphase bis 1955 erfolgte die Zentralisierung der amerikanischen Führungs- und Kontrollfunktionen. Das gemeinsame Oberkommando sowie das europäische Oberkommando wurden von je einem amerikanischen Vertreter besetzt. Schlüsselpositionen im zentralen Büro für Rüstungsproduktion, das internationale Sektretariat und der Oberbefehl über den nordatlantischen Bereich fielen ebenfalls den Amerikanern zu. Dasselbe gilt für den Vorsitz des zeitweilig eingesetzten Rat-Ausschusses, der die militärischen Maßnahmen mit den politischen und wirtschaftlichen abzustimmen hatte. Nach dem Scheitern der Genfer Gipfelkonferenz setzte 1955 in einer zweiten Phase der Ausbau des strategischen Potentials ein.

In den Jahren, 1960 – 1962, vollzieht sich auch die vollständige Zentralisierung im Warschauer Pakt. Überhaupt sind die Parallelen in der Entwicklung beider Militärpakte nicht zu übersehen. Schon die ersten Gründungsakte Moskaus erfolgten in offensichtlicher Reaktion auf die westlichen Initiativen. Als 1954 die westeuropäische Verteidigungsgemeinschaft realisiert werden sollte, gab Ende desselben Jahres die Acht-Mächte-Konferenz in Moskau folgendes Kommuniqué heraus: »Die Staaten, die an der gegenwärtigen Konferenz teilgenommen haben . . ., haben beschlossen, daß im Falle einer Ratifizierung des Pariser Vertrages geeignete Schritte in Richtung auf die Organisation ihrer Streitkräfte und militärischen Führung unternommen werden.«

Mehr noch als die amerikanische Hand in der NATO-Struktur dominierte die sowjetische Hand im Warschauer Pakt. Sie stellte den Oberbefehlshaber, den Sekretär des politischen Konsultativ-Komitees und den Chef des Stabes der gemeinsamen Streitkräfte. Alle drei Organe sind auch statutarisch befugt, Fragen der militärischen Sicherheit der Mitgliedstaaten zu regeln. Dadurch wird die Mitsprache der letzteren, auch wenn sie nur einen Teil ihrer Streitkräfte dem unmittelbaren Kommando des Warschauer Paktes unterstellt haben, wesentlich eingeschränkt, wenn nicht aufgehoben. Diese einseitige Kommandostruktur ist durch protokollarische Maßnahmen gemildert worden. Sie läßt aber an Deutlichkeit nichts zu wünschen übrig.

Ein entscheidender Punkt der sowjetischen Kontrollfunktionen ist das absolute Rüstungsmonopol, das sich Moskau bis auf den heutigen Tag vorbehalten hat. Mit streng begrenzten Ausnahmen für die Tschechoslowakei und Polen haben die Mitgliedstaaten keine nennenswerte Verfügungsgewalt über die Rüstungsproduktion. Das Rüstungsmonopol Moskaus und die Käuferabhängigkeit seiner Blockmitglieder erstrecken sich auch auf die konventionelle Rüstung. Das einheitliche Nachschubsystem bindet die Streitkräfte der Mitglieder an die Versorgungsbasen im sowjetischen Hinterland.

Die deutlichen Parallelen in dem Aufbau der beiden Militär-Blöcke erstrecken sich nicht nur auf die Bündelung der Macht in der Hand des Block-Polizisten; sie erstrecken sich auch auf die Entwicklung der strategischen Konzeptionen. So hat Chruschtschow in seinen Reden Anfang 1960 und 1961 zu erkennen gegeben, daß man inzwischen die amerikanische Konzeption der abgestuften Vergeltung übernommen hatte. Auch der Besinnung auf herkömmliche Formen der Kriegführung in der NATO wird im sowjetischen Lager entsprochen. Ende 1967 schreibt der sowjetische Oberkommandierende Marschall I. Jakubowski in der Militärzeitschrift »Roter Stern«: »In einer ganzen Reihe von Fällen müssen die Landstreitkräfte bereit sein, ohne den Einsatz von nuklearen Mitteln Krieg zu führen.«

Auch zeigt sich hier wie dort der Widerstand einzelner Mitgliedstaaten gegen die wachsende Zentralisierung der Militärblöcke unter der harten Hand der Supermacht. In der NATO führte die Opposition Frankreichs dazu, daß seine Streitkräfte dem französischen Kommando unterstellt und das europäische Hauptquartier nach Belgien verlegt wurde. Im Warschauer Pakt ist es Rumänien, das offenen Widerstand gegen die zentrale Führung leistet. Schon frühzeitig erklärte der rumänische Parteisekretär Ceausescu, daß »alle Militärpakte, einschließlich des Warschauer Paktes, eine Verletzung der nationalen Souveränität und Unabhängigkeit« darstellen. Die weiteren sowjetischen Vorstöße, die Zentralisierung vertraglich zu sichern, scheiterten in den Konferenzen der Jahre 1962 und 1966. Aber in Wirklichkeit setzte sich dieser Prozeß ständig fort. Im »Roten Stern« wurden die Blockmitglieder, die sich den Vorschlägen von Breschnew entgegenstellten, öffentlich getadelt: »Die Weigerung eines sozialistischen Landes zur Vereinigung seiner Anstrengungen mit denen anderer brüderlicher Länder ist als eine grobe Mißachtung des Prinzips des sozialistischen Internationalismus zu betrachten.«

Waren im Aufbau der beiden Militärblöcke Parallelen zu erkennen, so unterscheiden sich doch beide ganz grundsätzlich in ihrem Verhältnis zur übrigen Welt. Gerade die Tatsache, daß sich die Sowjetunion erst allmählich von ihrer ursprünglich territorialen Ausrichtung löste, hatte zur Folge, daß sie zunächst zehn Jahre nach dem Zweiten Weltkrieg außerhalb des sozialistischen Blocks nicht wesentlich aktiv wurde. Dazu trugen auch die inneren Spannungen des Blocks bei und der eigene wirtschaftliche Wiederaufbau. Lediglich mit der Mongolischen Volksrepublik, Festland China, Afghanistan und Finnland wurden Verträge geschlossen. Praktisch die ganze übrige Welt verblieb den USA.

Washington nutzte diese zehn Jahre alleiniger Präsenz. Es schloß Bündnisverträge mit Südkorea, National-China (Taiwan) und Japan. Vor allem aber überzogen die USA die ganze Welt mit einem Netz von multilateralen Bündnissystemen. Zunächst etablierten sie im pazifischen Raum den ANZUS-Pakt mit Australien und Neuseeland. In Südostasien wurde der SEATO-Pakt (zusammen mit Großbritannien und Frankreich) abgeschlossen, und zwar mit Neuseeland, Australien, Thailand, Philippinen und Pakistan. Die Zentrale Pakt-Organisation CENTO (mit Großbritannien) verband Iran, Pakistan und die Türkei.

Insgesamt umfassen allein diese Bündnissysteme 25% der Weltbevölkerung und 64 % des Bruttosozialproduktes der ganzen Welt. Nach Abschluß dieses Prozesses waren die ca. 50 militärstrategisch und industriell wichtigsten Länder der Erde in diese Bündnissysteme und die beiden Blöcke aufgeteilt. Die Bündnissysteme unterschieden sich im Verlaufe der Jahre in ihrer Wirksamkeit. Die Stabilisierung der beiden Blöcke nahm hingegen ihren steten Fortgang. Das Ergebnis dieses Prozesses ist eine Dreiteilung der Welt nach Kernländern, Randländern und Niemandsland. Diese Dreiteilung folgt aus der militärischen und politischen Kontrolle durch die zwei Polizisten.

1. Die Kernländer
Industrialisierte Blockmitglieder der NATO und des Warschauer Paktes. Dazu zählt auch Lateinamerika.

2. Die Randländer
Weniger straffe Bündnissysteme: CENTO, SEATO, ANZUS. Ferner zählen dazu die »Abweichler« des Ostblocks (Jugoslawien, China mit Nord-Korea und Nord-Vietnam) und des Westblocks (Vereinigte Arabische Republik und Kuba).

3. Die Dritte Welt
Zwischen den Kern- und Randländern der beiden Blöcke erstrecken sich die weiten Gebiete von ca. 90 Ländern. Sie stehen durchweg auf den unteren Entwicklungsstufen.

Die 23 Kernländer der beiden Blöcke bilden heute die Basis für die weltweite Führungsrolle ihrer jeweiligen Supermacht. Hier sind die Territorialkonflikte vollkommen ausgeschaltet. Selbst bei den Auseinandersetzungen um den Status West-Berlins bleiben das Stadtgebiet und seine Grenzen unangetastet.

Die zwei Polizisten kontrollieren nicht nur mit Hilfe der einseitigen Kommandostruktur und ihrem Rüstungsmonopol. In beiden Blöcken gelten auch die Prinzipien der Gesellschafts- und Wirtschaftsordnung ihres jeweiligen Polizisten als unverletzbare Grundsätze. Zeigt ein Kernland irgendwelche Ansätze, sich diesen Grundsätzen zu entfremden oder gar den Grundsätzen des anderen Blocks anzunähern, so verschärft der Polizist seine Kontrollfunktion. Bleibt das ohne Erfolg, so sieht er sich zur Aufrechterhaltung der Blockstabilität gezwungen, Gewalt anzuwenden.

So haben die amerikanischen Interventionen in Guatemala (1954) und der Dominikanischen Republik (1965) dieselbe Motivation und Rechtfertigung wie die sowjetischen Interventionen in Ost-Berlin (1953), Warschau (1956), Budapest (1956) und Prag (1968). Die zwei Blockführer holen hierzu die Zustimmung ihrer Kernländer (auch nachträglich) ein und beschränken sich bei Interventionen des anderen Polizisten in seinem Block nur auf Proteste. Alles dies bewirkt ein eigenartiges Verhalten der Blockmitglieder, mit dem wir uns später noch beschäftigen werden.

Auch für die Randländer gehört der klassische Territorialkonflikt der Vergangenheit an. Sie zählen nicht zum Kerngebiet der Blöcke, weil sie entweder eine abweichende Gesellschafts- und Wirtschaftsordnung praktizieren oder aber militärpolitisch nicht integriert sind. Damit eröffnet sich für sie ein gewisser, zumeist aber sehr beschränkter politischer und wirtschaftlicher Spielraum am Rande der Blöcke. Washington und Moskau respektieren ihre gemeinsamen Interessen an den territorialen Gegebenheiten nicht nur der Kernländer sondern auch der Randländer. Dasselbe gilt auch für militärische Aktionen. Washington verzichtet auf amerikanische Basen in Jugoslawien ebenso wie Moskau auf sowjetische Raketen in Kuba.

Nur für die Dritte Welt gehören die Territorialkonflikte noch nicht der Vergangenheit an. Hier sind die Kontrollfunktionen der beiden Weltmächte schwach entwickelt. Überraschungen liegen jederzeit im Bereich des politisch Möglichen. Das Niemandsland unterwirft sich auch nicht den Grundsätzen der Gesellschafts- und Wirtschaftsordnung eines der beiden Blöcke. Während die Kernländer einen beträchtlichen Teil ihres Handelsaustausches innerhalb des eigenen Blockes abwickeln, treibt das Niemandsland mit beiden Blöcken Handel.

Warum müssen wir die lateinamerikanischen Staaten dem Kern-Block der USA zurechnen? Die Antwort ist einfach. In den lateinamerikanischen Staaten hatte schon der Entwicklungskonflikt die Territorialkonflikte abgelöst; sie waren in ein festes Militärbündnis mit den USA zusammengeschlossen; die amerikanischen Grundsätze der Gesellschafts- und Wirtschaftsordnung wurden als richtungsweisend anerkannt oder doch respektiert.

Und dabei sind die lateinamerikanischen Staaten die einzigen Kernländer beider Blöcke, in denen der Polizist keine eigenen Truppen stationiert und oppositionelle Kräfte einen erstaunlich großen Spielraum in der Gesellschafts-, Wirtschafts- und Militärpolitik haben. In der Tat zeigt das Beispiel Lateinamerikas den hohen Einwirkungsgrad, den eine Supermacht mit der neuen Politik wirtschaftlicher Macht und Kontrolle erzielen kann.

Diese neue Politik entwickelten die USA in Lateinamerika in einem langwierigen Prozeß, der dieser Supermacht schon frühzeitig wichtige Lektionen für ihre heutige weltweite Führungsrolle erteilte. Damit befand sie sich nach dem Zweiten Weltkrieg im Vorteil gegenüber der Sowjetunion, die dem europäischen Herrschaftsstil verhaftet war. Sie befand sich auch in dem Vorteil der größten Wirtschaftspotenz der Welt. Deshalb war und blieb der Kampf der beiden Weltmächte um das Niemandsland der Dritten Welt ein ungleicher.

Drei Lektionen zur neuen Politik

Die Konturen der modernen Weltherrschaft zeichnen sich schon frühzeitig in die Beziehungen der USA zu Lateinamerika ab. Warum hat man in Europa nicht schon früher aus ihnen gelernt? Dabei füllt dieses Thema so viele Bücher und Zeitschriften, daß man einen ganzen Vormittag an ihnen vorbeispazieren müßte, um wenigstens die Titel dieser zahllosen Publikationen zur Kenntnis zu nehmen. Aber alles das ist im Grunde genommen ein interamerikanischer Dialog geblieben. An ihm nahm in der übrigen Welt praktisch niemand teil.

Europas politische Beziehungen zu Lateinamerika bleiben von seinem Verhältnis zu den USA bestimmt. Seine wirtschaftlichen Beziehungen zu Lateinamerika laufen immer noch in den Gleisen des 19. Jahrhunderts. Die Wissenschaft ignoriert das Schicksal dieses Kontinents (mit Ausnahme einer Handvoll Ibero-Amerika-Spezialisten). Schüler und Studenten erfahren so gut wie nichts. Die Massenmedien verweisen Lateinamerika häufig hinter Asien und Afrika auf eine Schlußlichtposition. Es gilt der alte Satz: Amerika den Amerikanern.

In Wirklichkeit aber sammelten die USA ihre weltpolitischen

Erfahrungen hauptsächlich in der lateinamerikanischen Hemisphäre. Und diese Erfahrungen machten sie nach dem Zweiten Weltkrieg zur Basis ihrer globalen Strategie. Deshalb gibt die Geschichte der Beziehungen zwischen den USA und Lateinamerika so überraschenden Aufschluß über den modernen Herrschafts-Stil unseres Block-Polizisten und über unsere eigene gegenwärtige Situation.

Fassen wir deshalb die wesentlichen vier Phasen kurz zusammen.

Erste Phase bis 1900. Das Interesse Washingtons richtet sich noch auf die Ausdehnung über den gesamten amerikanischen Kontinent. Jefferson drückte das 1786 so aus: »*Unsere Konföderation muß als das Nest betrachtet werden, von dem aus ganz Amerika, Nord und Süd, bevölkert werden soll.*«

Später bekräftigte Präsident Buchanan die Worte Jeffersons: »Es ist fraglos die Bestimmung unserer Rasse, sich über den Kontinent von Nordamerika zu verbreiten ... Die Woge der Auswanderer wird nach Süden fließen, und nichts kann schließlich ihren Lauf aufhalten.« Aber in Wirklichkeit geschah mit dem südamerikanischen Kontinent in dieser ersten Phase noch nichts Wesentliches. Washington war mit den eigenen politischen und wirtschaftlichen Problemen beschäftigt.

Zweite Phase 1900 – 1934. Jetzt beginnen die USA ihre direkten Interventionen in Panama, Kuba, Nikaragua, Kolumbien etc. Hier machen die Lateinamerikaner die erste Bekanntschaft mit den nordamerikanischen Kanonenbooten und Strafexpeditionen. Präsident Theodore Roosevelt verkündet (1904) in aller Offenheit seine »Politik des Rohrstocks«: »*Wenn eine Nation zeigt, daß sie in der Lage ist, mit Vernunft und Anstand die politischen und sozialen Angelegenheiten zu regeln, wenn sie auf Ordnung hält und ihre Schulden bezahlt, dann muß sie keine Interventionen der Vereinigten Staaten befürchten.*«

Hier treten schon zwei wesentliche Elemente der US-amerikanischen Politik hervor: ihre moralische Rechtfertigung und der Verzicht auf Landnahme. Hatten Jefferson und Buchanan noch in den europäischen Begriffen der territorialen und rassischen Expansion gedacht, so stellt Theodore Roosevelt auf die nicht-territoriale Expansion ab. Das ist das wirklich Neue an der »Politik des Rohrstocks«.

Sobald die Nationen »Vernunft und Anstand« nicht mehr wahren, werden unliebsame Entwicklungen durch drastische Interventionen im Keime erstickt. Noch 1913 befahl derselbe Präsident Wilson, der mit seinen 14 Punkten in Europa ein neues Zeitalter des ewigen Friedens zu eröffnen wünschte, die militärische Besetzung von Vera Cruz in Mexiko. Damit stürzte er die ihm nicht genehme Regierung Huerta. Er tat dies unter bewußter Hinnahme des Risikos eines offenen Krieges.

Ein Land, in welchem die amerikanischen Interventionen, die Kontrolle der Wahlen, die Schließung der Börsen, Attentate und politische Pressionen aller Art in extremer Form an der Tagesordnung waren, ist Kuba gewesen. Hier machten die Lateinamerikaner besonders schmerzliche Erfahrungen. Und hier entlud sich später der politische Haß gegen die USA am stärksten: Der Aufstand Fidel Castros in Lateinamerika ist ohne die Vorgänge in dieser zweiten Phase kaum zu verstehen.

Die Politik des Rohrstocks verfolgte in wachsendem Maße wirtschaftliche Interessen. Sie waren das Rückgrat der nicht-territorialen Expansion. Bis zum Ende der zweiten Phase 1900 – 1934 hatten die Vereinigten Staaten etwa die Hälfte ihres Auslandskapitals in Lateinamerika in Höhe von ca. 4,5 Mrd. Dollar angelegt. Seither bestimmen die wirtschaftlichen Interessen, vertreten im amerikanischen Kongreß, die Lateinamerika-Politik der USA.

Dritte Phase 1934 – 1959. Jetzt werden Einfluß und Kontrolle stabilisiert. Die groben Maßnahmen militärischen Eingreifens werden mehr und mehr durch die feineren Instrumente der wirtschaftlichen Kontrolle ersetzt. Die 6. panamerikanische Konferenz in Havanna (1928) hatte schon die wachsende Opposition der lateinamerikanischen Staaten gegen die »Politik des Rohrstocks« deutlich werden lassen. Nunmehr prägte Präsident Franklin D. Roosevelt das Motto von der »Politik der guten Nachbarschaft«. Es kommt noch in zahlreichen Fällen zur offenen Intervention. So wird z. B. Präsident Arbenz Guzman im Jahre 1954 mit Hilfe amerikanischer Militärs gestürzt, nachdem er die Besitzungen der United Fruit Company in Guatemala enteignet hatte. Die Zahl ähnlicher Beispiele ist beträchtlich. Aber dennoch vollzieht sich jetzt ein klarer Wandel zur indirekten Kontrolle und dem wirtschaftlich fundierten Führungsanspruch der USA. Gerade in dieser dritten Phase treten die wesentlichen Elemente der neuen Politik der USA klar hervor.

Das ganze Ausmaß der wirtschaftlichen Einflußnahme der USA auf Lateinamerika ist heute weitgehend bekanntgeworden. Es mögen deshalb einige wenige Angaben genügen. So beläuft sich heute der Anteil der Exporte Panamas in die USA an seinen Gesamtexporten auf über 60%, Kolumbiens auf knapp 50%, Boliviens auf über 40% etc. An dem Zustrom fremden Kapitals nach Lateinamerika haben die USA den Löwenanteil. Lateinamerikas Tilgungs- und Zinszahlungen allein an Washington betragen schon 75% des gesamten Zustroms. Den Anstrengungen vieler lateinamerikanischer Staaten, ihre wirtschaftliche Abhängigkeit von den USA zu lockern, ist ein nur bescheidener Erfolg zuteil geworden. Beispielsweise beläuft sich heute noch der Anteil der Exporte in die USA an den gesamten Exporten des Kontinents auf über ein Drittel. Die Gewinne aus Kapitalanlagen der USA in Lateinamerika sind kaum abzuschätzen.

Vierte Phase ab 1959. Sie wird durch die Machtergreifung Fidel Castros in Kuba eingeleitet. Die USA setzen sich zunächst mit wirtschaftlichen Mitteln zur Wehr. Sie weigern sich, kubanischen Zucker zu importieren, und bringen damit Castro an den Rand seines wirtschaftlichen Ruins. Als dies nichts fruchten will, bombardieren sie Kuba und leiten 1961 die militärische Landung in der Schweinebucht ein. Aber auch sie endet in einem völligen Mißerfolg. Fidel Castro behält in seinem Land die Oberhand. Seither verkörpert er die lateinamerikanischen Ressentiments gegen die Vormachtstellung der USA, die jedoch unangetastet bleibt.

Wie ein roter Faden zieht sich die Entfaltung der US-amerikanischen Herrschaft neuen Stils durch sämtliche vier Phasen. Schon im Jahre 1823 legte die sog. Monroe-Doktrin die Grundlagen hierfür, indem sie »die Amerikanischen Kontinente« dem ausschließlichen Einflußbereich Washingtons vorbehielt:

»Die amerikanischen Kontinente ... sind künftig nicht mehr als Gegenstand der Kolonialisierung durch europäische Mächte zu betrachten. ... Wir werden deshalb jeden Versuch, ihr (Europas) System auf irgendeinen Teil dieser Hemisphäre auszudehnen, als eine Bedrohung unseres Friedens und unserer Sicherheit betrachten.«

Europa hat diesen grundlegenden Wandel des Herrschafts-Stils nie ernsthaft zur Kenntnis genommen. Daran änderte sich auch nichts, als die USA dem Völkerbund nicht beitreten wollten, aber dennoch im Artikel XXI die Aufnahme der Bestimmung erzwangen, daß »nichts in diesem Abkommen die Gültigkeit internationaler Verpflichtungen, wie ... die Monroe-Doktrin, zur Sicherung des Friedens berühren dürfe«. Lord Salisbury brandmarkte diese amerikanische Doktrin, die »kein Staatsmann ... und keine Nation, so mächtig sie auch immer sei, in ein Vertragswerk des internationalen Rechts einfügen könne«. Als dann doch schließlich Europa unterzeichnete, wußte noch niemand, daß nur zwei Jahrzehnte später die USA ihren neuen Herrschafts-Stil nicht nur auf den europäischen Trümmern errichten würde, sondern auch in den ehemaligen europäischen Kolonien.

Was hatten die USA aus ihrer Einflußnahme auf Lateinamerika gelernt? Sie lernten begreifen, daß ihr früherer Präsident Jefferson irrte, wenn er glaubte, daß es die »Bestimmung« der amerikanischen Rasse sei, sich auf Südamerika auszubreiten. Auch der Einmarsch von Truppen, die Besetzung von Gebieten und die Errichtung der eigenen Flagge – alles das wurde als untaugliches Mittel abgetan. Die neue Politik der USA in Lateinamerika entledigte sich Schritt für Schritt des europäischen Herrschafts-Systems, das sich weltweit nur mit militärischer Okkupation, mit Kasernen und Flaggen, mit Offizieren und Kolonialbeamten etablieren konnte. Washington entwickelte seinen neuen Herrschafts-Stil nicht von heute auf morgen, sondern in einem Zeitraum von über 100 Jahren. Dann fühlte es sich berufen, der ganzen Welt drei wichtige Lektionen zu erteilen.

Die erste Lektion betrifft den Glauben an die moralische Überlegenheit des eigenen »way of life« und die Entschlossenheit, andere Länder zu lehren, sich ihm zu unterstellen. Das ist der missionarische und zugleich doktrinäre Kern der neuen Politik. W. Wilson war wohl der erste amerikanische Präsident, der in Lateinamerika schon erstaunlich souverän diese neue Politik zu handhaben wußte. Er bekannte freimütig: *»Meine Absicht ist es, die südamerikanischen Republiken zu lehren, gute Männer zu wählen.«*

Die zweite Lektion richtet sich auf eine neue Form wirtschaftlicher und politischer Abhängigkeiten. Europa hatte noch seine Kolonien zum Bestandteil der eigenen Volkswirtschaft gemacht. Die Folge davon war, daß man wirtschaftlich von ihren Lieferungen abhing und ihnen deshalb auch nicht die Spur einer Selbständigkeit zugestehen konnte. Im Gegensatz hierzu blieben die USA wirtschaftlich unabhängig von den Leistungen Lateinamerikas. Auf diese Weise lernten sie, einen nur indirekten Einfluß, aber zugleich eine direkte Kontrolle auszuüben. Der indirekte Einfluß basierte auf wirtschaftlichen Anreizen, denen zufolge sich diese Länder in ihrer Entwicklung voll und ganz auf US-amerikanisches Kapital und Absatzmärkte einstellten. Washingtons direkte Kontrolle fußte dann geradezu von selbst auf den Zwängen der Preispolitik sowie der kapitalmäßigen und technologischen Überlegenheit.

Man muß sich die Vorteile dieser neuen Politik vor Augen halten. Washingtons indirekte Einflußnahme machte nur den Export von Kapital und Experten erforderlich, nicht jedoch den Einmarsch von Soldaten und Kolonialbeamten. Die Länder wurden nicht durch blutige Eroberungen in die Abhängigkeit gebracht, sondern wohlgemerkt durch wirtschaftliche Anreize. Diese Abhängigkeit schloß auch keineswegs eine eigene Entwicklung aus, sondern setzte sie sogar voraus. Deshalb konnte man diesen Ländern auch eine recht weitgehende politische Selbständigkeit zugestehen. Die Regierungen in Rio und Buenos Aires, in Havanna und Caracas durften ein Parlament und eine Verwaltung ihr eigen nennen, eine Polizei und ein Erziehungswesen, eine Flagge und eine Nationalhymne. Niemand mußte vor fremden Offizieren oder Kolonialbeamten den Hut ziehen. Die direkten Kontrollen aber übte Washington über die wirtschaftlichen Zwänge aus, die vom einfachen Mann auf der Straße als die Gesetze des Marktes akzeptiert wurden, und von denen die Führungsspitzen dieser Länder geschäftlich profitierten.

Die dritte Lektion hat dann selbstverständlich die Erhaltung des politischen »Status quo« zum Inhalt. Mit anderen Worten, niemand soll an der Ordnung dieser Welt rühren, niemand soll die Gesetze wirtschaftlicher Macht mißachten und niemand soll sich »den guten Männern«, welche die Republiken gewählt haben, entgegenstellen. Deshalb richtet sich diese neue Politik gegen jede Art von »Revolution« in Gestalt von Enteignungen US-amerikanischen Kapitals, von Nationalisierungen und politischem Kurswechsel. In diesem Punkte machen die USA keine Zugeständnisse. Wenn alle

Ermahnungen nichts fruchten, dann werden sympathisierende Gruppen aktiviert und der Geheimdienst eingeschaltet. Vorübergehend müssen auch Truppen einmarschieren wie etwa 1965 in die Dominikanische Republik. »Es ist unbestreitbar«, so resümiert Senator J. W. Fulbright, »daß die amerikanischen Streitkräfte am 28. April 1965 in Santo Domingo ... hauptsächlich deshalb landeten ..., um eine Revolution niederzuschlagen.«

Diese drei Elemente der neuen Politik entfalteten die USA mit Erfolg in der lateinamerikanischen Hemisphäre, die sie auf diese Weise dem Kerngebiet ihres Einflusses einverleibten. Damit entwickelten sie in den vergangenen Jahrzehnten einen Herrschafts-Stil, der dem europäischen System weit überlegen ist. Deshalb sagte Roosevelt nach der Jalta-Konferenz das Ende des europäischen Zeitalters mit »seinen Mitteln, die stets versagt haben«, voraus.

Mit dieser ihrer ureigensten Strategie drangen die USA in das europäische Vakuum ein und wandten sich dann schließlich auch der Dritten Welt zu. Wurde nun damit die »Welt, wie wir sie wollen«, für alle Zeiten errichtet? Oder treiben wir zwangsläufig einer Zukunft entgegen, die F. Guillén Martinez schon für die südamerikanische Hemisphäre folgendermaßen skizziert hat:

»Heute stellen die über-entwickelten Riesenstädte Lateinamerikas in Wirklichkeit nur Vororte der Welt dar. Ihr menschliches Potential spielt im Konzert der Weltmächte kaum eine Rolle – es sei denn als drohendes Chaos.«

Zweiter Teil

Entwicklungshilfe: Die große Invasion

Waffen und Brot

Im Morgengrauen des 6. Juni 1944 landeten die alliierten Truppen an der französischen Küste. Die USA hatten nun auch auf dem europäischen Kontinent Fuß gefaßt. Am Abend vor der Invasion sprach Präsident Roosevelt sein Gebet über alle Rundfunkstationen des Landes: *»Allmächtiger Gott: Unsere Söhne, der Stolz der Nation, haben eine gewaltige Anstrengung unternommen, ... eine leidende Menschheit zu befreien ...«*

Schon an diesem Tage hielten die Vereinigten Staaten ihre neue Konzeption bereit: die Herrschaft der Welt-Polizisten, der Vorrang der eigenen wirtschaftlichen Macht und damit die Beendigung der europäischen Vormachtstellung.

Auf die Invasion der Truppen folgte unmittelbar die Invasion der Entwicklungsgelder – zuerst in Europa und dann in Japan. Schließlich ergoß sich ein gewaltig wachsender Strom von Mitteln und Experten auch in die Dritte Welt. »Wir wissen«, so fuhr damals Roosevelt in seinem Gebet fort, »daß mit Deiner Gnade und mit unserer guten Sache unsere Söhne den Triumph erringen werden.« Die Soldaten erlebten ihren Triumph. Haben auch die Experten triumphiert?

Präsident Truman war es schließlich, der nach seiner Wahl im Jahre 1949 den Grundstein für die Entwicklungshilfe legte. Er tat dies wohlgemerkt im sog. »Punkt Vier« seines außenpolitischen Programms und betrachtete die Entwicklungshilfe immer als festen Bestandteil desselben. Auch in der engen Verknüpfung von Waffen und Brot konnten von Anfang an keinerlei Zweifel an den realpolitischen Absichten aufkommen. Selbstverständlich haben immer auch andere Motive eine nicht unbedeutende Rolle gespielt, aber dieser Tatbestand sollte dennoch den Ausschlag geben für die folgenden zwei Jahrzehnte. Rückblickend umreißt ihn Truman in seinen Memoiren wie folgt:

»Bei Punkt Vier hingegen schwebte mir ein weltweites, unbefristetes Programm vor. ... Damit glaubte ich endlich die außenpoli-

tische Linie gefunden zu haben, die unserer Führungsrolle in der freien Welt entsprach.«

In dem Maße, in welchem sich die Führungsrolle der USA und UdSSR als Polizisten in Europa konsolidierte, wandten sich die USA mehr und mehr der Dritten Welt zu. Zehn Jahre lang konnten sie hier allein und ungestört Einfluß nehmen. Erst dann trat der »Zweite« Polizist, die UdSSR, in den Wettkampf um das Vakuum der Dritten Welt. Diesen entscheidenden zeitlichen Vorsprung von etwa 10 Jahren verdankten die USA ihrem neuen Herrschafts-Stil, den sie in Lateinamerika entwickelt hatten, sowie natürlich auch ihrer eignen gewaltigen wirtschaftlichen Potenz und Dynamik.

Zunächst wurden die Kriegsschulden innerhalb des West-Blocks gestrichen. Dann erhielt Westeuropa bis 1950 über 11 Mrd. Dollar sowie Japan und Korea über 1 Mrd. Dollar, »China und das allgemeine Gebiet von China« erhielten eine halbe Milliarde. Von Anfang an lag der Schwerpunkt der Auslandshilfe eindeutig auf denjenigen Ländern rund um den sich konsolidierenden Sowjet-Block, die zugleich auch mit massiver Militärhilfe bedacht wurden. So entfiel auf das »abseits liegende« Lateinamerika weniger Auslandshilfe als etwa allein auf die Philippinen. Die gegen Hunger und Elend kämpfenden jungen Staaten Afrikas erhielten überhaupt noch nichts.

Diese regionale Verteilung der finanziellen Mittel sprach eine unmißverständliche Sprache. Waffen und Brot waren die entscheidenden Positionen in dieser Ausgabenpolitik. Die Höhe der Ausgaben und ihre regionale Verteilung ließen bald die Schwerpunkte der amerikanischen Interessen erkennen. So erklärte Außenminister Dulles dem Kongreßausschuß:

»Das einzige, was ich im Auge habe, ist die Höhe der Ausgaben. Darin versteht man, glaube ich, was es heißt, sein Geld auszugeben. Ich gestehe, daß, wenn ich in diese Probleme ... (Einzelheiten der Auslandshilfe) einsteige, Sie mich ganz leicht auf das Glatteis führen können. Fragen Sie doch lieber einen Experten für das Rechnungswesen, um was es da geht.«

Die Entwicklungshilfe folgte den »Linien« der amerikanischen »Führungsrolle« in der Welt außerhalb des sozialistischen Blocks. Aber zugleich war sie ein imposanter Aufmarsch der Experten. Auch hierin offenbarte sich der neue Herrschafts-Stil. An die Stelle der Diplomaten traten mehr und mehr die Ökonomen, Ingenieure sowie die militärischen und nachrichtendienstlichen Experten.

Vollzog sich etwa mit dem Aufmarsch der Spezialisten der Übergang von der politischen Einwirkung zur »neuen Sachlichkeit«? Sollte hier doch noch der idealistische Überbau der Nachkriegskonzeption Roosevelts Wirklichkeit geworden sein, der seine realpolitischen Interessen in die Hoffnung auf eine glückliche Welt gelöster Menschheitsaufgaben kleidete?

Zuerst Waffen – dann Brot

Der imposante Aufmarsch der Spezialisten konnte leicht darüber hinwegtäuschen, daß es zunächst noch in einem erschreckenden Maße an den Voraussetzungen wirkungsvoller Entwicklungshilfe fehlte. Als die Truman-Doktrin verkündet wurde, gab es nicht einmal eine international akzeptierte Entwicklungstheorie. Erst 1958 legte Jan Tinbergen sein »Design of Development« vor, das für inspizierende Entwürfe aber nur spärliche Anwendung bot. Als die Springflut westlicher Finanzierungsmittel und Berater anhob, waren keinerlei methodische und institutionelle Konzeptionen zur Hand.

Der amerikanische Kongreß, der als erstes westliches Parlament in die Eskalation der Entwicklungshilfeausgaben geführt wurde, hoffte auf ähnlich gute Ergebnisse, wie sie der Marshall-Plan aufweisen konnte. Besonders das deutsche Wirtschaftswunder tat seine Wirkung. In dem erstaunlichen Elan, mit dem sich Washington den »neuen Fronten« der Entwicklungsländer zuwandte, vergaß man nur allzugern den eklatanten Unterschied zwischen wirtschaftlichem Wiederaufbau, wie er sich in Europa zügig vollzog, und der erstmaligen Entwicklung einer immer größeren Zahl von Ländern. Dabei hätten die miserablen Erfahrungen und die Fehlschläge mit der China-Hilfe auf die kommenden Schwierigkeiten verweisen können.

Natürlich fehlte es hier und dort nicht an Einsicht. Vor allem fehlte es nicht an Opposition gegen ein größeres und langfristiges Engagement. Aber der kalte Krieg tat seine Wirkung. Nach den vergeblichen Aufständen in Ost-Berlin, Warschau und Budapest gegen den Zugriff der Sowjetunion folgten die amerikanischen

Steuerzahler willig dem Kurse Washingtons. Es kam zur Eskalation der Mittelausgabe, welche sich die ganzen folgenden Jahre fortpflanzte. Der allergrößte Teil der Mittel floß in die Länder rund um den sozialistischen Block, so wie es den Zielen der »Politik der Eindämmung« von John F. Dulles entsprach. Damals nahmen Indien, Pakistan, Afghanistan und die Türkei als sogenannte »Eindämmungsländer« die ersten Positionen unter den Nehmerländern ein. Sie haben sie bis auf den heutigen Tag gehalten.

Heute ist schon ganz in Vergessenheit geraten, daß Präsident Truman die Entwicklungshilfe zunächst nur als eine der zukünftigen Aufgaben formuliert hatte. »Punkt Vier« war damals höchstens als ein Auftrag an die Administration zu verstehen, ein Programm zu entwerfen. Mehr war es nicht. Aber rastlos drängten die Vereinigten Staaten zur Errichtung ihrer Herrschaft neuen Stils. So ergossen sich, lange bevor wirkungsvolle Konzeptionen entwickelt wurden, die Entwicklungsgelder in die politisch wichtigsten Nehmerländer, ein wachsendes Heer von Spezialisten mit sich reißend.

Die dominant politische Motivation der Entwicklungshilfe verknüpfte sie auf das engste mit der Militärhilfe. Schon wie zuvor Europa, erhielt nun auch der auserwählte Kreis von Entwicklungsländern Waffen und Brot: in erster Linie aber und in überwiegendem Maße Waffen. Sie sollten das militärische Vakuum auffüllen. Damals gewöhnte man sich an »das Denken in Lücken«. Nichts lag näher, als bestehende Lücken zu füllen. Und vor allem: Waffen und Brot waren in den USA vorhanden, in erschreckender Überfülle. Die Waffenüberschüsse entstammten der subventionierten Kriegsproduktion; die Nahrungsüberschüsse entstammten der subventionierten Agrarproduktion. Die Lieferungen richteten sich auf wehrlose und hungernde Länder. Es entstanden Abhängigkeiten ganz neuer Art. Das alles ließ den absoluten Mangel an brauchbaren entwicklungspolitischen Konzeptionen auch dann noch in den Hintergrund treten, als auch westeuropäische Nationen als Geberländer auftraten. Sie folgten nicht nur dem Prinzip der engen Verknüpfung von Militärhilfe und Entwicklungshilfe; sie folgten zugleich auch den amerikanischen Prioritäten für die »Eindämmungsländer«.

Hatten von Anfang an die Ausgaben für Militärhilfe diejenigen für Entwicklungshilfe übertroffen, so beobachten wir 1961 ein

Gleichziehen. Die amerikanische Militär- und Entwicklungshilfe belief sich nunmehr auf je knapp 2 Mrd. Dollar. Erst in den folgenden Jahren überwog die Entwicklungshilfe.

Was wurde im Rahmen der Militärhilfe geliefert? Hierüber erhalten wir nur eine recht unvollkommene Übersicht. Fest steht, daß sowohl bei Kriegsschiffen und Panzerfahrzeugen wie schließlich auch bei den Handwaffen im wesentlichen Altbestände veräußert wurden. Damit konnten kostspielige Überschüsse in den USA abgebaut und zum anderen laufende Produktionskapazitäten ausgelastet werden. Dasselbe gilt auch für Fluggeräte. Jedoch sind hier strategisch wichtigen Nehmerländern bald auch die Neukonstruktionen geliefert worden.

Haben wir schon für den heutigen Bestand an schwerem Kriegsgerät in den Entwicklungsländern keinen befriedigenden Überblick, so wissen wir über den Bestand an Raketen noch weniger: Das Großgerät wird gern zur Demonstration der eigenen Stärke vorgezeigt, die Raketen bleiben meistens unter Verschluß. Die in den Entwicklungsländern angehäuften Bestände können jedoch nicht unerheblich sein. Einiges ist bekanntgeworden. So lieferten die USA allein bis 1964 an Westeuropa und die Entwicklungsländer über 13 000 SIDEWINDER (Luft-Luftraketen), über 4 000 NIKE und HAWK (Boden-Luftraketen), ebenso viele HONEST JOHN (Boden-Bodenraketen), knapp 1 000 BULLPUB (Luft-Bodenraketen) und über 250 TERRIER und TARTAR (Wasser-Luftraketen) sowie über 100 THOR und JUPITER (strategische, ballistische Raketen). Einige dieser Raketentypen sind für den Transport von nuklearen Sprengköpfen vorgesehen.

So ist der Aufmarsch der Entwicklungsexperten in der Dritten Welt von einem imposanten Transfer von Waffenmaterial und militärisch-taktischem »Know-how« begleitet. Hinzu kommt, daß die Entwicklungsländer selber beträchtliche Teile ihrer Haushaltsausgaben dem Rüstungsbereich opfern. Bei vielen (z. B. Ekuador, Peru) betrug der Anteil am Bruttosozialprodukt bis zu 20 %, sonst aber regelmäßig 7–10 %, d. h. anteilig ebensoviel wie in den hochgerüsteten Industrieländern. Bemerkenswert ist das Devisenaufkommen der Entwicklungsländer für ihre Rüstungskäufe. Wenn wir nämlich von Militärhilfe sprechen, so tun wir das – wie in gewisser Weise auch in der Entwicklungshilfe – mit einer ungenauen Verwendung des Begriffes »Hilfe«. Der allergrößte Teil der Militärhilfe erfolgte früher wie heute aufgrund von Barverkäufen. Die Entwicklungsländer bezahlen den größten Teil der Lieferungen in der Regel sofort in Hartwährung. Diese Zahlungen rangieren sogar vor den Tilgungen fälliger Verbindlichkeiten aus Entwicklungshilfeprogrammen. Schenkungen spielten zwar zunächst auch eine Rolle, aber sie haben dann sehr bald Barkäufe nach sich gezogen. So galt von Anfang an nicht nur für die Lieferung sondern auch für die Bezahlung das Prinzip: Zuerst die Waffen – dann das Brot.

Nun besteht kein Zweifel daran, daß ein beträchtlicher Teil des gelieferten Geräts aus Transportmitteln für Luft-, Land- und Wasserwege besteht sowie aus sonstigen Kommunikationsanlagen und Versorgungseinheiten. Die einheimischen Streitkräfte der Entwicklungsländer sind gezwungen, die unterentwickelte Infrastruktur mit diesen Mitteln und Dienstleistungen zu ersetzen. Darin liegt die kaum zu unterschätzende potentielle Bedeutung der Rüstungsgüter und des militärischen »Know-how« für den zivilen Bereich der Volkswirtschaft. Ohne große Schwierigkeiten können militärische Transport-, Nachrichten- und Baugeräte in ihren Dienst gestellt werden. Dasselbe gilt auch für das Ausbildungswesen. Hier wird eine technische Ausbildung und Disziplinierung halb-analphabetischer Rekruten durchgeführt, deren gesamtwirtschaftliche Entwicklungseffekte ganz beträchtlich sein können.

Darüber hinaus haben die militärischen Führungskräfte einiger Entwicklungsländer eine die wirtschaftliche Entwicklung stark beeinflussende Rolle gespielt und tun dies auch heute. In vielen lateinamerikanischen Ländern bildete zwar das Militär eine offene Opposition gegen fällige Reformen, in einigen aber erzwang es Reformen. In nicht wenigen afrikanischen Ländern schuf es erst die Voraussetzungen für ein günstiges Investitionsklima. Auch hat die militärische Führung in manchen Fällen, wie etwa in Taiwan, erfolgreich in die wirtschaftliche und soziale Dynamisierung des Landes eingegriffen. Ein generelles Urteil ist nicht möglich. Jedoch scheint sich die Zahl der Länder und Beispiele zu mehren, in denen die militärischen Führungskräfte bei anhaltender Stagnation oder wachsenden inneren Konflikten die notwendigen Voraussetzungen für eine Realisierung der Entwicklungspläne schaffen.

Alles das – die gleichzeitige Vergabe von Waffen und Brot, der Entwicklungseffekt vieler Rüstungsgüter und der Einfluß des Militärs – hätte von Anfang an eine engere Koppelung der Militärhilfe mit der Entwicklungshilfe nahegelegt. Die Wirklichkeit sieht aber anders aus. Weder in den Geber- noch in den Nehmerländern gibt es eine Abstimmung der Planung und Finanzierung für beide Bereiche. Die politischen und verwaltungsmäßigen Zuständigkeiten sind strikt voneinander getrennt. Entsandte Experten der Entwicklungsplanung, die alle Schlupfwinkel der Zahlungsbilanz und der Haushalte kennen, machen sich über die umfangreichsten Rüstungskäufe nicht die geringsten Vorstellungen. In den Entwicklungsplänen ist der militärische Bereich geradezu schamhaft ausgespart.

Kennzeichnend für die konzeptionslose Vermengung von Militärhilfe und wirtschaftlichen Leistungen in den Geberländern ist das Durcheinander in der Verteidigungshilfe. Selbst J. B. Hollister, der damalige Direktor der amerikanischen Behörde für Entwicklungshilfe, hatte keine Übersicht. Mehr noch, er verstand überhaupt nicht die Frage, die der Vorsitzer des Bewilligungsausschusses im Kongreß, O. E. Passman, an ihn richtete:

Passman: »Wollen Sie bitte zu diesem Punkt erklären, was Sie im einzelnen unter ›Verteidigungshilfe‹ verstehen – dem Unterschied zwischen Militär- und Verteidigungshilfe, und welche Wirkung nach Ihrer Meinung die Verteidigungshilfe auf die Entwicklungshilfe für das Nehmerland hat?«

Hollister: »Fragen Sie mich . . .?«

Passman: »Ja, ich frage Sie . . .«

Hollister: »Das ist eine schrecklich komplizierte Frage.«

Passman: »Sie ist kompliziert, und wir stellen sie Ihnen, weil wir informiert zu werden wünschen.«

Hollister: »Können Sie mir die Frage noch einmal vorlesen?«

(Die Frage wird noch einmal verlesen)

Hollister: »Alles, was ich hier zu sagen weiß, ist, Herr Vorsitzender, daß es da ein Gebiet in der Verteidigungshilfe gibt, das offensichtlich militärischer Natur ist . . .«

Übersichten über die tatsächlich geleistete Militärhilfe aller Geberländer sind recht ungenau. Die Militärhilfe berücksichtigt nicht die

Leistungen für die Entsendung oder den Unterhalt einiger Truppen im Ausland und auch nicht die Verpflichtungen aufgrund von Bündnisverträgen. Sie umfaßt vielmehr allein die Verkäufe und Geschenke von militärischen Ausrüstungen sowie Ausgaben für Ausbildung und sonstige Dienstleistungen. Geheimhaltungsvorschriften behindern den Überblick. Aber ein tieferer Grund ist auch in der strikten Trennung von militärischem und zivilem Bereich zu sehen. Immerhin geben die jährlichen Berichte des amerikanischen Kongresses eine gewisse Übersicht. Auch die britische Regierung veröffentlicht von Zeit zu Zeit spezifizierte Angaben. Für die Militärhilfe Frankreichs liegt jedoch nur spärliches Material vor.

Ab 1962 und besonders seit 1965 erleben wir wieder einen sprunghaften Anstieg der Rüstungsverkäufe. Die amerikanischen Umsätze stiegen auf 2 Mrd. $, die britischen auf 400 Mio. $, die französischen allein aus der Luftfahrtindustrie auf 380 Mio. $. Die auf die Entwicklungsländer fallenden Lieferungen werden auf ein Drittel aller Umsätze geschätzt. Die Umsätze 1965–1975 des gesamten Weltmarktes sind auf 24 Mrd. $ veranschlagt, davon für Entwicklungsländer auf nicht weniger als 6 Mrd. $. Im Luftfahrtsektor aller westlichen Industrienationen beläuft sich der Rüstungsabsatz in die Entwicklungsländer auf 80 % aller Umsätze.

Seit Verkündigung des Punkt-Vier-Programms durch Präsident Truman ist bis auf den heutigen Tag eine Unmenge Waffen aller Art an die Dritte Welt geliefert worden. Dies geschah auf eine sehr viel stillere Weise als die Vergabe von Brot. So wie die Spezialisten der Entwicklungshilfe der politischen Bevorzugung der »Eindämmungsländer« schweigend folgten, so nahmen sie auch von dem gewaltigen Umfang des Rüstungstransfers praktisch keine Kenntnis. Glaubten die Experten wirklich, mit ihrer »neuen Sachlichkeit« die Politiker ablösen zu können?

Brot: Mißglückte Lieferpolitik

»So viel Waffen – wo bleibt das Brot?« war im Herbst 1970 auf den Transparenten zu lesen, die Demonstranten nach einer Parade vor dem Palast eines afrikanischen Staatspräsidenten trugen. In der Tat haben die Vereinigten Staaten als größter Waffenlieferant in den vergangenen 15 Jahren durchschnittlich für etwa 1,5 Mrd. Dollar Nahrungshilfe geleistet. Aber die durchschnittliche Jahresleistung für Militärhilfe erreichte ca. 1,4 Mrd. Dollar. Also kaum mehr Brot als Waffen.

Den Kongreßdebatten kann man entnehmen, daß den Lieferungen von Waffen keine Konzeption zugrunde lag, welche die Kongreßmitglieder hätte befriedigen können. Auch scheint nicht ganz klar zu sein, ob sie die Militärs oder die Rüstungsindustrie befriedigte oder keine von beiden. Der tiefere Grund für die allgemeine Ratlosigkeit liegt sicherlich auch in der Unmöglichkeit, die Wirksamkeit der Waffenlieferungen hinreichend genau abzuschätzen. Wer im Rüstungshandel mehr Rationalität fordert, muß sich über die enormen Schwierigkeiten einer Wirkungskontrolle im klaren sein.

Sehr viel einfacher als das Problem der »Waffenlücke« scheint das Problem der »Nahrungslücke« zu sein. Nichts kommt dem Menschen so schmerzlich zum Bewußtsein als sein eigenes Nahrungsdefizit. Nichts scheint leichter zu sein, als dieses Defizit in Entwicklungsländern mit den Überschüssen in Industrieländern zu decken. Das ist die simple Rechtfertigung jeder Lieferpolitik und insbesondere der Nahrungshilfe. Aber sind die Aufgaben so einfach zu lösen?

Der Hunger hat die Menschheit das Fürchten gelehrt. Aber wie alle subjektiven Empfindungen ist er praktisch nicht meßbar. Über die Nahrungslücke zieht sich ein kaum zu lüftender Schleier. Auch Wissenschaftler von Rang verfallen gern in Phantastereien, wenn sie vom Hunger in der Welt sprechen. Sobald sie sich auf Prognosen für kommende Jahrzehnte einlassen, scheint ihrem Pessimismus oder ihrem Optimismus keine Grenze mehr gesetzt zu sein. Diejenigen unter ihnen, die uns über die Lage im Jahr 2000 belehren wollen, versteigen sich zu gewagten Visionen.

Heute setzt sich unter den Fachleuten mehr und mehr die Ansicht durch, daß das rein quantitative Problem des Weltnahrungsdefizits technisch lösbar und für weite Gebiete der Erde inzwischen schon gelöst ist. O. Matzke, leitender Beamter des World Food Program (Rom), faßt dies in einer aufschlußreichen Publikation folgendermaßen zusammen: »Die vorliegenden Untersuchungen lassen die Annahme zu, daß zwischen der Zeit vor dem letzten Weltkrieg und der Gegenwart in den Entwicklungsländern keine wesentliche

Verschlechterung im Kalorienverbrauch je Kopf der Bevölkerung eingetreten ist. Die statistischen Werte für die Mitte der sechziger Jahre liegen eher über denen der Vorkriegszeit.«

Dennoch bricht heute die Reihe der unfundierten, pessimistischen Prognosen immer noch nicht ab. Im Chor dieser falschen Propheten läßt ein Autor in der Schrift der Vereinigung Deutscher Wissenschaftler »Jahr für Jahr« 3 500 000 Kinder sterben, ohne auch nur die geringsten Belege hierfür anzubieten. Ähnliche Behauptungen werden tagtäglich erhoben.

Nun war das Gespenst des Hungers die erste und in den westlichen Parlamenten wohl auch wirkungsvollste Motivation für die Auslandshilfe (wenn man vom Gespenst feindlicher Aggressionen absieht, das die Militärhilfe motivierte). Lange bevor es eine breit angelegte Entwicklungspolitik gab, spielten die Nahrungslieferungen (neben den Waffenlieferungen) eine hervorragende Rolle. Die reine Lieferpolitik entsprach dem Mangel an einer brauchbaren entwicklungspolitischen Konzeption. Sie entsprang auch dem Bedürfnis nach Abbau der eigenen Überschüsse des Geberlandes. Die Nahrungshilfe wurde darüber hinaus in erster Linie an die Entwicklungsländer mit hoher politischer Priorität vergeben. Das Brot folgte dem Strom der Waffen.

Eine nicht unerhebliche Rolle spielte auch die Gewinnung kommerzieller Absatzmärkte durch die Vergabe von (nichtkommerzieller) Nahrungshilfe. Das läßt sich anhand der amerikanischen Weizenlieferungen sehr gut belegen. Immer, wenn die kommerziellen Exporte anteilig am Weltmarkt zurückgingen, stiegen die nicht-kommerziellen Lieferungen der Hilfsprogramme und umgekehrt. Deshalb schreiben Experten die drastische Vergrößerung der amerikanischen Anteile am Weltmarktumsatz ihren Nahrungshilfeprogrammen zu. Natürlich hat dies verschiedentlich zu Spannungen zwischen den USA und den übrigen Exportländern geführt. Schon Mitte der 50er Jahre wurde in den GATT-Konferenzen Kritik an der kommerziellen Expansion mit nicht-kommerziellen Lieferungen geübt, welche die »Zahlungsbilanzsituation der übrigen Exportländer verschlechtert und zu einer Schrumpfung des normalen Welthandels führt«. Der amerikanische Anteil am Weltweizenmarkt stieg von 8% in den 30er Jahren auf heute fast die Hälfte der Umsätze. Die nicht-kommerziellen Lieferungen hatten schon 1960 einen Anteil von 25% der Weltmarktumsätze erreicht.

Die USA schauen auf eine lange Tradition der inner-amerikanischen Nahrungshilfe zurück, die schon in den 30er Jahren einsetzt. 1935 ermöglichte ein Gesetz (Public Law 320) die enorme Anhäufung von Nahrungsmitteln auf Lager und gleichzeitig die nichtkommerzielle Verteilung kleineren Umfangs an Unbemittelte. 1949 wurde dann die sofortige Vergabe von Überschüssen ohne vorherige Einlagerung an bedürftige Sozialgruppen ermöglicht. Im Jahre 1954 öffnete dann ein neues Gesetz (Public Law 480) vollends die Schleusen. Die Nahrungshilfe an Entwicklungsländer nahm ihren Lauf. Dies geschah in demselben Jahr, in welchem sich der Schwerpunkt der Militärhilfe von Westeuropa auf die Entwicklungsländer verlagerte. Seit diesem Jahr blieben Waffen und Brot heimliche Geschwister der Auslandshilfe.

Daß für die Nahrungslieferungen binnenwirtschaftliche Interessen im Vordergrund standen, ist vielfach eingestanden worden. Man muß sich vergegenwärtigen, daß damals allein die Lagerhaltung der gewaltigen amerikanischen Überschüsse täglich mehr als 1 Mio. $ kostete. Wie schon 1949, so war auch hier der Abbau dieser Überschüsse in den Vordergrund gerückt. Aber auch die außenwirtschaftlichen Interessen verlor der Gesetzgeber nicht aus den Augen: »Es sind«, so heißt es im Public Law 480, »brauchbare Vorkehrungen zu treffen, daß die herkömmlichen Absatzmöglichkeiten der Vereinigten Staaten geschützt bleiben.«

So wie der Hunger eine statistisch manipulierte Größe ist, bietet auch der Begriff »Überschüsse« Anlaß zu Spekulationen. Man könnte ohne weiteres die Überschüsse abgrenzen als die Differenz zwischen Angebot der inländischen Produktion bei jeweils gezahltem Inlandspreis, und der inländischen wie auch ausländischen Nachfrage. Diese Differenz ist als Überschuß anzusehen. Nun beschert hier die Praxis zahlreiche Schwierigkeiten der Präzisierung. Sowohl das Angebot wie auch die Nachfrage sind an den Preis gebunden, der wiederum von den Subventionen abhängt. Mit anderen Worten, die Höhe der Subventionen bestimmt selbst bei konstanter Nachfrage den Umfang der entstehenden Überschüsse. Und was wollen wir unter einer »normalen Lagerhaltung« verstehen?

Brisant wird die Situation dann, wenn Subventionen an Überschüsse gekoppelt sind. Ein interessantes Beispiel war das »Flexible Parity Program« in der amerikanischen Agrarpolitik der 50er

Jahre. Dieses Programm sah vor, daß die Subventionen mit mengenmäßig steigenden Überschüssen sinken und umgekehrt. Das führte zu der paradoxen Situation, daß die (nicht-kommerzielle) Nahrungshilfe die Überschüsse abbaute und damit die staatlichen Subventionen erhöhte, die ihrerseits wieder zu wachsenden Überschüssen führten. Für das Gespenst des Hungers zahlten die Steuerzahler einmal für die Subvention der Überschußproduktion, sie zahlten des weiteren für die kostspielige Lagerhaltung, dazu noch für ihre nichtkommerzielle Verwendung und beim Abbau der Überschüsse schließlich für neue Erzeugersubventionen.

Wie aber sieht es nun in den Nehmerländern aus? Sie »nehmen« nicht nur die Nahrungshilfe, sie müssen zu einem Gutteil auch zahlen. Der Begriff »Hilfe« erweckt hier – wie ja auch in der Militärhilfe – mitunter falsche Vorstellungen. Für Katastrophenfälle erhalten sie die Lieferungen gratis. Aber für sonstige Hilfsprogramme tragen sie einen nicht unbedeutenden Teil der Kosten. Wenn es an harten Dollar fehlt, dann kann das Nehmerland auch mit eigener, weicher Währung auf ein »Gegenwertkonto« zahlen. Das ist für den Nehmer ein Vorteil. Aber auch der Geber kommt nicht zu kurz. Die USA haben gewaltige Gegenmittel für Stationierungskosten verwendet, für ihre Botschaften und Experten, ihre Informationsdienste, auch für eigene Unternehmen und deren Werbekampagnen. Vielfach griffen sie mit den Gegenwertmitteln in die Stabilität des Geldwertes der Nehmerländer ein. So nahmen sie schließlich auch auf ihre Währungspolitik Einfluß.

Die Nachteile für den Nehmer liegen darin, daß viele Lieferungen eigene Märkte verstopfen können oder daß sie verderben, weil die rechtzeitige Verteilung nicht möglich ist. Auch werden Nahrungsgewohnheiten eingeführt, die mit eigener Produktion niemals zu befriedigen sind. Vor allem aber kann die eigene Landwirtschaft in große Schwierigkeiten geraten. So haben sich oftmals die Nehmer dadurch geholfen, daß sie die Lieferungen einfach wieder zu herabgesetzten Preisen exportierten. Das »drückte« natürlich wiederum auf den Weltmarkt. Abgesehen davon verdrängte die Nahrungshilfe der USA auch Exporte anderer Entwicklungsländer. So verlor Thailand Märkte in Indien, das amerikanischen Reis erhielt. Damals trat in Bangkok aus Protest ein Minister zurück. Auch waren Berechnungen amerikanischer Agrarwissenschaftler bekanntgeworden, nach denen die Nahrungshilfe beispielsweise den Weizenpreis stützte. Damit konnten die USA und andere Länder mit ihren kommerziellen Exporten bedeutend bessere Preise erzielen als ohne Nahrungshilfe. Überdies ließen die Erörterungen vor den Kongreßausschüssen erkennen, daß man in erster Linie und überwiegend unter dem Druck der eigenen Überschüsse handelte. In den Entwicklungsländern aber wurde an den Symptomen kuriert. Wo aber lagen bei ihnen die Wurzeln des Übels verborgen?

Die größten Schwierigkeiten liegen in der mangelnden Eigenproduktion der Entwicklungsländer. Sie kann auf die Dauer nicht mit fremden Lieferungen kompensiert werden, auch wenn die Geberländer glauben, mit dem Gespenst des Hungers ein vortreffliches Alibi für ihre eigene Überschußproduktion gefunden zu haben. Wenn die Entwicklungsländer nicht zu »Brot-Rentnern« der reichen Länder herabsinken sollen, müssen sie sich selber ernähren können. In diese Richtung weisen auch die Bemühungen der FAO und des Welternährungsprogrammes. Einen ersten Überblick bietet ihr Indikativplan für die landwirtschaftliche Entwicklung. So unzureichend auch die Produktionssteigerungen in den Entwicklungsländern gewesen sind, so haben sie doch bisher ein Absinken des Nahrungsstandards bei rapide wachsender Bevölkerung verhindern können. Das geben die Statistiken und Schätzungen heute klar zu erkennen. Der Generaldirektor der FAO sagte hierzu:

»Ich möchte mit aller Bestimmtheit feststellen, daß die FAO keine statistischen Beweise dafür hat, daß die Welt nicht in der Lage ist, eine wachsende Bevölkerung zu ernähren ... Ich sehe zur Zeit keine Rechtfertigung für neo-malthusianische Voraussagen von Katastrophen.«

Eine wachsende Bevölkerung heißt: Unsere Kinder werden 70jährig in eine Welt von schätzungsweise 15 Milliarden Menschen hineinwachsen (heute 3,8 Milliarden). Wie dem auch immer sei, eine bloße Lieferpolitik kann nicht der richtige Weg sein. Aber selbst auf die rein technologischen Fortschritte allein ist kein Verlaß. Ihre isolierte Betrachtung führt zu Phantastereien, wie sie der sonst so ernst zu nehmende Nationalökonom Colin Clark in seinem Buch »Population Growth and Land Use« mit der Behauptung produzierte, die Erde könne 47 Milliarden (anstelle von 3,8 Milliarden) Menschen auf dem Standard der Nordamerikaner und sogar 147 Milliarden auf dem der Japaner ernähren.

Ist das Vakuum in der Dritten Welt letzlich doch nur mit einer mehr oder weniger konzeptionslosen Lieferpolitik gefüllt worden? Das ist die Frage, die sich angesichts der Invasion mit Waffen und Brot aufdrängt. Lange Zeit hindurch wollte es so scheinen, als ob wirklich nicht mehr geschehen sei. Die politischen Motive der Geberländer und ihre Orientierung an eigenen Lieferinteressen blieben ein beherrschendes Element.

Das Ende eines Mythos

Der amerikanische Mythos drängte noch in einer ganz anderen Richtung zur Verwirklichung: Die Entwicklungsländer sollen die Industrieländer »einholen«. Sie sollen sie mit ihrem Pro-Kopf-Einkommen einholen, einer wichtigen Meßzahl wirtschaftlicher Entwicklung. Darin sehen die Entwicklungsexperten ihre eigentliche Aufgabe. Hier liegt ihre Erfahrung und ihre Kompetenz. Hier wollen sie den Politikern und Diplomaten das Feld streitig machen. Hier wurzelt ihre Hoffnung auf eine für die ganze Welt gültige »neue Sachlichkeit«, die über die Tagespolitik nur das diplomatische Ränkespiel gestellt zu sehen wünscht.

Man kann wirklich kaum die Faszination beschreiben, die von Anfang an die Experten in den Planungsämtern erfüllte, in den Ministerien, in den Entwicklungsbanken, auf den Bauplätzen Afrikas und den Wasserprojekten Asiens. Und dennoch sind dieser Faszination längst schon tiefe Enttäuschungen auf dem Fuße gefolgt, eine Welle der Frustration, des zermürbenden Kleinkrieges mit und innerhalb der Administration. Welches sind die Ursachen hierfür?

Der Kern der weitverbreiteten Resignation liegt im Entwicklungsprozeß selber verborgen. Man kann sich hiervon am ehesten überzeugen, wenn man sich einige seiner Gesetzmäßigkeiten vor Augen führt. Für unseren Zusammenhang genügen ein paar Skizzen. Auf der ersten Stufe der Entwicklung beträgt das Pro-Kopf-Einkommen pro Jahr durchschnittlich kaum mehr als DM 300,–. 70% aller Beschäftigten finden in der Landwirtschaft ihr kärgliches Brot. Industrie und Dienstleistungen sind noch schwach entwickelt. Typische Länder hierfür sind Indonesien, Nigeria, Bolivien. Erst wenn sich die Produktions- und Gesellschaftsstruktur verbessert, können wir von dynamischen Entwicklungsländern sprechen. Sie bilden die zweite Stufe der Entwicklung. Hierzu zählen z. B. Taiwan, Algerien, Brasilien. Die Arbeitskräfte wandern von der Landwirtschaft in die Industrie. Das Pro-Kopf-Einkommen steigt trotz wachsender Bevölkerung auf etwa DM 2 000,–. Mit der anhaltenden Industrialisierung gelangen die Länder auf die dritte Stufe der Entwicklung wie z. B. Japan, die Sowjetunion, aber auch schon Länder wie die Südafrikanische Republik und Argentinien. Jetzt können einzelne Länder auf dieser Stufe schon in speziellen Zweigen ihrer Wirtschaft wie z. B. mit der Rüstungs- oder Exportindustrie die Weltspitze erreichen. Für die Volkswirtschaft in ihrer Gesamtheit ist jedoch die nächst höhere, d. h. vierte Stufe erreicht, wenn schon nicht mehr die industrielle Produktion sondern die Dienstleistungen (Verwaltung, Verkehr etc.) die Mehrzahl der Beschäftigen (bis zu 70%) an sich ziehen. Deshalb bezeichnet man diese Länder auch als »nach-industrielle Gesellschaften«. Zu ihnen zählen heute die USA und Schweden als Spitzenreiter mit einem Pro-Kopf-Einkommen von über DM 9 000,–.

Mit dieser Einteilung in vier Stufen der Entwicklung stellt sich naturgemäß sofort die Frage, ob die Entwicklungsländer nicht den mühsamen Gang von einer Stufe zur anderen abkürzen können. Warum sollten sie nicht eine oder gar zwei Stufen überspringen können? Die Antwort auf diese Frage enthält den Kern einer heute verbreiteten Resignation der Experten: Kein Land kann seinen Weg »abkürzen« oder die Stufen der Entwicklung »überspringen«. Die Entwicklungsprozesse brauchen »ihre« Zeit.

Die Dimension Zeit läßt sich tatsächlich nur in sehr engen Grenzen durch fremdes Kapital und Experten ersetzen. Je mehr davon in ein Entwicklungsland gebracht wird, desto mehr Anforderungen stellen wir an seine Verwaltungsbeamten, sein Wartungspersonal, seine Hilfskräfte. Und was sich bei uns im Laufe vieler Generationen als »Know how« entwickelt hat, läßt sich dort nicht in wenigen Jahren nachholen. Auch die arbeitswilligsten und klügsten Köpfe in Afrika oder Asien vermögen keine Berge zu versetzen, wenn die Mehrheit der Bevölkerung in dunklen Hütten und mit primitiven Stammesbräuchen aufgewachsen ist und noch weiterhin so aufwächst. Wirtschaftliche Entwicklung ist ein Prozeß von Generationen. Durch die Entwicklungshilfe wird dieser Prozeß in Gang gebracht, aber nicht etwa verkürzt. Mit der Kapitalhilfe transferieren wir Kapitalgüter, mit der technischen Hilfe dagegen »Know-how«. Wir könnten auch sagen, daß die Kapitalhilfe so etwas wie materiell komprimierte Entwicklungszeit anbietet und die technische Hilfe personell komprimierte Entwicklungszeit. In beiden Fällen aber müssen sich die Geberländer auf viele Jahrzehnte einrichten, und das übersteigt die Geduld ihrer Experten. Denn auch Entwicklungsexperten leben nicht länger als normale Menschen.

Abgesehen von der Langwierigkeit der Entwicklungsprozesse müssen wir uns auch mit einer Kette von Schwierigkeiten aller Art vertraut machen. Die Erfahrung lehrt uns: Entwicklung erzeugt Konflikte, die Konflikte erzeugen politische Instabilität, die politische Instabilität wiederum gefährdet die Entwicklung. Auf diese Weise bringt der Entwicklungsprozeß Widersprüche hervor. Einmal ist es der Widerspruch zwischen den langfristigen und kurzfristigen Zielen, zum anderen zwischen Anspruch und Verantwortung. Was den ersteren Widerspruch anlangt, so sind die langfristigen Ziele durch die führenden Beispiele mittel-entwickelter Industriegesellschaften (UdSSR, Japan) und post-industrieller Gesellschaften (USA, Schweden) vorgegeben. Deshalb beruht die langfristige Vision vom Fortschritt der Entwicklungsländer auf den gesicherten Erkenntnissen dieser Beispiel-Länder. Deshalb geht man in den langfristigen Prognosen für die Entwicklungsländer scheinbar überhaupt kein Risiko ein. Die Arbeitskräfte müssen von der Landwirtschaft in die Industrie abwandern, die Investitionsquote muß erhöht werden und so fort.

Aber will man diese Version in kurze, überschaubare Fristen von einem Jahr oder einer fünfjährigen Planperiode konkretisieren, dann beginnen die Schwierigkeiten. Da muß die landwirtschaftliche Produktion modernisiert werden, was zur Abwanderung der Arbeitskräfte und der Ausdehnung städtischer Slums führt. In den Städten müssen Beschäftigte konzentriert werden, was zu Gesundheits- und Verkehrsproblemen führt. Hier entstehen die Widersprüche zwischen langfristiger Vision und kurzfristigem Programm.

Die Experten selber treten mit dem Anspruch auf, die Welt zu verändern, ihre alte Ordnung umzustoßen und dem Fortschritt zum Durchbruch zu verhelfen. Aber die Praxis sieht in Wirklichkeit ganz anders aus. Denn innerhalb ihres engen Verantwortungsbereiches wehren sie sich energisch gegen jede Störung oder Schwierigkeit, die aus dem Sturz alter Ordnungen zwangsläufig folgen. Als Projektleiter verlangen sie Disziplin und Einordnung, als

Regionalplaner bevorzugen sie ihre eigene Region, als Berater stützen sie die Politiker, als Personalleiter geben sie den Analphabeten keine Chance, als Produktionsleiter empören sie sich über die Verstaatlichung. Der Alltag der Experten bietet ungezählte Beispiele hierfür.

Wie sollen sie auch ihren schönen Idealen folgen, wenn sie ihre Termine einhalten, die Produktion in Gang halten, Aufträge hereinholen und möglichst günstig ein- und verkaufen müssen? Unter dem täglichen Zwang der Verantwortung gegenüber den Kontrollinstanzen im Heimatland suchen sie naturgemäß jedes Risiko auszuschalten. Haben sie erst einmal ihr eigenes »Know-how« zur Routine werden lassen, dann orientieren sie sich an der Stabilität der Verhältnisse. Innenpolitische Kurswechsel – eine Voraussetzung jeder Entwicklung – begreifen sie nur als unnötige Störung. Außenpolitische Programmwechsel – eine Folge jeder Entwicklung – verdammen sie als gefährliches Abenteuer. Deshalb richtet sich ihre Hoffnung letzlich auf das, was in einer Publikation des britischen Overseas Development Ministry (»Effective Aid«) auf diesen einfachen Nenner gebracht wird:

»Es ist unsere Hoffnung, daß die Entwicklungshilfe im Gleichgewicht befindliche, stabile und zufriedene Länder schafft, die beispielsweise nicht geneigt sind, von inneren Problemen durch außenpolitische Abenteuer abzulenken.«

Diesem Grundzug der Experten entspricht auch ihr Unvermögen, den Prozeß der Entwicklung anders zu sehen, als er von ihren eigenen Industrieländern vorgezeichnet ist. Deshalb betrachten sie es als ihre heilige Pflicht, die Entwicklungsländer diesem historisch vorgezeichneten Weg nachfolgen zu lassen. Sie tun dies in der Gewißheit, daß alle bisher bekanntgewordenen Industrialisierungsprozesse auf gemeinsamen ökonomischen Prinzipien beruhen. In der Tat ist dies ein frappanter Erfahrungssatz, der auch für gesellschaftspolitisch so extreme Entwicklungen wie die der amerikanischen und sowjetischen Volkswirtschaft, der westeuropäischen und japanischen gültig ist.

Wir greifen hier, um nicht abzuschweifen, nur drei solche Prinzipien der Entwicklung heraus. Zu diesem Zweck werfen wir einen Blick auf ältere Stationen der Entwicklung heutiger Industrieländer: 1880, 1913 und 1958. Genauer gesagt, wir werfen einen Blick auf die Ergebnisse einer recht mühsamen und zeitraubenden Analyse dieser Etappen, für die verstreute, aber doch aussagekräftige Dokumentationen vorliegen.

Erstes Prinzip: Alle Länder entwickelten sich im wesentlichen aufgrund der eigenen Kapitalbildung. Sie betrug zu Anfang rd. 10 % des Volkseinkommens und erhöhte ihren Anteil rasch auf rd. 20 %. Die durchweg höchsten Anteile weisen Deutschland und die USA auf. Wesentlich niedriger liegt Frankreich, am niedrigsten Großbritannien. Die heute noch verfügbaren Quellen weisen darauf hin, daß diese beiden Länder ihre eigene Kapitalbildung mit kolonialen Erträgen ergänzt haben. Erst später folgen Japan und die Sowjetunion mit hoher eigener Kapitalbildung.

Zweites Prinzip: Praktisch in allen Entwicklungsphasen haben die Länder Kapital eher exportiert als importiert. (Ausnahmen bilden in verschiedenen Perioden die USA, Kanada und Australien als »Immigrations-Länder«.) Die Folge dieser Tendenz war, daß die steigende eigene Kapitalbildung durchweg auf Kosten des Konsumstandards erfolgte. Die Länder »hungerten sich hoch«. Großbritannien machte, wie gesagt, eine gewisse Ausnahme. Als Mutterland erhielt es aus seinen Kolonien, die immerhin fast die Hälfte der damaligen Weltbevölkerung stellten, Kapitalimporte und »Ersatz« für eigenen Konsumverzicht in Höhe von mindestens 3–5 % seines Volkseinkommens. Für Frankreich ist etwas Ähnliches festzustellen.

Drittes Prinzip: Der Entwicklungspfad verlief für alle Länder in wirtschaftlicher Hinsicht recht gleichförmig. Die Anteile der Landwirtschaft, Industrie und Dienstleistungen an der Entstehung des Bruttosozialproduktes sind für die jeweiligen Entwicklungsstufen in allen Ländern nahezu gleich hoch. Das gilt ferner auch für die Entwicklung der Sparquote, das Wachstumstempo von Schwer- und Leichtindustrie, die sektoralen Wanderungen der Arbeitskräfte und anderes mehr. Diese auffallende Gleichförmigkeit beobachten wir in der Industrialisierung sowohl der kapitalistischen wie auch der sozialistischen Länder.

Auf diese Weise entpuppen sich die Spezialisten des Fortschrittes sehr bald als Erzkonservative.

Kurz gesagt: Die heutigen Industrieländer haben sich in sehr gleichförmiger Weise aus eigener Kraft und auf demselben Entwicklungspfad entwickelt. Darüber kann die Vielzahl der politischen Varianten nicht hinwegtäuschen. Diese wichtige Tatsache wie auch der durch praktische Verantwortung bedingte Konservatismus der Experten haben der großen Invasion der Entwicklungshilfe ihre anfänglichen Hoffnungen und ihren Elan längst geraubt.

Der verpaßte Anschluß

Haben sich schon keine neuen Horizonte für den Entwicklungspfad geöffnet, so drängt sich die Frage auf: Kann wenigstens das Entwicklungstempo beschleunigt werden, damit sich der Abstand zwischen Industrie- und Entwicklungsländern verringert und schließlich aufhebt? Auch hier schauen wir zunächst auf den Entwicklungsgang heutiger Industrieländer. Tatsächlich hat so etwas wie ein Rennen um die höhere Entwicklungsstufe stattgefunden. Startpunkt war die Frühindustrialisierung Großbritanniens um etwa 1830, und Ziellinie ist die heutige Entwicklungsstufe der USA als Spitzenreiter. Wie verlief dieses Rennen?

Erste Etappe 1880: Im Bereich der jährlichen Pro-Kopf-Einkommen von 500 $ führt Großbritannien, gefolgt von den USA, Deutschland und Frankreich.

Zweite Etappe 1913: Im selben Einkommensbereich stößt der »Pulk« der Nationen nach vorn. Großbritannien durchläuft die 500-$-Ziellinie. Jetzt haben sich die Sowjetunion und Japan angehängt.

Dritte Etappe 1958: Die USA sind über die 2 000-$-Ziellinie hinausgestoßen. Es folgt die Gruppe Deutschland (BRD), Großbritannien und Frankreich dicht beieinander im Bereich 1 000 bis 1 500 $. Die Sowjetunion und Japan sind dabei, den ersten Bereich 500 $ zu verlassen.

Das überraschende Ergebnis dieses Rennens ist die Gleichförmigkeit des Entwicklungstempos aller dieser Nationen. Was Großbritannien gegenüber den westeuropäischen Staaten einbüßt, ist ebenso unbedeutend wie die Positionsveränderungen derselben untereinander. Die Sowjetunion und Japan machen ihr Rennen genau wie die übrigen vor jeweils 30–50 Jahren. Nur die USA brechen nach vorn aus; sie verhalten sich im Rennen um die höheren Einkommen untypisch. Hierfür können verschiedene Ursachen angeführt werden, die nur für dieses Land wirksam geworden sind: ständige Zuwanderung von fremden Fachkräften, Schuldentilgung im Ersten Weltkrieg, Forderungen aus dem Zweiten Weltkrieg, umfangreiche Gewinne aus Lateinamerika, günstige Rohstoffversorgung, Marktgröße etc. Insgesamt gilt, daß für die heutige Position der entwickelten Länder entscheidend der Zeitpunkt gewesen ist, zu dem sie in das Rennen um höhere Entwicklungsstufen eingetreten sind.

Selbst größere Wachstumsraten (als sie der Durchschnitt der Länder aufwies) konnten den verspäteten Anschluß nicht mehr wettmachen. Wäre z. B. Japan 55 Jahre früher »ins Rennen gegangen«, also etwa im Jahre 1830, so hätte es den westeuropäischen Durchschnitt schon vor über 10 Jahren erreicht. Um diese für das »Rennen« verlorenen Jahre wettzumachen und heute auf gleicher Einkommenshöhe mit den westlichen Industrieländern zu stehen, hätte Japan eine Verdoppelung seiner Wachstumsraten durchsetzen müssen. Aber gerade das war nicht möglich; jedenfalls hat niemals ein Land derartig hohe Wachstumsraten realisieren können. Japans Position im Wettrennen der Industrieländer wird immer wieder überschätzt, weil einzelne Positionen in der Produktion und im Export tatsächlich weit vorangeschritten sind. Das aber gilt nicht für die gesamtwirtschaftliche Position dieses Landes. Darauf kommen wir noch zurück.

Und nun zu den Entwicklungsländern. Sie befanden sich nach dem letzten Weltkrieg noch im »Wartesaal der Entwicklung«. Dann setzte bei vielen der Entwicklungsprozeß in die höheren Einkommensstufen mit einer Verspätung von 70–100 Jahren ein. Es kommt zum wachsenden Einsatz fremder Finanzierungsmittel und Experten. Mit dem Aufmarsch der Experten erhebt sich eine Springflut der Literatur und Dokumentation. Wer heute alles lesen möchte, was in den letzten 15 Jahren über Entwicklungsländer geschrieben wurde, benötigt dazu mindestens 85 Millionen Lesestunden.

Lassen wir das also alles beiseite. Stellen wir uns lieber diese Frage: Welches Tempo hat der »Pulk« der Entwicklungsländer bisher angeschlagen, wo sind seine Positionen, und welche Ziellinien kann er (wann?) durchlaufen? Das ist die Frage nach dem »Einholen« in ihrem Kern. Die Antwort lautet für die Gesamtheit aller Entwicklungsländer: Ihr Wachstumstempo lag mit ca. 2 % jährlichem Zuwachs des Pro-Kopf-Einkommens deutlich unter dem der heutigen Industrieländer auf ihren früheren Entwicklungsstufen. Nur wenige Länder wie Mexiko, Taiwan, Israel und Thailand machen hiervon eine Ausnahme. Mit anderen Worten, der Abstand zum Pro-Kopf-Einkommen der Industrieländer vergrößert sich trotz aller Anstrengungen Jahr für Jahr.

Das illustrieren die Ergebnisse detaillierter Trendanalysen, die auf optimistischen Annahmen bezüglich des zukünftigen Wachstumstrends gemacht wurden. Wir haben in unseren Berechnungen unterstellt, daß die Entwicklungsländer ihre bisherige Wachstumsrate, d. h. ihr Wachstumstempo verdoppeln. Von den verschiedenen Fortrechnungen greifen wir diese Ergebnisse heraus:

Das heutige Pro-Kopf-Einkommen der USA werden erreichen:

Mexiko	im Jahre 2 031
Brasilien	2 053
Pakistan	2 065
Nigeria	2 095

Diese Berechnungen geben nur so etwas wie einen äußeren Chancenbereich für diese Länder an.

Was bedeutet das für unseren heutigen Erwartungshorizont? Alles in allem können die Entwicklungsländer bis zum Ende des Jahrhunderts die augenblickliche Einkommenstufe der westlichen Industriestaaten nicht erreichen. Konkreter gefragt: Was bedeutet das für die Erwartungshorizonte unserer heutigen Generationen, wenn wir Zuwachsraten für die Entwicklungsländer von sogar 14 % und für die Industrieländer von nur 3 % unterstellen?

Greifen wir die Generation der führenden Politiker heraus. Sie haben eine durchschnittliche politische Lebenserwartung von höchstens weiteren 10–15 Jahren. Die Einkommenslücke zwischen Entwicklungs- und Industrieländern hat sich bis dahin (1985) auf 1 280 $ pro Kopf erhöht. Für die Generation der 30- bis 40jährigen wird sich bis zu ihrem Lebensende die Einkommenslücke weiter erhöhen, und zwar auf 1 510 $. Nach offiziellen Trendstatistiken könnten Länder wie etwa Kenia oder Indonesien unter günstigsten Voraussetzungen den heutigen Stand der Bundesrepublik erst im Jahre 2 095 einholen.

Unsere politischen Führungskräfte, unsere Experten und nicht zuletzt auch unsere Steuerzahler können hier keine entscheidende Wende mehr erleben. Die Vision vom »Einholen« bleibt ein Traum. Bei aller Gleichförmigkeit der vorgezeichneten Entwicklungspfade und bei allen nur erdenklichen Anstrengungen in der Entwicklungshilfe ist diese Tatsache nicht mehr umzustoßen: Um heute und morgen an den »Pulk« der Industriestaaten heranzurücken, sind die Entwicklungsländer zu spät ins Rennen gegangen. Sie haben den Anschluß verpaßt.

Kein »neuer Weg« in Sicht

War also die »große Invasion« der Entwicklungshilfe nicht von vornherein zum Fehlschlag verurteilt? Diese Frage erhebt sich angesichts erzkonservativer Experten, angesichts des gleichförmigen Entwicklungsweges und Entwicklungstempos sowie schließlich angesichts des verpaßten Anschlusses der Entwicklungsländer. Sprechen diese vier Faktoren gegen ein positives Ergebnis der Entwicklungshilfe?

Die Antwort hängt von den sonstigen Erwartungen ab, die wir an die Entwicklungshilfe knüpfen. Die Erwartungen für eine »neue Revolution« der Experten wurden jedenfalls enttäuscht. Das gleiche gilt für die Erwartung eines »großen Sprungs nach vorn« oder gar für das »Einholen« der Industrieländer. In dieser Hinsicht hat sich die Entwicklungshilfe als ein klarer Fehlschlag erwiesen.

Aber das ist nicht die ganze Wahrheit. Die Entwicklungshilfe führte zu zwei Ergebnissen, die für das heutige Verhältnis der Dritten Welt zu den beiden hoch entwickelten Blöcken von nicht geringer Bedeutung sind. Einmal ist es das sich selbst tragende Wachstum, in das einige der Entwicklungsländer gelangen. Ihre Dynamisierung hat einen Umfang angenommen, der es ihnen gestattet, im Rennen um die jeweils höheren Entwicklungsstufen zu bleiben. Mehr noch, sie unterliegen heute schon der Zwangsläufigkeit des gleichförmigen Entwicklungstempos und -weges. Je weiter sie auf diesem Pfade fortschreiten, desto größer die Wahrscheinlichkeit, auch weiterhin im Rennen zu bleiben.

Zum anderen wandelt sich für viele Nehmerländer die überspannte Erwartung auf den »großen Sprung nach vorn« zu einem nüchternen Engagement. Auch der graue Alltag der gleichförmigen Entwicklung bietet ständig neue Erfahrungshorizonte, neues Terrain im wirtschaftlichen, technologischen und institutionellen Bereich. Die Dinge sind endlich in Fluß gekommen, und das ist nach jahrhundertelanger Stagnation etwas wirklich Neues.

Was liegt näher, als daß die Entwicklungsländer heute nach einem »neuen Weg« suchen, der sie aus den Zwangsläufigkeiten des gleichförmigen Engpasses entläßt? Ein »neuer Weg«, der sie ureigene Horizonte öffnen läßt und mehr ist als das bloße Nachvollziehen längst beschrittener Pfade. Tatsächlich haben sich zahlreiche Länder auf die Suche nach einem »neuen Weg« gemacht. Sie taten dies vielfach mit dem offenen Widerspruch zu den Leitbildern der kapitalistischen und sozialistischen Industrieländer. Die meisten dieser Länder sind jedoch in diesem Widerspruch steckengeblieben. Andere aber sind weitergegangen und haben sich vom Entwicklungspfad europäischen Typs abzuwenden versucht.

In Lateinamerika forderte Che Guevara die vollständige Abkehr: »Wenn hingegen die Gruppe der unterentwickelten Länder dem Sirenengesang der hochindustriellen Mächte folgt . . ., wird unsere Anstrengung vergebens sein.« Aber die wenigen revolutionären Versuche einer Abkehr endeten entweder in der Stagnation wie in Bolivien und Peru, oder aber im Einschwenken auf die altbekannten Entwicklungspfade wie etwa in Mexiko. Und Fidel Castros Versuche? Es gibt bis heute kein abschließendes politisches Urteil. Die Administration Kubas hat ihre zahlreichen Bewunderer entweder nicht ins Land gelassen oder aber sorgsam wieder hinauskomplimentiert. Was wir über die wirtschaftliche Entwicklung wissen – und das ist nicht wenig –, spricht eher für ein hektisches Improvisieren als für eine dynamische Entwicklung. Es hat sich auch keine ernst zu nehmende Stimme erhoben, die Kuba einen wirklich neuen Weg wirtschaftlicher Entwicklung zu bescheinigen bereit und in der Lage wäre. Auch die neuen Ereignisse in Lateinamerika, wie etwa nochmals in Peru oder in Chile, zeigen keine neuen Horizonte auf.

Die Suche nach dem »neuen Weg«, der nichts mit der »pluralistischen Expansion« westlicher Demokratien und auch nichts mit den »Gesetzen« der proletarischen Revolution gemein haben sollte, zeigte vielfältige Formen. So vollzog sich der erfolgreiche Kampf der Freien Offiziere um die nationale Unabhängigkeit Ägyptens ohne diese proletarische Revolution. Aber einmal an die Macht gelangt, waren sie unfähig, den politischen Dialog mit den sozialen Gruppen zu führen. In Ghana gelang es sogar einer revolutionären Gruppe von kaum mehr als 20 Intellektuellen, die Macht an sich zu reißen. Sie bedienten sich einer Abwandlung sowjetischer Kader-Politik, konnten aber die Massen nicht unter Kontrolle halten. Einen dritten Modellfall stellt der Kongo dar, wo weder der vom Militär noch von revolutionären Kadern bestimmte Weg beschritten wurde. Hier folgte Lumumba utopischen Programmen und endete doch immer wieder in der Sackgasse täglicher Improvisationen. Nach seiner Ermordung fiel das Land ins Chaos zurück, in das es schon der frühere Auszug der Kolonialbeamten gestoßen hatte. Allen drei Modellen und ihren vielen Mischformen ist gemeinsam, daß die politischen Eliten den Anspruch auf einen eigenen nationalen Weg der Entwicklung erhoben.

Aber auch hier führten die Experten die jungen Nationen bald in die eingetretenen Pfade der Entwicklung, sofern sie nicht in dem Strudel der inneren und äußeren Konflikte versanken. Das beobachten wir ganz allgemein und ohne Rücksicht auf die Frage, ob hier mehr der afrikanische Kommunalismus (Senegal, Tanganjika) oder dort mehr ein kommunistisch orientierter Sozialismus (Ghana, Guinea) vorherrscht. Gerade Guinea, das sich stärker an das sowjetische Vorbild anlehnte, machte eine eigentümliche Erfahrung, die in der westlichen Welt kaum zur Kenntnis genommen worden ist. Die Sowjetunion hatte hier ein Paradebeispiel sozialistischer Entwicklungshilfe aufführen wollen. Nach dem totalen Bruch des Landes mit Frankreich und dem Westen erhielt es eine großzügige Kapitalhilfe. Den Aufmarsch der Experten und Fachkräfte aller Art kann man nach allem, was bekannt wurde, auf 70 000 veranschlagen. Damit kam auf je 30 Einwohner ein Spezialist aus sozialistischen Ländern. Mit einer unerhörten Konzentration aller Mittel sollte Guinea gleich mehrere Stufen der Entwicklung überspringen. Dieser großangelegte Versuch, die Langwierigkeit der Entwicklungsprozesse durch den massiven Einsatz von Fachkräften und Kapitalgütern abzukürzen – schlug fehl. Moskau machte damals die schmerzliche Erfahrung, daß auch die sozialistische Entwicklungshilfe keine Wunder bewirken konnte. Die Experten hinterließen eine chaotische Volkswirtschaft mit verstopften Häfen und gestoppten Projekten.

Nur der indische Kontinent schien zunächst eine Sonderentwicklung durchzumachen. Zwar teilte Indien das Schicksal der kolonialen Okkupation, aber es besaß aufgrund seiner Größe, seiner besonderen Lage und den starken moralischen Elementen seiner Politik günstige Voraussetzungen für einen eigenen, »neuen Weg«. In der Tat entfernte sich Mahatma Gandhi weiter als jeder andere Politiker der Dritten Welt vom vorgezeichneten Entwicklungsweg kapitalistischer und sozialistischer Länder. Er tat dies in bewußter Abwendung von dem westlichen Optimismus für eine »gute, neue Welt« wie auch von der sozialistischen Fortschrittsgläubigkeit. Gesellschaftliche und wirtschaftliche Mißstände führte er auf das moralische Versagen zurück:

»Das Volk im allgemeinen ist voll Feindseligkeit, weil die Menschen schwach sind und hoffnungslos unwissend in bezug auf den Weg, der ihnen gestatten würde, die Schwachheit zu überwinden. Ich nun lenke die Feindseligkeiten von den Menschen ab auf die Sachen.«

Auf welche »Sachen« lenkte er die Feindseligkeiten? Auf alle Erscheinungsformen der modernen Industrialisierung! In der Tat sah er in ihnen die Wurzel allen Übels. Der vorgezeichnete, gleichförmige Entwicklungsweg war für ihn der Weg ins Verderben. Indien und überhaupt die Gesamtheit der Entwicklungsländer werden dadurch gerettet, daß »sie verlernen, was sie während der letzten 50 Jahre gelernt haben. Die Eisenbahnen, Telegrafen, Spitäler, Rechtsanwälte, Ärzte und dergleichen haben alle zu verschwinden. Die sogenannten oberen Schichten müssen bewußt religiös und entschieden das Leben des einfachen Bauern annehmen, wissen, daß es ein Leben ist, welches wahrhaft glücklich macht.«

Mit Nehru, seinem Nachfolger, vollzieht sich zunächst eine Abwandlung der Lehren Gandhis und schließlich der offene Bruch. Er bewundert seinen Lehrer und dessen Erfolg, sein »faules und demoralisiertes Volk« zur Arbeit und Disziplin erzogen zu haben. Aber Nehru hat den pragmatischen Sinn des Politikers, der die Experten ruft. Bald läßt er an seiner Verachtung für die Ideale der geistig-ethischen Evolution keinen Zweifel mehr. »Wir suchen«, so klagt er, »die Wahrheit durch Geschöpfe unserer Einbildungen zu überdecken, und bemühen uns, vor der Wirklichkeit in eine Welt der Träume zu entfliehen.« In einen krassen Gegensatz zu Gandhis Programm, das »durchaus nicht in die neuzeitliche psychologische Erfahrung und Methode paßt«, gerät er in der Erörterung des notwendig einzuschlagenden Entwicklungsweges. Gandhi hatte einmal geschrieben: »Zu versuchen, die Welt mit Hilfe künstlicher und eiliger Fortbewegungsmittel zu verbessern, ist gleichbedeutend mit dem Versuch, Unmögliches zu tun.« In der Industrialisierung hatte er lediglich eine Heimindustrie vorgesehen. Hierauf bezugnehmend erklärte Nehru:

»Alles dies erscheint mir eine vollkommen falsche und schädliche Doktrin zu sein und ihre Erfüllung unmöglich. Der Lehre liegt Gandhis Liebe und Preis der Armut und des Leidens sowie des asketischen Lebens zugrunde. Für ihn bestehen Fortschritte und Zivilisation nicht in der Vervielfältigung der Bedürfnisse des höheren Lebensstandards.«

Damit führt Nehru vom Konzept Gandhis ab in die Bahnen der herkömmlichen Entwicklung. Der wirklich einzigartige Versuch eines »neuen Weges« wurde deshalb nie ernsthaft realisiert. Es ist hier müßig, darüber zu streiten, ob Gandhis Konzept seinem und anderen Ländern in Wirklichkeit Erfolg beschert hätte. Jedenfalls hat sich nicht einmal in den außerökonomischen Konzeptionen der jungen aufstrebenden Staaten ein wirklich »neuer Weg« abgezeichnet. Gandhis einzigartiges Bekenntnis, die afrikanischen Varianten und die lateinamerikanischen Utopien, sie alle sind entweder dem Zwang ökonomischer Entwicklung nach altbekannten Rezepten oder dem wirtschaftlichen Chaos erlegen.

Die wachsende Verschuldung

Das wirtschaftliche Wachstum fordert noch einen weiteren Tribut: die Verschuldung der Entwicklungsländer gegenüber den Industrieländern. Hierdurch geraten die Nehmerländer in eine weitere Abhängigkeit von den Geberländern. Wie hoch sind nun die Entwicklungsländer heute schon verschuldet, und wie sieht die nahe Zukunft aus?

Die verfügbaren Statistiken sagen nicht allzu viel aus. Verständlicherweise stößt hier der sonst übliche Dokumentationseifer auf

Grenzen. Wenn man jedoch etwas tiefer bohrt, sind Umrisse der gesamten Verschuldung wie auch der Trend sehr wohl erkennbar: Trotz der günstigen (weichen) Konditionen der Kredite wächst die Verschuldung der meisten Entwicklungsländer gegenüber den Industrieländern. Sie ergibt sich im wesentlichen aus dem jährlich gestiegenen Umfang der Kreditierungen in der Militär-, Nahrungs- und Kapitalhilfe sowie den privaten Krediten.

Bezeichnend für den Enthusiasmus der ersten Geberjahre, also der frühen 50er Jahre, ist der Umstand, daß sich die aus diesen Jahren resultierenden Verschuldungsverhältnisse heute für die Gesamtheit der Nehmerländer nicht mehr klar rekonstruieren lassen. Immerhin gibt es nunmehr unter den westlichen Geberländern, zusammengeschlossen im »Ausschuß für Entwicklungshilfe« (DAC), eine hinreichende Übersicht über die Verschuldung der Nehmerländer aus Krediten des letzten Jahrzehnts (ab 1960).

Die Verschuldung gegenüber den sozialistischen Geberländern ist dagegen sehr viel weniger zu überschauen. Hier spielen Rückzahlungen der Entwicklungsländer in Form von Lieferungen eine ziemlich große Rolle, die vielfach zu einem für sie recht ungünstigen Kurs verrechnet werden. Damit erweisen sich dann günstige Kreditkonditionen – beispielsweise die Berechnung von nur 2 % Zinsen seitens der Sowjetunion – als irreführend. Insgesamt kann die Schuldenlast gegenüber den sozialistischen Geberländern nicht so groß sein wie gegenüber den westlichen Geberländern. Die Gesamtheit aller Hilfeleistungen der sozialistischen Geberländer beträgt nur 10 % derjenigen der westlichen. Immerhin ist aber ein steigender Trend der Verschuldung auch gegenüber den sozialistischen Ländern nicht auszuschließen.

Rund ein Drittel der westlichen Entwicklungshilfe sind Geschenke. Zwei Drittel laufen als Kredit. Einen starken Anstieg der Verschuldung erleben die Entwicklungsländer ab etwa 1963. So stieg beispielsweise nur in den Jahren 1963 bis 1965 ihre gesamte Verschuldung von 10 Mrd. DM auf 14 Mrd. DM. (Wir stellen hier immer nur die öffentlichen [staatlichen] und öffentlich garantierten Schulden der Entwicklungsländer in Rechnung). Schon zu diesem Zeitpunkt bekamen viele Entwicklungsländer die Last ihres Schuldendienstes (Zinsen, Rückzahlungen) zu spüren. Er betrug in vier Entwicklungsländern bis zu 6 % ihres Volkseinkommens, in weiteren fünf Ländern bis zu 3 % und in weiteren 31 Ländern bis zu 1 % bzw. 2 %.

Zu diesem Zeitpunkt belief sich die Gesamtheit der westlichen Hilfe auf weniger als 1 % ihres (sehr viel größeren) Volkseinkommens. In eine besonders kritische Verschuldungslage gerieten z. T. schon frühzeitig Länder wie Indonesien, Ghana, Guinea, Vereinigte Arabische Republik und Uruguay.

»Kritisch« heißt hier, daß die fälligen Zahlungen der Entwicklungsländer einen hohen Anteil an ihren Deviseneinkünften aus Exporten haben. Nach vorherrschender Meinung ist die Verschuldung der Nehmerländer dann als besonders kritisch anzusehen, wenn dieser Anteil 10–15 % der Deviseneinkünfte übersteigt. Das ist in einer zunehmenden Zahl von Entwicklungsländern der Fall. Für Indien beispielsweise beträgt der Schuldendienst-Quotient schon 1966 über 20 %.

Das was den Nehmerländern in Wirklichkeit zur Verfügung steht, ist nicht etwa die Gesamtgröße aller erhaltenen Finanzierungsmittel (Bruttohilfe), sondern der Restbetrag (Nettohilfe), der ihnen nach Abzug ihres Schuldendienstes zur Verfügung bleibt. Mit anderen Worten, bei konstanter oder selbst auch leicht steigender Bruttohilfe der Geber sinkt die Nettohilfe der Nehmer (die ständig mehr zurückzahlen müssen). Man hat im DAC errechnet, daß mit den Kreditkonditionen des Jahres 1965 nur dann eine konstante Nettohilfe den Nehmerländern zur Verfügung stünde, wenn die Bruttohilfe 1965–1980 um etwa 50 % ansteigen würde. Gerade das aber ist nicht zu erwarten. Die Bruttohilfe ist seit Anfang der 60er Jahre bedeutend weniger stark gestiegen. Die tatsächlich von den Nehmerländern erhaltene Nettohilfe sinkt deshalb ständig ab.

Nun hängt natürlich die Höhe des Schuldendienstes von der Höhe der Konditionen ab, d. h. von Laufzeit, Freijahren, Zinssatz, Tilgungsraten und Anteil der Schenkungen. Die Geberländer praktizierten zu Anfang recht unterschiedliche Konditionen, die sich erst in den letzten Jahren stärker anglichen. Wer hohe Konditionen verlangt, somit hohe Rückzahlungen erhält, müßte also seine Bruttohilfe besonders rasch steigern. An der Spitze der »teuren« Geberländer stehen Italien, Österreich, Portugal und Japan; dann folgen Dänemark, die Bundesrepublik, Großbritannien, Niederlande, Kanada, USA, Frankreich und Belgien. So beträgt heute schon die Nettohilfe Italiens weniger als 50 % seiner Bruttohilfe. Für Österreich wird das – immer bei gleichbleibendem Trend – schon im kommenden Jahr der Fall sein, für Japan in drei Jahren, für die Bundesrepublik in elf Jahren, für Großbritannien erst in 14 Jahren und die USA erst in 28 Jahren.

Greifen wir unter den Entwicklungsländern Indien als Beispiel heraus. Es erhält ohnehin mit wenigen anderen Ländern den Löwenanteil westlicher Hilfe. Auch von den sozialistischen Geberländern wird es bevorzugt behandelt. Von der Mitte der 50er bis zur Mitte der 60er Jahre stellen wir zwei gegenläufige Tendenzen fest, die auch für andere Entwicklungsländer typisch sind. Erstens steigt die Schuldenlast, und zwar von 12 Mio. $ auf 350 Mio. $. Zweitens sinken zugleich die Bestände an Gold und Devisen, und zwar von 1,9 Mrd. $ auf 0,6 Mrd. $. Während im gleichen Zeitraum die Exporte um etwa 2,5 % jährlich anstiegen, betrug die Zunahme der Importe nicht weniger als 6 % jährlich. Ab 1960 wuchs deshalb die Differenz zwischen (hohen) Importen und (niedrigen) Exporten auf 5 Mrd. $. Auch dieses Anwachsen der sog. »Handelslücke« ist typisch für viele Entwicklungsländer. Bis 1970 erhöht sich die Handelslücke Indiens auf über 7 Mrd. $. Da andererseits die Nettohilfe in diesem Zeitraum 6,8 Mrd. $ beträgt, ist sie sogar niedriger als die Handelslücke.

Noch düsterer sind die Aussichten für die Zukunft, wenn wir dem bisherigen Trend folgen. Der Schuldendienst steigt rapide. Im kommenden Jahrzehnt würde Indien unter diesen Umständen überhaupt keine Nettohilfe mehr erhalten. Im Gegenteil, es müßte wesentlich mehr Schuldendienst leisten, als es Nettohilfe erhält. Und zwar würde es 1975–1980 rd. 3 Mrd. $ mehr an die Geberländer zahlen, als es von ihnen erhält. Damit würde der Anteil des Schuldendienstes an den Exporterlösen von heute schon 35 % auf über 50 % ansteigen.

In diese lawinenartig anwachsende Verschuldung werden auch andere Entwicklungsländer hineingezogen. Es gibt heute schon Länder, in denen die gesamten ausstehenden Schulden 3- bis 4mal so hoch sind wie der jährliche Exporterlös. Zu den Schuldendienstzahlungen an die Geberländer kommen noch diejenigen an die multilateralen Organisationen (ein Drittel der ersteren) hinzu. Selbstverständlich haben die Entwicklungsländer darüber hinaus noch beträchtliche Zahlungen für private Kredite zu leisten. Sie erreichen fast die gleiche Höhe wie die gesamten bereits erwähnten Schuldendienstleistungen. Alles in allem erreicht der Schuldendienst der Entwicklungsländer heute bereits schon einen hohen Anteil an der empfangenen Bruttohilfe: für die Länder des Mittleren Ostens und Südasiens über 40 %, des Fernen Ostens über 55 %, Afrikas über 75 % und Lateinamerikas sogar schon über 88 % der Bruttohilfe.

In wenigen Jahren wird der Schuldendienst für die meisten Länder größer sein als die Bruttohilfe, die sie erhalten. Man kann natürlich verschiedene Postulate formulieren, so z. B., daß die Geberländer in Zukunft vielleicht doch noch mehr Bruttohilfe leisten oder ihre Konditionen weiter aufweichen oder den Prozeß der Umschuldungen flotter abrollen lassen oder mehr Rohstoffe und Waren der Entwicklungsländer aufnehmen oder sie höher bezahlen oder deren Exportverluste kompensieren oder einfach Schulden laufend übertragen oder sie einfach streichen und so weiter und so fort.

Sicher ist jedenfalls, daß erst relativ wenige Entwicklungsländer in ein sich selbst tragendes Wachstum gelangt und relativ viele Entwicklungsländer unter eine wachsende Schuldenlast geraten sind. Sicher ist auch, daß sich ihre Bindungen an die Geberländer – genauer gesagt, an die beiden Geber-Blöcke – Jahr für Jahr festigen. Die Verwirklichung der genannten Postulate würde hieran nichts ändern. Im Gegenteil, jede Verhandlung über die Minderung der bestehenden Schuldenlast offenbart das ganze Ausmaß der Einwirkung der Geber auf die Nehmer.

Der Automatismus im Entwicklungsprozeß

Unsere Entwicklungshilfe hat die rund 80 Länder der Dritten Welt in eine Situation gebracht, die sie selber wohl am wenigsten vorausgesehen haben. Sie hat sie nicht nur »in das Rennen geschickt« um die jeweils höheren Entwicklungsstufen, sie hat sie zugleich auch den Zwangsläufigkeiten der Entwicklungsprozesse unterstellt. Die amerikanische Konzeption ist auch in diesem Sinne Wirklichkeit geworden: Durch den Eintritt dieser Länder in das wirtschaftliche Wachstum ordnen auch sie sich den Gesetzen der Entwicklung unter und bilden mit den Ländern auf höherer Stufe »Eine Welt«. Was immer auch das einzelne Land unternehmen oder unterlassen will, seine Position im allgemeinen Wettrennen um die höheren Entwicklungsstufen ist nicht nur vom Zeitpunkt des Startes bestimmt, auch der Ablauf dieses Rennens vollzieht sich nach strengen Gesetzmäßigkeiten.

So kommt es in allen diesen Ländern zu den typischen Vorgängen der Wanderung von Arbeitskräften, der Investitionssteigerung, des Konsumwandels etc. Auch das Wachstumstempo liegt bei typischen Mittelwerten. Länder mit gewaltiger Entwicklungspropaganda wie z. B. im Mittleren Osten wachsen nicht schneller als die »stillen« Wachstumsländer. Aber immer wieder gibt es auf den unteren Stufen eine Stagnation, so daß einzelne Länder im allgemeinen Wettlauf wieder eine Zeitlang zurückfallen können.

Zu diesen Gleichförmigkeiten kommt noch die unvermeidliche Einsicht, daß die Entwicklungsländer ihren Anschluß an die Industrieländer verpaßt haben: Die »Entwicklungslücke« weitet sich ständig aus. Der Weg wirtschaftlicher Entwicklung ist also nicht nur in seinen wesentlichen Elementen von den Industrieländern vorgezeichnet, es wächst auch der Abstand zu ihnen. Und mit wachsender Entwicklungslücke steigt zugleich auch ihre Verschuldung gegenüber den Industrieländern.

Alles dies kann man kurz als den »Automatismus der Entwicklungsprozesse« bezeichnen: Mit dem Beginn der Dynamisierung (take-off) geraten die Länder in die Zwangsläufigkeiten des Prozesses und die Gleichförmigkeiten seines Ablaufes. Das gilt für einen immer größeren Kreis von Ländern. Die Entwicklungshilfe der vergangenen 20 Jahre hat ganz wesentlich dazu beigetragen, daß dieser Prozeß weltweite Verbreitung gefunden hat. Man kann die große Invasion mit Waffen und Brot in vieler Hinsicht kritisieren, den Geberländern unlautere Motive sowie den Nehmerländern mangelnde Eigen-Initiative zuschreiben, man kann alles loben und tadeln, soviel man will, aber an dieser entscheidenden Konsequenz der Entwicklungshilfe ist nicht zu zweifeln.

Auch der Spielraum politischen Handelns verengt sich mit dem Entwicklungsbewußtsein. Die eigenen Entwicklungspläne müssen erfüllt werden. Politische Experimente sind dann weniger am Platze. Alles das, was »in bewußter Abkehr« vom kapitalistischen oder sozialistischen Modell oder als »afrikanischer Sozialismus« oder der »lateinamerikanische Weg« versucht wurde, erweist sich doch keineswegs als sonderlich originell oder neuartig. Entweder unterstellt sich das Land dem Automatismus des Entwicklungsprozesses, oder es fällt in die uralte Stagnation bzw. Chaos zurück. Das ist heute die Alternative, zu der die Entwicklungshilfe zwingt.

Mit ihr fällt deshalb den beiden Geber-Blöcken eine globale Führungsrolle zu, die sie sich keineswegs gewaltsam aneignen. Mit den beiden Geber-Blöcken aber potenziert sich die Führungsrolle in der Hand der beiden Supermächte. Die USA initiierten diese globale Anwendung der Herrschaft neuen Stils, und sie sind heute der Gläubiger für mehr als ein Viertel der öffentlichen Schuld der ganzen Welt. Die Sowjetunion folgte dieser Herausforderung und engagierte auch ihre Blockmitglieder. Unverzüglich begann sie mit dem Aufmarsch ihrer Experten und Waffen in den Ländern rings um das Mittelmeer, auf die sie heute 80 % ihres Volumens an Auslandshilfe konzentriert.

Wie soll man diesen Gang der Dinge bewerten? Es ist richtig, daß viele Entwicklungsländer endlich ihre »Freiheit von Not« erlangen, daß ihre wirtschaftliche Potenz wächst und daß Geber und Nehmer näher aneinanderrücken. Es ist aber auch richtig, daß die Entwicklungsländer mehr und mehr dem Automatismus der Entwicklungsprozesse und damit einer neuen Abhängigkeit von den Geber-Blöcken und insbesondere der zwei Polizisten unterworfen sind. Solange das Ziel der wirtschaftlichen und sozialen Dynamisierung weltweite Anerkennung findet, so lange bleibt ihr Führungsanspruch gewahrt.

Nun haben sich inzwischen in wachsendem Maße Kritik und Mißtöne aller Art eingestellt. In dem bekannten »Pearson Report« am Ende der ersten Entwicklungsdekade 1960–1969 heißt es einleitend:

»Das Klima der Auslandshilfeprogramme ist von Desillusion und Mißtrauen erfüllt. Das ist nicht überall der Fall. Tatsächlich gilt für einige Länder gerade das Gegenteil. Aber dennoch haben wir den Punkt einer Krise erreicht.«

Wir haben, genauer besehen, den Punkt erreicht, wo bei Geber- und Nehmerländern die Einsicht in den Automatismus der Entwicklungsprozesse und deren Konsequenzen wächst. Gewiß erhebt sich immer wieder die »Frage, ob die reichen und entwickelten Länder ihre Hilfe für die Entwicklungsländer fortsetzen werden oder ob sie den erstellten Rahmen für die Zusammenarbeit vernachlässigen oder auseinanderfallen lassen«. Aber ist das die Krise?

In der Tat wäre das eine sehr oberflächliche Erklärung, denn auch im Geben und Nehmen hat sich so etwas wie ein Automatismus etabliert. Die USA und die UdSSR halten seit etwa 1962 ihre Bruttohilfe in nahezu konstanter Höhe aufrecht und tragen dafür Sorge, daß auch die Blockmitglieder ihrem Beispiel folgen. Mehr und mehr setzt sich die Faustregel durch, die Hilfe auf 1 % vom Bruttosozialprodukt zu verankern. Wir müssen ständig neue Anstrengungen machen, gewiß. Das gilt auch für den Automatismus der Entwicklungsprozesse: Er ist das Ergebnis permanenter Anstrengungen. Wirtschaftliche und soziale Entwicklung fällt nicht vom Himmel. Aber die Dinge sind nicht nur in Fluß gekommen, sie haben sich auch eingespielt. Deshalb ist zu bezweifeln, daß hierin eine Krise zu sehen ist.

Auch die vielen kritischen Stimmen machen noch keine Krise. Die Entwicklungshilfe wird mit solchen Attributen wie »Neo-Imperialismus«, »Ausbeutung« und »die Länder auf niedrigem Entwicklungsnieveau halten« belegt wie auch als »Verschwendung«, »Interessenpolitik« und »Politik der goldenen Betten« geschmäht. Hierfür ist ein imposantes Zahlenmaterial ausgebreitet worden. Aber alles das belegt doch nur die Tatsache, daß die Selbstlosigkeit des Gebens und die Freiheit des Nehmens eine Illusion ist.

Die heutige Krise hat tiefere Ursachen. Eine von ihnen ist der Niedergang des »großen Mythos«. So inspirierend er am Anfang war, sosehr er die moralischen Kräfte aktivierte, die internationale Zusammenarbeit auf die »neuen Fronten« der Entwicklung richtete – sein Glaube an die »Gute Welt« wandelte sich zur resignierenden Einsicht in die Automatismen und Zwangsläufigkeiten der »Einen Welt«. Diese Einsicht wächst und mit ihr die aufbäumende Kritik an den Konsequenzen.

Man hat heute schon fast vergessen, daß in der Mitte der 50er Jahre in den USA die Welle der Frustration einen ersten Höhepunkt erreichte. Damals schien ein drastischer Abbau oder gar Einstellung der Auslandshilfeprogramme durchaus im Bereich des politisch Möglichen. Als A. M. Colegrove 1959 seine sechs Artikel über

»Unser heimlicher Skandal in Vietnam« in ca. 20 Zeitungen veröffentlichte, setzten beide Häuser des amerikanischen Kongresses Untersuchungsausschüsse ein. Das Ergebnis war eine Flut der Bitternis. Zu diesem Zeitpunkt war »Der häßliche Amerikaner« von W. Lederer und E. Burdick schon mit 150 000 Exemplaren verkauft und für fünf Millionen Zeitungsleser in eine Fortsetzungsreihe gebracht.

Ein wenig später richtet sich auch in den anderen Geberländern die Kritik an den »häßlichen« Engländer, Franzosen und Deutschen. In Großbritannien drückten die Zwangsläufigkeiten der eigenen Wirtschafts- und Währungsprobleme. In Frankreich forderte die Bewegung des Cartierismus Geld für die unterentwickelten Provinzen Frankreichs. In der Bundesrepublik widersetzte man sich der Notwendigkeit umfassender Planungen. Die Schlagworte »Hilfe-Manie«, »die große Verschwendung« und »das Faß ohne Boden« machten die Runde.

Dennoch kam es nicht zu einer Einstellung der Auslandshilfeprogramme. Im Gegenteil, die Eskalation der Mittelausgabe setzte sich weiter fort: Jahr für Jahr stiegen die Mittel, die für die Auslandshilfe bereitgestellt wurden. Wie kam das? Wie war diese Entwicklung möglich angesichts der steigenden Welle der Kritik, die auch in den folgenden Jahren nicht verstummte? Damals kleidete der amerikanische Publizist H. Hazlitt im Newsweek diese Frage in die Worte:

»Der Druck für ein immer größeres Farmer-Hilfsprogramm, für höhere Altersrenten, grandiose Straßenprogramme ... ist politisch nicht schwer zu verstehen: die Pressure Groups, die diese Hilfe verlangen und erhalten, verfügen über Wählerstimmen. Aber Ausländer wählen nicht. Warum ist also der Druck in Washington für das Auslandshilfeprogramm so dauerhaft?«

In den USA befrug Gallup die Bevölkerung: »Wie urteilen Sie ganz allgemein über die Auslandshilfe? – Sind Sie für oder gegen sie?« Die positiven Antworten beliefen sich 1958 wie 1960 auf 60 %. Eine Befragung des deutschen INFAS im Jahre 1968 lautete u. a.: »Wie stehen die Bürger der Bundesrepublik Ihrer Meinung nach im großen und ganzen zur Entwicklungshilfe?« Es fanden sich 124 Befürworter auf 118 Gegner, davon nur 45 »stabile« Gegner.

Wie war die relativ positive Haltung der Steuerzahler zu erklären? Lebte in ihnen vielleicht doch noch der große Mythos fort? Hatten sie weniger Überblick als jene, die »in« waren? Hier ist eine pauschale Antwort nicht möglich. Vor allem kann man nicht alles mit den »geheimen Verführern« der Werbung und der Propaganda erklären. Es trifft zu, daß die Not in den Entwicklungsländern ein permanentes Thema der Massenmedien war. Aber welches sind wirklich die Gründe für die Fortsetzung der Auslandshilfe zu einem Zeitpunkt, zu dem sich nur noch wenige ihre Illusionen bewahrten?

Ein erster Grund hierfür ist sicherlich das einmal eingegangene Engagement der USA und ihrer Blockmitglieder. Wer wollte das Risiko tragen, das mit der Lösung der Geber-Nehmer-Beziehungen verknüpft war? Nicht nur die neuen Projekte brachten Geber und Nehmer immer wieder an den gemeinsamen Verhandlungstisch, auch die laufenden Umschuldungen taten dies.

Ein weiterer Grund ist in dem wachsenden Einfluß der Experten in den Geberländern und in den internationalen Organisationen zu sehen. Sie setzten sich für die Fortführung ihrer Programme und deren Finanzierung ein. Die Ausgabetitel in den Geberländern waren ebenso fest verankert wie die Budgets der internationalen Organisationen. Die erhitzten politischen Debatten konnten hieran nicht mehr viel ändern.

Aber alles das ist nicht die ganze Wahrheit. Der Automatismus des Gebens und Nehmens war in der Mitte der 50er Jahre, als die Frustration ihren ersten Höhepunkt erreichte, noch keineswegs so gefestigt, wie das heute der Fall ist. Die genannten Faktoren waren gewiß schon wirksam, als der große Mythos bereits schon ausgehöhlt war. Aber sie hatten noch nicht ihr heutiges Gewicht. Das zeigen die Untersuchungen jener Jahre. Seit 1950 hatten die amerikanischen Präsidenten nicht weniger als 10 offizielle Berater-Komitees berufen, um die Kriterien der Auslandshilfe »rational« definieren zu lassen. Dadurch sollten die erregten Diskussionen auf eine sachliche Grundlage zurückgeführt werden. Aber die Versuche der Experten, eine Antwort zu geben, befriedigten nicht. Dennoch nahm die Entwicklungshilfe unaufhaltsam ihren Fortgang. Welches war der entscheidende Grund hierfür?

Die USA hatten 10 Jahre lang die alleinige Initiative mit ihrer großen Invasion in die Dritte Welt ergriffen. Als 1955 die Zweifel an dem Sinn der Entwicklungshilfe und die heftige Kritik ihrem Höhepunkt zueilten, geschah etwas, was niemand vorausgesehen hatte und was dennoch die Entwicklungspolitik der ganzen folgenden Jahre nachhaltig prägte: Überraschend eröffneten die Sowjets nun ihrerseits die Invasion ihrer sozialistischen Entwicklungshilfe. Auf diese Weise beginnt am Ende des großen Mythos der Kampf der zwei Supermächte um die Dritte Welt.

Die Dritte Welt wird Niemandsland

Die sowjetische Hilfe-Offensive löste in der amerikanischen wie in der westlichen Öffentlichkeit einen Schock aus. Hatte der sozialistische Block nicht genügend eigene Entwicklungsprobleme? Und nun nahmen die Entwicklungsländer auch rote Rubel in Empfang. Man hatte sich schon so sehr an die goldenen zehn Jahre alleiniger Präsenz mit Brot und Waffen gewöhnt. In der ersten Aufregung übersah man, daß 1947 die Truman-Doktrin eine Reaktion auf die sowjetische Initiative im europäischen Vakuum darstellte. Jetzt war die sowjetische Hilfe-Offensive eine Reaktion auf die amerikanische Initiative im Vakuum der Dritten Welt.

Während dieser zehn Nachkriegsjahre hatte Moskau den sozialistischen Block stabilisiert, sein militärisches Rückgrat gestärkt und die Struktur der Kern- und Randländer gefestigt. Warum nun die ganze südliche Hemisphäre der amerikanischen Invasion mit Waffen und Brot überlassen?

Mit der sowjetischen Rubel-Invasion im Jahre 1955 wurden die Zweifel des Westens am Sinn der Hilfepolitik mit einem Schlage beseitigt. Ihre schockartige Wirkung auf die Öffentlichkeit beendete abrupt die Welle der Selbstkritik. Man besann sich darauf, daß man schon 1947 die Truman-Doktrin gutgeheißen hatte, um »eine Barriere gegen eine weitere Expansion der kommunistischen Offensive« zu errichten. Der amerikanische Kongreß bewilligte jetzt nicht nur die Fortführung der Auslandshilfe, sondern erhöhte weiterhin Jahr für Jahr die Mittel. Auf diese Weise nahm die Eskalation der Mittelausgabe wieder unaufhaltsam ihren Fortgang. Aber das war nicht alles. Nunmehr wurden auch die eigenen Blockmitglieder zu wachsenden Anstrengungen gedrängt. Damit wandelte sich die Invasion mit Waffen und Brot der USA zur Auslandshilfe des gesamten US-Blocks.

Gerade die Tatsache, daß die sowjetische Hilfe-Offensive diese Wirkung auf die öffentliche Meinung im Westen hatte, zeigte doch, wie sehr man bewußt und unbewußt die Auslandshilfe als das begriff, was Präsident Truman später von ihr sagte: die außenpolitische Linie, die der weltweiten Führungsrolle der USA entsprach. Mit der sowjetischen Hilfe-Offensive sah man nun die eigene Führungsrolle in der Dritten Welt in Frage gestellt.

Die Illusion der Selbstlosigkeit

Seit jeher hatte die moralische und missionarische Komponente in der amerikanischen Außenpolitik eine überragende Rolle gespielt. Deshalb wurde der hohe Grad der politischen Einwirkung jeder Auslandshilfe der Öffentlichkeit weder hinreichend bewußt noch ihr von der politischen Führung klar genug vor Augen gehalten. Vielmehr herrschte das Gefühl der Uneigennützigkeit vor. In der westeuropäischen Öffentlichkeit war dieses Gefühl mit verpflichtenden Reminiszenzen aus der Kolonialzeit vermischt.

Die Selbstlosigkeit der Auslandshilfe mußte sich deshalb bald als Illusion erweisen. Die schockartige Wirkung der sowjetischen Hilfe-Offensive auf die öffentliche Meinung war ein deutlicher Anlaß hierfür. Denn einem selbstlos gebenden Block wäre sie äußerst willkommen gewesen. Das, was man nun der Entwicklungshilfe des Ost-Blocks vorwarf – politische Absichten, Anspruch auf Einfluß und Kontrolle, Absatzinteressen etc. –, das war auch in der eigenen Hilfe eingeschlossen.

Für die politische Nutzlosigkeit der Geberpolitik hält die Geschichte ungezählte Beispiele parat. Hierzu zählen die privaten Finanzleistungen Frankreichs an das zaristische Rußland bis zur Oktoberrevolution im Jahre 1917. Die russische Verschuldung erreichte bis zum Anfang dieses Jahrhunderts eine derartige Höhe, daß an eine Rückzahlung kaum mehr zu denken war. Das ist häufig genug die Konsequenz der Geberpolitik gewesen. Und ferner auch die, daß die Gläubiger so sehr dem Schuldner »hinterherlaufen«, daß letzterer den Spieß umdreht: So nahm das zaristische Rußland seinerseits Einfluß auf die französische Politik auf dem Balkan. Abgesehen davon erhielt Frankreich im Ersten Weltkrieg keineswegs den militärischen Beistand von Rußland, den es erhofft hatte. Frankreich aber trug mit seinen Zahlungen zur Unterstützung des reformfeindlichen zaristischen Regimes bei und damit auch schließlich zur Oktoberrevolution, in der es mehr als nur seine Guthaben verlor.

Wiederholt sich die Geschichte? Wir können es jedenfalls für einige politische Aspekte der Geberpolitik nicht bestreiten. J. Pincus hat das Interesse der Geberländer an der politischen Einwirkung auf die Nehmer in seinem Buch »Trade, Aid and Development« (London 1967) folgendermaßen zusammengefaßt:

»Eine realistische Beurteilung führt zu einem etwas paradoxen Ergebnis. Die nüchterne Einschätzung der eigenen Interessen zeigt, daß Ost und West wenig Anlaß zur Besorgnis dafür haben, was in den Entwicklungsländern vorgeht. Sie vermögen den Großmächten praktisch keinen Schaden zuzufügen. Doch muß in dieser nüchternen Einschätzung auch berücksichtigt werden, daß die Großmächte noch immer die geographisch orientierte Vormachtstellung wie auch die territorial orientierte politische Kontrolle als eine Frage ihres eigenen Überlebens betrachten. Daher ist in Wirklichkeit die Feststellung richtig, daß die politischen Motive ein wichtiges Element ihrer Besorgnis für die Entwicklungsländer darstellen.«

Kann nun aber gerade aus diesem Grunde die heutige Entwicklungshilfe nicht doch mit dem Willen zur politischen Selbstlosigkeit vergeben werden? Würde die ausschließliche Orientierung an einer möglichst raschen Entwicklung der Nehmerländer nicht die Hilfe politisch »neutralisieren«? Die erste Frage könnte man bejahen, die zweite muß man verneinen.

Die Geber können sich theoretisch »neutral« verhalten. Die Praxis der Entwicklungshilfe kann dennoch niemals »neutral« sein. Schon in der technischen Hilfe greifen die Experten notgedrungen in die Entscheidungen der Nehmerländer ein. Sie wollen den Nutzen der Anstrengung optimieren. Aber nach welchen Maßstäben, wenn nicht nach denjenigen, die sie selber an die zu erwartenden Effekte anlegen? Wie häufig müssen die Erwartungen der Nehmerländer ganz anderer Natur sein, weil in ihnen andere wirtschaftliche und politische Umstände vorherrschen, als sie die Experten in ihren hochentwickelten Ländern gewohnt sind. Darüber hinaus treten sie als Kontrolleure für eingeleitete Maßnahmen auf und mischen sich auf diese Weise in die Angelegenheiten des Gastlandes. Als Gutachter laufender Projekte tun sie ein gleiches, verteilen Noten für die Administration der Nehmer. Selbst als Berater halten sie sich der Einmischung nicht fern. Sie können es nicht, weil

»Entwicklung« die Durchsetzung ihrer Leistungskriterien gegen die unproduktiven, aber politisch verankerten Gewohnheiten im Nehmerland bedeutet. Man kann hier für jedes der rund 90 Nehmerländer eine endlose Reihe von Beispielen aufzählen.

John D. Montgomery berichtet in seinem Buch »The Politics of Foreign Aid« von dem amerikanischen Druck auf steuerliche Reformen in Vietnam. Er erzählt, wie die amerikanischen Vertreter »höflich und objektiv« auf Reformen drängten, »ohne Druck oder Einfluß auf Reformen auszuüben«. Er erzählt das unter der Kapitelüberschrift »Druck auf steuerliche und fiskalische Reformen in Vietnam«. Als amerikanische Geschäftsleute nicht mehr ausgezahlt wurden, spitzte sich die Lage zu. Hatten bisher Experten der Michigan State University ihr Bestes versucht, so legte sich nun auch der Botschafter ins Mittel. Aber die Dinge kamen nicht recht in Fluß. Denn Reformen bedeuten für die Politiker der Empfängerländer und für viele ihrer Bürger, daß sie erworbene Rechte, Positionen und Vorteile aufgeben müssen. Werden sie deshalb nicht das Drängen der Geber auf Reformen als Einmischung verstehen? Und drängen die Geber nicht auf Reformen, die sie oftmals selber zu Hause nicht durchzuführen bereit oder in der Lage sind?

Was ist überhaupt Hilfe? Theoretisch liegt sie dann vor, wenn das Geberland mit ihr eine Bürde in Kauf nimmt oder einen entgangenen Nutzen. Das beweist die Uneigennützigkeit des Gebers. Deshalb spielt dieses Kriterium heute mit Recht eine Rolle in der Lastenverteilung zwischen einzelnen Geberländern. Aber es soll doch ein Nutzen für die Nehmerländer gestiftet werden? Wer aber mißt den Nutzen? Sind die Maßstäbe der Geberländer relevant oder die der Nehmerländer? Hilfe soll dem anderen helfen. Also sind die Maßstäbe der Nehmer entscheidend? Für ihn sicherlich. Aber niemand leistet Hilfe, ohne einen Nutzen seiner Hilfe nach seinen Maßstäben zu erwarten. Auch hier zeigt sich wieder die unumgängliche Einwirkung aller Hilfemaßnahmen auf die Nehmer.

Interessanterweise sind es gerade die Experten, die diesen einfachen Sachverhalt am schwersten begreifen. Das liegt nicht etwa an einem Mangel guten Willens. Es liegt an ihrer Spezialisierung, an ihrem fachlich begrenzten Blickfeld. Für den Geologen ist es ganz gleichgültig, ob die Finanzierung seiner Lagerstättenanalysen mit

2 % oder 6 % kreditiert wird. Der Ökonom nimmt bei der Anwerbung von Arbeitskräften die hierdurch entstehenden Konflikte kaum zur Kenntnis. Der Gewerbelehrer weiß nicht, daß mancher seiner Absolventen auf die Straße geht und nicht in einen Betrieb. Und doch können diese Geologen, Ökonomen und Gewerbelehrer zur wachsenden Verschuldung und inneren Radikalisierung ihrer Nehmerländer beisteuern. Sie selber sind sich über den Grad ihrer Einwirkung vielfach gar nicht bewußt.

Etwas Ähnliches gilt auch für die Beziehungen zwischen den Regierungen der Geber und Nehmer. So hervorragende Fachleute der Kapitalhilfe, wie etwa den englischen Autoren des Standardwerks »International Aid«, kommen hier nicht ohne das obligate Glaubensbekenntnis aus, aus dem Experten ihre »Neutralität« herleiten:

»Unser Interesse folgt aus der Wahrscheinlichkeit, daß ein bemerkenswerter wirtschaftlicher Fortschritt wesentlich geworden ist für die dauerhafte Existenz von Regierungen oder nachfolgender Regierungen, die die Neutralität oder eine dem Westen nützliche Position wahren könnten.«

Der hohe Grad politischer Einwirkung der Entwicklungshilfe kommt natürlich auch in ihrer unterschiedlichen Verteilung auf die einzelnen Nehmerländer zum Ausdruck. Der bereits schon erwähnte »Pearson Report« skizziert die Situation mit folgenden Worten:

»Der weitaus größte Teil der US-Hilfe wurde an Länder vergeben, die sich in der Peripherie der kommunistischen Welt befinden, in Latein-Amerika und in den Regionen größerer politischer Spannungen. Aus klaren Gründen der Vergangenheit und des Sentiments richtete sich die britische Hilfe hauptsächlich auf die jungen Staaten des Commonwealth, während sich die französischen Hilfeprogramme auf die jungen Staaten des französischsprechenden Afrika konzentrierten.«

Mit der sowjetischen Hilfe-Offensive wandelte sich nicht nur die US-Hilfe zur US-Blockhilfe. Mit ihr zeigte sich auch ein ziemlich einheitliches Geberverhalten aller Blockmitglieder beider Blöcke. Selbst Großbritannien und Frankreich folgten ungeachtet ihrer besonderen regionalen Prioritäten den Vergabeprinzipien der USA. Das gilt sowohl für die Eskalation der Mittelausgabe als auch für die Konditionenpolitik, zahlreiche Vergabepraktiken sowie letztlich auch in großen Zügen für die regionale Verteilung. Es gilt schließlich auch für die gleichzeitige Vergabe von Waffen und Brot.

Ein bemerkenswertes Wohlverhalten im eigenen Geberblock legte die Bundesrepublik an den Tag. Die regionale Verteilung ihrer meisten Mittel entspricht nahezu ideal den Blockprioritäten, wenngleich ein gewisser Rest »mit der Gießkanne« an eine Unzahl von Ländern verteilt wird. Das liegt vor allem an dem besonderen politischen Interesse des Allein-Vertretungsanspruches gegenüber der DDR.

Die Illusion der Selbstlosigkeit der Geberländer und ihr weitgehend gleichförmiges Verhalten im Geberblock hat immer wieder Kritik in den Nehmerländern hervorgerufen. Dort, wo die Divergenz der Ziele im einzelnen zu den Gebern besonders groß war oder ist, wird ihre Einwirkung als eine Einmischung in die inneren Angelegenheiten bezeichnet. Auch die oppositionellen Gruppen in den Geberländern selbst bezeichnen die Einwirkung gern als »neoimperialistisch«. Ganz allgemein scheint in der Dritten Welt die Tatsache der Einwirkung immer stärker ins Bewußtsein zu rücken. Bezeichnend ist die lakonische Feststellung in der New Times of Burma: »Es sind wirklich an die Hilfe keine politischen Absichten geknüpft, denen wir uns so energisch widersetzen; aber wir dürfen die Tatsache nicht übersehen, daß die Hilfe selber eine politische Absicht ist.«

Die erstarrten Fronten

Als schon im Jahre 1954 Moskau Guatemala Waffenhilfe anbot, stieß damit die erste sowjetische Initiative ausgerechnet in das lateinamerikanische Kerngebiet des US-Blocks vor. Es dauerte nicht lange, und das sowjetische Angebot war aus der Welt geschafft. Zu diesem Zeitpunkt wurden argentinische und sowjetische Handelsdelegationen ausgetauscht. In Argentinien wollte Moskau mit einer Industrieausstellung in Buenos Aires seinen Fuß auf den lateinamerikanischen Kontinent setzen. Aber schon im September 1955 wurde Peron gestürzt.

Nach den mißglückten Vorstößen Moskaus in Lateinamerika trat dort wieder Ruhe ein. Aber dann startete die Sowjetunion Ende

1955 ihre Hilfe-Offensive dort, wo es für sie am nächsten lag und wo auch Terrain zu gewinnen war: in Indien, Afghanistan und Burma. Es war nicht imposant viel, was angeboten wurde. Aber dennoch war die Wirkung auf den ganzen Kreis der Entwicklungsländer wohl recht erheblich. Sie standen jetzt nicht mehr der alleinigen Präsenz amerikanischer und westlicher Hilfe-Offensiven gegenüber. Vielmehr tat sich nunmehr eine zweite Front auf. Hieraus sollten sie selber bald vielfältigen Vorteil ziehen.

Nachdem schon ein Jahr zuvor die Sowjetunion an Afghanistan als erstem nicht-kommunistischen Land eine Hilfezusage für zwei Elevatoren, eine elektrische Getreidemühle und eine mechanische Großbäckerei gegeben hatte, folgte ein 100-Mio.-$-Kredit im Jahre 1956/57. Chruschtschow und Bulganin boten ihn anläßlich ihres Staatsbesuches an. Das war der Anfang der Rubel-Invasion. In diesem Lande setzte Moskau zugleich auch ein erstes Exempel technischer Hochleistung, schneller Anpassung und großer Publizität: die Autobahn durch das unwegsame Hindukusch-Gebirge. Sie überwand 3 000 m Höhe, ein 3 000 m langer Tunnel machte den lang ersehnten verkehrstechnischen Durchbruch möglich. Die Prinzipien der sowjetischen Hilfe waren von Beginn dieses Projektes an richtungsweisend für die kommenden Jahre: billige Kredite, lange Freijahre, günstige Rückzahlungsbedingungen. Aber auch hier bleibt der militärische Aspekt nicht außer Betracht. Der Tunnel ließ technisch nicht nur Kraftfahrzeuge, Kamele und Esel passieren, sondern auch Panzerwagen. Die Autobahn schuf eine schnelle Verbindung von der sowjetischen Grenze in die Hauptstadt Kabul. Auch in der sowjetischen Auslandshilfe waren von Anfang an Waffen und Brot die heimlichen Geschwister.

Auf ihrer Rundreise öffneten Chruschtschow und Bulganin die Büchse der Pandora auch anderen Staaten wie etwa Burma. Da dieses Land keine »einseitigen Geschenke« annehmen wollte, wurde die Entrichtung von Gegengeschenken »für die Bevölkerung der Sowjetunion seitens des burmesischen Volkes« vereinbart. Der Schwerpunkt der sowjetischen Hilfe richtete sich jedoch – ebenso wie der der amerikanischen Hilfe – auf Indien. Hier zeigte sie – im Gegensatz zur westlichen Hilfe – zugleich auch ihre größten Erfolge.

Die Sowjetunion eröffnete die Auslandshilfe an Indien mit dem

Angebot für das Stahlwerk Bhilai. In seiner Größenordnung und internationalen Beachtung wurde es nur noch vom Assuan-Staudamm übertroffen. Auch zeigte sich hier am deutlichsten die Zielsetzung der sozialistischen Hilfe: die Konkurrenz zur westlichen Hilfe. Indien hatte schon seit 1953 mit den Firmen Krupp und Demag über das Projekt Rourkela verhandelt. Aber die Verhandlungen zogen sich ebenso erfolglos hin wie diejenigen mit der britischen Regierung wegen des Projektes Durgapur. Erst nach dem sowjetischen Angebot bekamen die deutsche und britische Regierung Appetit.

Die vielen und mitunter dramatischen Ereignisse im Wettlauf der drei Stahlwerk-Projekte haben in der Weltpresse die Runde gemacht. Die Sowjets demonstrierten ein überraschendes Tempo der Verhandlungsführung, Vorplanung und Planrealisierung. Zur Projektleitung wurde V. Dymshyts delegiert, der später der Vorsitzer der staatlichen Plankommission in Moskau wurde. Die entsandten Fachkräfte waren hoch qualifiziert. Auf westlicher Seite kamen dagegen die überlieferten Schemata für Auslandsinvestitionen in Anwendung. Es gab damals viel Ärger. Auch herrschte bald die Ansicht vor, die Produktion Bhilais sei robuster und billiger als die der beiden anderen Werke, die ohnehin Schauplatz menschlicher Unzulänglichkeiten, wilder Streiks und Arbeitsniederlegungen wurden. Die ganze Dritte Welt schaute auf diese Arena der neuartigen Ost-West-Konfrontation.

Als schließlich 1964 die sowjetischen Erfolge in deutliche Mißerfolge umschlugen, war der große Publizitätseffekt der sowjetischen Hilfe nicht mehr zu verwischen. Daran änderten auch die Produktionsunterbrechungen in Bhilai nichts mehr, die technischen Pannen, die Halsstarrigkeit sowjetischer Experten, ihr Ärger mit den indischen Kollegen, die wachsenden Störungen im gesamten Produktionssystem. Alle Welt hatte bereits das Prädikat »Sehr gut« erteilt.

Anlaß für den großen Effekt war eine Vielzahl von Faktoren, die von Anfang an die sozialistische Hilfe charakterisierten. Dazu zählt die zentrale Steuerung der Hilfe durch Moskau. Ohnehin vergab die Sowjetunion nicht weniger als drei Viertel der ganzen sozialistischen Hilfe aus eigenen Mitteln. Im übrigen waren nur noch die ČSSR und die DDR namhaft beteiligt. Der relativ geringe

Umfang der Hilfe erlaubte die Beschränkung auf erfolgversprechende Projekte. Darüber hinaus traten die Sowjets in vielen Nehmerländern nunmehr zum ersten Male auf, ohne koloniale Vergangenheit, ohne die deutliche Tendenz zur Ausdehnung ihrer Märkte, ohne eigene Rassenprobleme und mit einer klaren anti-kolonialen Haltung. Sie stellten keine langwierigen Fragen nach den sozio-ökonomischen Neben- und Supereffekten der Projekte. Der Aufmarsch ihrer Technokraten und Experten erweckte nicht den Eindruck einer »Invasion«. Sie paßten sich, wenig verwöhnt wie sie waren, schnell an den niedrigen Lebensstandard an. Die Zusage der Mittel erfolgte für viele Jahre und wurde zu Hause von keinem Parlament kritisiert. Auch drückten keine Großunternehmen oder Bauernverbände oder Schiffahrtsgesellschaften ihre eigenen Interessen in der Vergabepolitik durch. Die sowjetischen Zeitungen mußten von Abgeordneten berichten, die über die »Hilfe-Manie« klagten, die indische Verwaltung oder das irakische Militär für unfähig erklärten oder aber eigene Fehler und Versäumnisse brandmarkten.

Noch ein halbes Jahrzehnt nach der sozialistischen Offensive wollte es scheinen, als ob die »große Invasion« der USA in die Dritte Welt nicht nur zum Halten komme, sondern die sozialistische Front nunmehr die westliche aufrollen würde. Stimmen dieser Art wurden nicht nur in westlichen Parlamenten laut, sondern auch in einer wachsenden Zahl von Nehmerländern. Auch unter taktischen Gesichtspunkten schien die regionale Konzentration der sozialistischen Hilfe auf die bisher wichtigsten Nehmerländer für westliche Hilfe und in wachsendem Maße auf den Mittleren Osten zu weisen.

Indien, Ägypten, Syrien und Afghanistan erhielten mehr als 70 % aller sozialistischen Hilfe. In Afrika südlich der Sahara und in Lateinamerika, die viele Jahre im Schatten der amerikanischen Hilfe gelegen hatten, öffnete sich auch die sozialistische Büchse der Pandora kaum.

Zum »Aufrollen« der westlichen Geberpositionen sollte es jedoch nicht kommen. Dazu fehlte es der Sowjetunion an Elan und an den notwendigen Mitteln. In Schwarzafrika stellte bald die chinesische »Invasion« eine ernste Konkurrenz dar. In Lateinamerika blieb die Initiative im wesentlichen auf Kuba beschränkt. Die sozialistische Hilfe konnte auch in den typischen Ländern der Konfrontation –

Indien, Pakistan, Afghanistan und Mittlerer Osten – die westliche Hilfe auf die Dauer nicht überrunden. Das geschah weder mit dem quantitativen Angebot der finanziellen Mittel und sonstiger Ressourcen noch mit einer qualitativen Überlegenheit. Spätestens seit den frühen 60er Jahren, in denen der große Mythos der westlichen Welt seinen zweiten Kollaps erlebte, geriet nun auch die sozialistische Hilfe in den Teufelskreis der Fehlschläge.

Die Nehmerländer begannen die subversive Tätigkeit kommunistischer Organisationen zu fürchten. Die anti-religiöse Haltung der Sowjetunion führte zu Spannungen in Indien und im Mittleren Osten. Schon bald stiegen die Rückzahlungen der Nehmer an die Sowjetunion deutlich gegenüber dem Zufluß von Mitteln. Das größte sozialistische Land der Welt geriet in Verdacht, von den Zinsleistungen armer Länder zu leben, deren Höhe durch ungünstige Verrechnungskurse heraufgetrieben wurde. Das Autarkiestreben der sowjetischen Planer enttäuschte die Exporthoffnungen der Entwicklungsländer. Ungezählte Tatsachen bezüglich des Versagens sowjetischer Hilfe wurden mit Beginn der 60er Jahre bekannt.

Spätestens um 1963 war auch in der breiteren Öffentlichkeit klargeworden, daß die sowjetische Hilfe zwar die alleinige Präsenz des Westens beendete, nicht aber ihre Dominanz. Mochten Argumente für die »Eindämmung der sowjetischen Expansion der Auslandshilfe« die Gebefreudigkeit westlicher Parlamente aktivieren, über das wahre Ergebnis der Konfrontation beider Geberblöcke konnte bald kein Zweifel mehr bestehen: wie schon in Europa, so kamen nun auch in der Dritten Welt die Bewegungen zum Stillstand, die Fronten erstarrten.

Henry Kissinger, der Ende 1968 von Präsident Nixon zum Berater berufen wurde, hatte noch die Jahre um 1960 so kritisiert:

»Wir benehmen uns manchmal so, als handle es sich um ein zwischen uns und den Kommunisten auszutragendes Streitgespräch, in dem die jungen Staaten die Schiedsrichterrolle spielen und, nach Anhörung der beiderseitigen Standpunkte, den Sieger nominieren.«

Wenige Jahre danach zeigte es sich, daß den Entwicklungsländern diese Rolle nicht zufiel. Es gab im Kampf der Entwicklungshilfe um die Dritte Welt keine Sieger und keine Besiegten. Mit der Erstarrung der Fronten zeigte die sowjetische Auslandshilfe einige deutliche Parallelen zur westlichen Hilfe. Auch die sowjetische

Hilfe schloß umfangreiche Waffenlieferungen ein. Panzerwagen und Kriegsfahrzeuge aller Art, Düsenjäger und Handgerät wanderten in Länder wie Indien, Afghanistan, Indonesien, Irak, Guinea, Kuba. Bislang hatten Länder in lokalen Konfliktzonen überhaupt keine Waffen erhalten. Mit der Ost-West-Konfrontation in der Dritten Welt geriet diese Spielregel in Vergessenheit. Die Sowjetunion lieferte das Kriegsmaterial nun auch an lokale Krisenherde wie Somalia-Äthiopien, Indien-Pakistan, Indonesien-Malaysia, Ägypten-Syrien-Israel. Die USA standen hierbei keineswegs abseits. Die goldenen 10 Jahre ihrer alleinigen Präsenz waren nun auch in dem Sinne zu Ende, als sie nicht mehr allein den militärisch überlegenen Kontrolleur oder gar Schiedsrichter spielen konnten.

Wie in der Entwicklungshilfe, so zeichneten sich auch in der Militärhilfe der beiden Blöcke keine eindeutigen Einflußbereiche in der Dritten Welt ab. Vielmehr ist das Bild verwirrend, dort wie hier. Am besten verschafft man sich wohl dadurch einen Überblick, daß man diejenigen Entwicklungsländer zu jeweils einer Gruppe zusammenfaßt, für die gleiche oder ähnliche Ziele der Militärhilfe gültig sind bzw. waren. Grob gesehen, stoßen wir dann auf drei Gruppen von Nehmerländern der westlichen Militärhilfe, in denen die östliche Militärhilfe unterschiedliche Positionen einnimmt. Lassen wir sie kurz Revue passieren.

Erste Gruppe: Stärkung der Abwehrkraft gegen äußere Aggression und innere Subversion – Türkei, Iran, Pakistan. Die Türkei erhielt mit Abstand die meiste Hilfe und zugleich auch Atomwaffen. Hier wurde auch großzügige Programmhilfe gewährt. In ihren Genuß kam der Iran nur wenige Jahre und auch nur in geringerem Umfang. Dann mußte er für die Modernisierung seiner Verbände, für Nachrichtengerät, Lastkraftwagen und Kommunikationsmittel aller Art in harter Währung zahlen. Für Pakistan wurde die großzügige Programmhilfe 1963 gestoppt und kleines wie mittelgroßes Gerät auf Kredit geliefert. Bald streckte Pakistan die Fühler nach Moskau aus. Nach dem Konflikt mit Indien, das ebenfalls westliche Waffen erhielt, verstärkte sich diese Tendenz. Die USA ließen es an Aufmerksamkeit nicht fehlen, wandten sich auch mehr und mehr der Aufrüstung der pakistanischen Luftwaffe zu. Aber schon ab 1965 beherrschen die Waffenlieferungen des sozialistischen Blocks die Szene. Dann erfolgte die Ausrüstung der Luftwaffe ausschließlich mit sowjetischem Gerät.

Die zweite Gruppe: Stärkung nur der inneren Stabilität – Jordanien, Libanon, Saudi-Arabien. Hier ist Militär- und Wirtschaftshilfe eng verbrüdert. Größere Lieferungen erfolgten bei aufflammenden Krisen gegenüber Syrien und Ägypten (1958).

Dritte Gruppe: Balance zur sowjetischen Militärhilfe – Afghanistan und Jemen. Die amerikanische Militärhilfe für Afghanistan setzte erst zwei Jahre nach der sowjetischen Hilfe-Offensive ein (1958), die für den Jemen ein Jahr später (1959). Mit der wechselhaften Konkurrenz der beiden Geberblöcke treten natürlich immer mehr Entwicklungsländer in diese Gruppe ein wie z. B. später auch Pakistan und der Irak.

Anders als die USA, die zehn Jahre lang als alleiniger Waffenlieferant – gefolgt von ihren Verbündeten – in der Dritten Welt auftraten, mußte sich die sowjetische Militärhilfe am Konkurrenzprinzip orientieren. Ihre fünf arabischen Nehmerländer hatten sämtlich vergeblich um amerikanische Waffenlieferungen angesucht. Afghanistan erhielt sowjetische Hilfe während seines Konfliktes mit Pakistan, der Jemen während seines Konfliktes mit Großbritannien (wegen des Protektorats West-Aden) sowie Ägypten und Syrien in ihrer Konfrontation mit den Bagdad-Staaten. Im Gegensatz zur westlichen Hilfe richtete sich die sozialistische Militärhilfe auch auf die Errichtung von Fabriken zur Erzeugung von Kriegsgerät in den Nehmerländern (Teilfabrikation von Flugzeugen, U-Booten, Raketen etc.). Spätestens ab 1956 unterstützte die Sowjetunion auch die Errichtung eines experimentellen Atomreaktors in Ägypten.

In Lateinamerika folgte die sowjetische Waffenhilfe nur den wenigen Spuren wirtschaftlicher und politischer Präsenz. Nach dem mißglückten Guatemala-Debakel versuchte Moskau in den britischen Marktanteil in Argentinien einzutreten. Nach einer anfänglichen Absage aus Buenos Aires kam es dann doch zu Lieferungen. Es folgten – in begrenztem Umfang – einige andere Länder wie Brasilien, Bolivien, Chile und Uruguay. Natürlich wurde Kuba zum Hauptabnehmer, der selber dann noch weiter lieferte (z. B. an Venezuela). Alles in allem bleibt der lateinamerikanische Raum das weitgehend unangefochtene Absatzgebiet der USA.

Die zahlreichen afrikanischen Staaten südlich der Sahara spielen in der sowjetischen – wie ja auch in der amerikanischen – Militärhilfe eine völlig untergeordnete Rolle. Die amerikanischen Lieferungen setzten erst mit Beginn der sowjetischen Hilfe-Offensive ein, und zwar zunächst an Äthiopien. Aber beide Geberblöcke kommen nur sehr zögernd dem doch gerade in diesem Kontinent so lebhaften Wunsch nach vielen und modernen Waffen sowie militärischen Statussymbolen nach. Schließlich stellte sich schon 1963 der amerikanische Kongreß auf den Standpunkt, daß Militärhilfe für Schwarzafrika nur in begrenztem Umfang und ausschließlich für die innere Sicherheit der Staaten geleistet werden solle, und machte Ausnahmen von der Genehmigung des Präsidenten abhängig.

Alles in allem führt die Militärhilfe der beiden Geberblöcke ebensowenig wie ihre Wirtschaftshilfe zur Festigung eindeutiger Liefer- und Einflußregionen. Vielmehr laufen die erstarrten Fronten quer durch die einzelnen Länder. Typisch für dieses Bild ist die auffällige »Arbeitsteilung« der beiden Geberblöcke in einzelnen Nehmerländern. So bezog Ägypten Nahrungshilfe von den USA und Düsenjäger von der Sowjetunion. Eine besonders imposante Kollektion von Waffentypen westlicher und östlicher Geberländer weist Indien auf. Während es unter starken Kurswechseln seiner Entwicklungspläne am Rande des wirtschaftlichen Chaos wandelte, war es einer der größten Konsumenten der ersten, zweiten und dritten Generation von Düsenjägern vom westlichen Typ VAMPIRE und HUNTER sowie auch vom sowjetischen Typ MIG-21.

Auch in der Militärhilfe fand die von Kissinger zitierte »Nominierung der Sieger« nicht statt. Auch hier gab es – ebenso wie in der Entwicklungshilfe – keine Sieger und Besiegte. Nachdem mit der sowjetischen Hilfe-Offensive 1956 die Dinge in Fluß geraten waren, erstarrten 1961 die Fronten. Sie verlaufen heute mitten durch die Nehmerländer. An die Stelle der Ausschließlichkeit trat die Gemeinsamkeit der Präsenz und Einwirkung der beiden Geberblöcke auf die Dritte Welt.

Washington und Moskau schließen Kompromisse

Als die Vereinten Nationen die Jahre 1960–1970 zum »Ersten Entwicklungsjahrzehnt« erklärten, ergab sich für die Dritte Welt und die zwei Geberblöcke recht bald eine neue Konstellation. Erstens vermochte sich die Dritte Welt den beiden konkurrierenden

Geberblöcken nicht in der erhofften Gemeinsamkeit zu präsentieren. Auf der Bandung-Konferenz 1955 – also zu Beginn der Ost-West-Konfrontation – hatten sich die Entwicklungsländer noch programmatisch ausgerichtet. Schon wenige Jahre später erwies sich die Dritte Welt in der Welthandelskonferenz in Genf und dann in Neu-Delhi als eine bunt gemischte Vielzahl von Staaten mit unterschiedlichen Zielen, Problemen und Motivationen. Zwar fühlten sie sich in ihrem Wunsch nach mehr Hilfe und schnellerer Entwicklung vereinigt, aber das vermochte nicht über ihre konkreten Divergenzen, Gruppenbildungen und Spannungen untereinander hinwegzutäuschen. Hatten sie noch in Genf den Industrieländern bedeutende Zusagen abgerungen, so verlor sich schon die Konferenz in Neu-Delhi im Labyrinth von vielen hundert Ausschüssen und Komitees.

Zweitens führte die Einwirkung der Entwicklungshilfe nicht zu eindeutigen Einflußbereichen der Geberblöcke. Ihre Fronten erstarrten und verliefen quer durch die Nehmerländer. Hatten im vorangegangenen Jahrzehnt 1950–60 die USA ihre Hilfe selbst neutralen Ländern verweigert und die Sowjetunion dieselben als »Verräter« gebrandmarkt, so rollen später Dollar und Rubel in schöner Eintracht in alle Entwicklungsländer. Indien, das schon 1947 als erstes Entwicklungsland die Politik der Nichtbindung proklamierte, 1954 die fünf Prinzipien der friedlichen Koexistenz verkündete, wurde das Sammelbecken für die größte regionale Anhäufung von Dollar und Rubel. Aber bei bescheidenen Entwicklungserfolgen wuchs sein Schuldenberg in erdrückendem Ausmaß. War nicht an die Stelle der politischen Nichtbindung die finanzielle und überhaupt die gesamtwirtschaftliche Bindung an beide Geberblöcke getreten?

Aus dieser neuen Konstellation zogen die Geberblöcke Konsequenzen. Wo zuvor das Gesetz der Ausschließlichkeit herrschte, übten sie nun eine distanzierte Einträchtigkeit. Der eine gab Brot, der andere Waffen, oder beide gaben beides. In der regionalen Konzentration der Mittel zogen sie gleich. Lateinamerika bleibt weitgehend unter dem amerikanischen Dach. Schwarzafrika wird von beiden vernachlässigt. Im Mittleren Osten, und nicht nur dort, spielen sie die Rolle der Schiedsrichter oder doch zumindest die der Kontrolleure. Das Entwicklungsjahrzehnt 1960–70 ist von einer wachsamen Kooperation beider Geberblöcke in der Dritten Welt geprägt. Die ursprünglichen Hoffnungen Trumans auf eine außenpolitische Linie des Punkt-Vier-Programms, »die unserer Führungsrolle in der freien Welt entsprach«, waren ebenso eingeschränkt wie die Hoffnungen Moskaus auf den »Sieg des sozialistischen Weltsystems über den kapitalistischen Westen«.

In einer Debatte mit afrikanischen Politikern sagte der guinesische Präsident Sékou Touré: *»Die Dritte Welt ist der Schauplatz, auf dem sich das Schicksal der Menschheit entscheidet. Sie ist das politisch entscheidenste Kampfgebiet dieses Jahrhunderts. Es geht nicht darum, die politische Aktion der ökonomischen Aktion anzupassen. Im Gegenteil, wir müssen die ökonomischen Aktivitäten den politischen unterordnen.«*

Die Dritte Welt – das entscheidende Kampfgebiet? Das war die Situation der 50er Jahre. Heute ist die Dritte Welt jenes Terrain zwischen den beiden Blöcken, das von keinem erobert werden konnte und dennoch von beiden kontrolliert wird. In diesem Sinne ist die Dritte Welt politisches Niemandsland geworden.

Im weiten Terrain dieses Niemandslandes kam es zur Kooperation der Geberblöcke selbst in einzelnen Projekten. Im Abkommen über den Bau eines Hüttenwerkes im Iran sah die Sowjetunion vertraglich Lieferungen und Leistungen des westlichen Geberblocks vor. Nachdem die Dinge sich reibungslos eingespielt hatten, wurde bei der Einrichtung einer Ferngasleitung und eines Maschinenbauwerkes ebenso verfahren. Selbst der heiß umstrittene Bau des Euphrat-Dammes in Syrien wurde schließlich Gegenstand dieser Arbeitsteilung. In Algerien wurde Frankreich mit dem doppelten Betrag der sowjetischen Leistungen an der Errichtung eines Hüttenwerkes beteiligt. Der Bau der Erdölraffinerie in Haldia, Indien, unter rumänischer Regie vollzog sich mit französischer und italienischer Kooperation. Wenn sich Indiens Rückzahlungen an den Westen seit 1962 mehr als verdreifachten, so war es kein Geheimnis, daß sowjetische Leistungen an Indien hierbei indirekt beteiligt waren. Umgekehrt trugen Leistungen des Westens dazu bei, daß Afghanistan seinen Verpflichtungen gegenüber der Sowjetunion nachkam.

In der Militärhilfe präsentiert sich ein ähnliches Bild der Arbeitsteilung. Greifen wir einige Beispiele heraus:

Indien besitzt westliche und sowjetische Panzer, U-Boote, U-Bootjäger und Zerstörer;

Indonesien besitzt westliche und sowjetische Panzer, Handwaffen, Jagdflugzeuge und Hubschrauber;

Marokko besitzt westliche und sowjetische Zerstörer und Hubschrauber;

die Vereinigte Arabische Republik besitzt westliche und sowjetische Zerstörer, Patrouillenboote, Raketen und Panzer;

der Iran besitzt westliche und sowjetische Bomber, Jagdflugzeuge, Transportmaschinen, Panzer und Raketen.

Die Arbeitsteilung der zwei Polizisten und ihrer Blockmitglieder erleichtert ihnen zugleich auch die Funktion als Kontrolleure in der Dritten Welt. Der Gebrauch des gelieferten Rüstungsmaterials hängt von der ständigen Bereitstellung des »Know-how« durch die Geber ab (Instrukteure, Berater, Wartungspersonal). Es sind zahlreiche Fälle bekanntgeworden, in denen die notwendigen Fachkräfte aus Entwicklungsländern zurückgezogen wurden, um dort den Gebrauch und die Wartung des Kriegsgeräts zu erschweren oder zu verhindern.

Besonders groß ist die Abhängigkeit der Entwicklungsländer von dem kontinuierlichen Fluß der Ersatzteile. Als Anfang der 60er Jahre die Sowjetunion die indonesische Luftwaffe voll ausgerüstet hatte, sperrte sie bei aufkommenden Spannungen die Ersatzteillieferungen. Die Folge davon war, daß Indonesien nur einen geringen Teil seiner Luftstreitkräfte einsetzen könnte, und zwar auch dies nur mit taktisch halber Kraft.

Mit Beginn der indisch-pakistanischen Kriegshandlungen verhängten die USA ein Embargo auf jegliche Ersatzteile für die an Pakistan gelieferten amerikanischen Flugzeuge. Dies betraf besonders die Starfighter F-104, aber ebenso auch die F-86, Hercules C-130 und Kaman-Hubschrauber HH-43 B. Obschon die USA im Rahmen des SEATO-Paktvertrages zu Lieferungen verpflichtet waren, legten sie mit dem Lieferembargo gerade den modernsten Teil der pakistanischen Luftwaffe nahezu lahm.

Die Zahl dieser Beispiele ist beträchtlich. Je höher das technologische Niveau der Waffen, desto größer wird die Abhängigkeit der Nehmerländer und desto unantastbarer die Kontrollfunktion der beiden Großlieferanten. Selbst für den israelisch-arabischen Krisenherd scheint auch in jüngerer Zeit diese Kontrollfunktion im wesentlichen intakt geblieben zu sein.

Im politischen Bereich aber stößt die Kontrollfunktion der zwei Polizisten auf deutliche Grenzen. Hier kann sich ihr Nebeneinander leicht zu einem Gegeneinander wandeln. Vor allem aber haben beide einen nur geringen Einfluß auf politische Veränderungen oder gar Eruptionen. Das zeigt das Beispiel der amerikanischen Militärhilfe, das D. Hughes unter diesem Aspekt untersuchte. Er kam zu dem Ergebnis, daß in 10 Entwicklungsländern mit amerikanischer Militärhilfe 12 Regierungsstürze erfolgten und in 10 anderen Entwicklungsländern, die überhaupt keine Militärhilfe erhalten hatten, 11 Regierungsstürze. Es heißt dort: »Die US-Militärhilfe ist nur ein kleiner Faktor in den Bestrebungen der Streitkräfte, in den politischen Prozeß in Entwicklungsländern einzugreifen.«

Ganz allgemein kann man feststellen, daß sich die Kontrollfunktionen der zwei Polizisten im Rüstungssektor der Dritten Welt Schritt für Schritt verstärkt haben. Die politische Entwicklung in diesen Ländern entzog sich aber weitgehend dieser Kontrolle. Gerade auch dies zählt zu den charakteristischen Eigenarten der Dritten Welt als politisches Niemandsland.

Ursprünglich sind die zwei Polizisten in ihrer Auslandshilfe auch mit dem Anspruch auf direkte politische Einflußnahme aufgetreten. Ihr Anspruch leitete sich aus ihrer »ideologischen Offensive« ab. Wie sehr auch immer die Motive der Auslandshilfe wechselten, die ideologische Komponente stellte von Anfang an für beide Supermächte in ihrer Einwirkung auf die Dritte Welt einen wichtigen Faktor dar.

Für die USA waren es die Bildung eines freien Unternehmertums und überhaupt aller wesentlichen Elemente einer liberalen Wirtschaftsordnung. Sie hatten schon in Europa und insbesondere in der Bundesrepublik die Vergabe ihrer Hilfe daran geknüpft. Dasselbe Prinzip sollte nun auch für die Hilfe an die Dritte Welt gelten. Aber im Verlauf der Jahre endete der missionarische Eifer im Gestrüpp der Kompromisse aller Art. Wie schon in den Beziehungen zu Lateinamerika wurde auch hier das liberale Dogma schamhaft verdeckt durch den Pragmatismus angepaßter Einwirkung. Das galt schon für die frühe Hilfe an das China Tschiangkaischeks, dann für die Unterstützung Jugoslawiens und schließlich an zahlreiche Entwicklungsländer wie die Türkei, Burma oder Iran.

Schon daß die Auslandshilfe nur von spärlichen Privatinvestitionen begleitet war, daß sie nur an staatliche Stellen vergeben wurde und daß nicht einmal die Förderung des freien Unternehmertums der eigenen Administration zur Bedingung für die Hilfevergabe wurde, das ließ bald den Grad der Kompromisse erkennen. Das liberale Dogma ist in seiner engen Verknüpfung mit kommerziellen Interessen im wesentlichen nur als ein innenpolitisches Argument für die Auslandshilfe wirksam geworden.

Für die Sowjetunion, für die kommerzielle Interessen häufig nach den ideologischen Prinzipien rangierten, hatte die ideologische Offensive in der Dritten Welt wohl eine ungleich größere Bedeutung als für den amerikanischen Pragmatismus. Der große Mythos des amerikanischen Sendungsbewußtseins war bis zur Unkenntlichkeit mit kommerziellen, politischen und militärischen Interessen vermischt, weil ihm das Fundament eines klaren Programms fehlte. Die Sowjetunion trat dagegen ihre Offensive unter dem Anspruch der »zwingenden Gesetze des sozialistischen Aufbaus und Endsiegs« an. Sie hatte daheim nach ihnen die eigene Entwicklung straff in die Hand genommen. Niemand wagte, diesem Dogma zu widersprechen. Nun sollte es auch in der Hilfe für die Dritte Welt die »einzig wahre und verläßliche Richtschnur allen Handelns« sein.

Zunächst ließ sich noch alles recht gut an. Die drastische Eskalation der Mittelausgabe des Westens fand hier keine Entsprechung. Der Umfang der finanziellen Mittel, die Zahl der Nehmerländer und Projekte wurden sorgfältig begrenzt. Mochte der Westen schließlich ein Prozent seines Volkseinkommens ausgeben, Moskau hatte keine Kolonien besessen »und deshalb auch nichts wieder gutzumachen«. Die Begrenzung der Auslandshilfeprogramme erlaubte einen konzentrierten und wohl vorbereiteten Einsatz. Lenin hatte gelehrt, daß die Kolonien die Grundlage des Kapitalismus waren; der Niedergang des Kolonialismus mußte zugleich auch den Niedergang des Kapitalismus bedeuten. Die sowjetische Auslandshilfe wurde deshalb zunächst an der alten Revolutionsstrategie orientiert: radikale Veränderung der Gesellschafts- und Produktionsverhältnisse unter Führung revolutionärer Kräfte.

War die amerikanische Auslandshilfe an der Stabilisierung eines weltweiten Bündnissystems orientiert, so die sowjetische an dessen

Auflösung. Auch hier schien die Revolutionsstrategie zunächst erfolgreich zu sein. Der erste Hebel wurde am CENTO-Pakt angesetzt. Die zunächst feindliche Haltung der Sowjetunion gegenüber dem Iran, Pakistan und der Türkei wandelte sich in eine werbende Annäherung. Vergeblich beklagte sich Sukarno, daß sein »Bruderland« Indonesien weniger Hilfe erhielt als der »feudal-kapitalistische« Iran. Moskau gewann damit Einfluß auf die wirtschaftliche Zusammenarbeit des Iran mit der Türkei und Pakistan und schaltete sich in verschiedene Integrationsprojekte ein. Das Werben um die Türkei ist an einer freien Durchfahrt durch die Dardanellen vom Schwarzen Meer ins Mittelmeer orientiert. Daran ändert sich auch nichts nach dem Beitritt der Türkei zur NATO 1952. Im Gegenteil, bald folgte auf die sowjetische Entwicklungshilfe auch noch Waffenhilfe. Schließlich schloß sich die Türkei, »Eckpfeiler« der Ostflanke der NATO, der pro-arabischen Resolution des Sicherheitsrates der UN (1967) an, die den Abzug israelischer Truppen forderte. Sowjetische Kriegsschiffe durften nun auch ins Mittelmeer passieren.

Pakistan erhält ebenfalls großzügige Unterstützung, mehr noch als das freundschaftlich gesonnene Syrien. Seit dem Konflikt mit Indien waren die Beziehungen zum Westen ohnehin gespannt. 1969 kündigte Pakistan den Pachtvertrag für den amerikanischen Stützpunkt für Erkundungsflüge in Peschawar, von dem aus Captain Powers bis zum Sommer 1960 mit seiner U-2 zu Aufklärungsflügen über sowjetisches Gebiet gestartet war.

Besonders aber der Mittlere Osten zieht die Aufmerksamkeit der sowjetischen Auslandshilfe auf sich. Hier stehen wichtige Operationsbasen für die Mittelmeerflotte zur Verfügung, westliche Interessen sind im Erdöl und Suezkanal investiert. So praktizierte die Sowjetunion mit Ägypten und Syrien (VAR) erstmalig eine völlig neue Methode der wirtschaftlichen Kooperation. Es kam zur Gründung gemeinsamer Wirtschaftsausschüsse auf Regierungsebene für verschiedene Produktionssektoren. Schon bis 1965, also noch vor der drastischen Abkühlung in den Beziehungen zum Westen, erhält die VAR fast ebensoviel Hilfe vom sozialistischen Block wie von westlicher Seite, darunter das weltweit beachtete Projekt des Assuan-Staudammes. Anders als in den genannten Ländern erhielt Algerien nicht nur großzügige Hilfe, sondern auch gute Noten für seine fortschrittliche Politik für den »sozialistischen Neubau des Staates«.

Die Erfolge der sowjetischen Auslandshilfe zur Aufbrechung der westlichen Paktsysteme waren sicherlich unbestreitbar. Auch in Mali, im Kongo (Brazz.) und Guinea setzte sie ihren Fuß nach Schwarzafrika sowie in Kuba und einigen schon erwähnten lateinamerikanischen Ländern. War das der endgültige Durchbruch des siegreichen sozialistischen Weltsystems?

Die Antwort ist ein klares Nein. Lediglich die alleinige Präsenz westlicher Hilfebindungen wurde durchbrochen. Im übrigen war die Bilanz, die Moskau auch in der Dritten Welt ziehen mußte, nicht ermutigend. Ursprünglich unter der Fahne der Revolution angetreten, orientierte sich nun auch die sowjetische Auslandshilfe mehr und mehr am politischen Status quo der Nehmerländer. So heißt es resignierend in der sowjetischen Fachzeitschrift »Internationales Leben«:

»Die sozial-politische Lage in der Mehrzahl der Entwicklungsländer ist äußerst unstabil ... Unter diesen Bedingungen sind – wie die Tatsachen zeigen – Umstürze in dieser oder jener Richtung durchaus möglich: als Beispiel dient in einem Falle Ghana, im anderen der Kongo (Brazz.).«

»In »dieser oder jener Richtung« muß Moskau nicht nur die unliebsamen Rückschläge in Ghana und im Kongo (Brazz.), sondern auch den Sturz des ihm nahestehenden Ben Bella in Algerien zur Kenntnis nehmen, die Niederlage der »Bewegung des 30. September« in Indonesien, die Fehlschläge der kommunistischen Partei im Sudan, des linken Flügels in Kenia und vielen anderen afrikanischen Staaten.

Hatte Chruschtschow noch eine aktive Bündnispolitik mit seiner Hilfe-Offensive verknüpfen wollen – »Zone des Friedens« –, so begnügte man sich jetzt mit Teilerfolgen bei Mitgliedern westlicher Bündnissysteme. Im diplomatischen Sprachgebrauch heißt dieses Rezept nun »positive Neutralität«. Es ist das Rezept für die Politik im politischen Niemandsland. Die Fronten kommen zum Stehen, die beiden Geberblöcke zur distanzierten Kooperation. Die politisch konservativen Experten beherrschen auch in der sowjetischen Auslandshilfe mehr und mehr die Szene.

Die sowjetischen Erwartungen für die Dritte Welt wurden selbst auch für die Favoriten ihrer Entwicklungshilfe enttäuscht. Ein Mitglied der sowjetischen Akademie der Wissenschaften erklärte zur ökonomischen Entwicklung in diesen Ländern:

»Sie erfordert eine bedeutende Zeit, und sie entspricht durchaus nicht einer sofortigen Liquidierung der kulturellen und technisch-ökonomischen Rückständigkeit sowie einer schnellen Hebung des Lebensstandards der Volksmassen.«

Schließlich wurde auch das Industrialisierungskonzept umgestoßen. Der absolute Vorrang der Schwerindustrie – dieses seit Stalin indiskutable Tabu – fiel den Kompromissen zum Opfer. Das, was noch wenige Jahre zuvor als unerhörte Ketzerei gelten mußte, ist nun der offiziellen Weisheit letzter Schluß. Auf der vom Institut für Weltwirtschaft und Internationale Beziehungen 1967 einberufenen Konferenz in Moskau heißt es offiziell:

»Für die Mehrzahl der (Entwicklungs-)Länder ist es unter den gegenwärtigen Bedingungen nicht zweckmäßig, mit der Schwerindustrie zu beginnen. Das, was für die ersten sozialistischen Staaten in ihrer kapitalistischen Einkreisung lebenswichtig war, ist heute nicht für alle jungen befreiten Länder erforderlich.«

Die Landwirtschaft in den Entwicklungsländern erhielt entgegen dem sowjetischen Prinzip des Vorrangs der Industrie mehr und mehr Hilfe. Auch die strikten Prinzipien der Kollektivierung wurden nicht mehr befolgt. Selbst in den politisch nahestehenden Ländern wie VAR, Algerien, Guinea, Mali, Kongo (Brazz.), Tansania etc. wurde der sowjetische Weg nicht mehr zum Vorbild erhoben. Die sowjetische Hilfe stützte sich auch auf den »Kapitalismus im Dorfe«, von dem es hieß, daß er »zum teilweisen Aufschwung der Produktivkräfte in der Landwirtschaft führte«.

Und die politischen Konsequenzen dieser Kehrtwendungen? Wie beim sozialistischen Weltsystem, der Theorie des kapitalistischen Niederganges, der Strategie des »Einholens« und beim Industrialisierungskonzept – so stürzen auch hier die Prinzipien, die Leitlinien des Handelns. War die Kooperation bisher an »Staaten der nationalen Demokratie« unter Führung der kommunistischen Partei orientiert, so hat das keine Gültigkeit mehr. Im Gegenteil, die Entwicklungsländer ohne eine kommunistische Partei und auch solche, welche die kommunistische Partei bekämpfen, werden als echte Partner akzeptiert. Von ihnen heißt es nun offiziell, daß

»sie im wesentlichen und in originellen Formen dieselben historisch erforderlichen Maßnahmen zu verwirklichen begannen, die die Kommunisten durchführen müssen, wenn sie genügend stark, organisiert und einflußreich gewesen wären, um zur Macht zu kommen«.

Moskau verzichtet auf das Bestehen der kommunistischen Parteien in diesen Ländern und damit auf ihre ureigensten ideologischen Interessenvertreter. Man kann sich diese Wende vielleicht am besten an der Hypothese verdeutlichen, die USA verlören in der Dritten Welt ihre Armee der Kaufleute, Bankiers und Unternehmer, ihre Besitztitel, Kapitalbeteiligungen und vertraglichen Kompetenzen.

Moskau revidiert schließlich seine Revolutionsstrategie zu einem Konzept der stufenweisen, möglichst reibungslosen Evolution. Dabei stützt man sich auch auf die »nationale Bourgeoisie«, vertritt die Möglichkeit »verschiedener Entwicklungswege«. Daraus entsteht natürlich ein krasser Gegensatz zu den Theoretikern und Praktikern der Revolution in den Entwicklungsländern. Moskau nimmt ihn in Kauf. Das geschieht keineswegs stillschweigend. Öffentlich werden die Ideen und Praktiken der Revolutionäre als »politisches Abenteurertum« gebrandmarkt, da ja der bewaffnete Kampf »gleichbedeutend ist mit dem Aufruf zum Sturz dieser Regierungen, die unter den Massen Autorität genießen und einen antiimperialistischen Kurs einhalten«.

Mit ihrer Hilfe-Offensive in die Dritte Welt gerät die Sowjetunion schließlich in Gegensatz zu ihren bedeutendsten revolutionären Stimmen und Politikern: Fidel Castro, Ernesto Che Guevara, Regis Debrays und Nkruma. Hier wurzelt der wachsende Einfluß Mao Tse-tungs und seiner konkurrierenden Hilfe-Offensive, die in Tansania, im Kongo (Brazz.), in der Zentralafrikanischen Republik und Guinea der sowjetischen Hilfe schon den Rang abgelaufen hat und in Algerien, Sudan, Somalia, Kenia und Uganda ihr gleichkommt. Es wächst die Kritik der revolutionären Stimmen an dem »Verrat« der marxistisch-leninistischen Maximen. Die Profitbeteiligungen der Sowjetunion an Wasserdammprojekten, Ferngasleitungen und Munitionsfabriken in der Dritten Welt waren dem »Neo-Imperialismus« des Westens an die Seite gestellt. Moskaus Haltung gegen die Verstaatlichung des Erdöls im Iran und seine kommerziellen Beteiligungen sowie überhaupt seine enge Verknüpfung von Hilfevergabe mit Handelsinteressen werden als »neokapitalistisch« verdammt. Seine Politik des Status quo, seine Orientierung an der Stabilisierung herrschender Regime und seine Schiedsrichterrolle im Mittleren Osten – das sind nur einige Punkte dieser unüberbrückbaren Gegensätze zu den revolutionären Kräften in der Dritten Welt.

Selbst die Regierungspolitik des persischen Schahs paßt in das neue sowjetische Evolutionskonzept. Man muß sich vergegenwärtigen, daß seine Haltung unter den persischen Studenten selber auf weite Opposition stößt. In der deutschen Studentenschaft hat keine Schrift so viele »antiimperialistische« Stimmen erhalten und Aktionen ausgelöst wie das Buch von Bahman Nirumand »Persien – Modell eines Entwicklungslandes«. Im Banne seiner Kritik formierten sich 1967 Demonstranten gegen den Besuch des Schahs in West-Berlin, wo der erste tödliche Schuß in Deutschland auf einen demonstrierenden Studenten fiel. Aber wie sieht Moskau die Politik des Iran? In einem Buch über »Die Landwirtschaft des heutigen Iran«, das A. I. Demin 1967 in Moskau veröffentlichte, wird die »weiße Revolution« des Schahs als wegweisend gelobt. Es heißt dort, daß »*die Agrarumgestaltungen den herrschenden Kreisen bereits einen offensichtlichen Gewinn brachten. Sie stabilisierten in bestimmendem Maße die innenpolitische Lage und schwächten den Gegensatz zwischen dem Staat und den Volksmassen ab. Das gab auch den herrschenden Kreisen die Möglichkeit, verhältnismäßig reibungslos den Widerstand der Opposition zu überwinden und in bestimmtem Maße ihre Position im Lande zu festigen*«.

Es ist der Hinweis gewiß nicht überflüssig, daß dies durchaus in positivem Sinne gemeint war. Die »falsche Einstellung der Nationalen Front des Iran« und Bahman Nirumand erhalten strenge Rügen.

Dieselbe Tendenz, die politische Lage zu »stabilisieren«, verfolgt die Sowjetunion auch im Mittleren Osten, wie der im Januar 1969 in der Prawda veröffentlichte Stufenplan vorsieht. Für die Dritte Welt gilt spätestens seit 1965 das Prinzip der flexiblen Anpassung an veränderte Lagen fortschreitender ökonomischer Entwicklung, »um die schmerzhaften Aspekte der Umgestaltung auf ein Minimum zurückzuführen«. Auch in Afrika »ist es in den weitaus meisten Fällen real möglich, den Bürgerkrieg zwischen den antagonistischen Klassen zu vermeiden«.

Das Niemandsland der Dritten Welt wurde nicht das Schlachtfeld der Ideologien, sondern der Tummelplatz der aufmarschierenden Experten, ihrer Maschinen, Programme und Waffen. Hier scheiterten die Mythen der zwei Welt-Polizisten. Die konservative Haltung der Experten erlangte die Vorhand. Dabei gerieten die Entwicklungsländer in einem immer stärkeren Maße unter die Kontrolle des entwicklungspolitischen Automatismus sowie die Zwangsläufigkeiten, die sich aus der wachsenden Entwicklungslücke ergeben.

Dritter Teil

Die Stabilität der Blöcke und ihre Konsequenzen

Die vier Säulen der Stabilität

Die Kompromisse der beiden Supermächte und ihr Zusammengehen scheinen der Menschheit ein friedliches Jahrzehnt des dynamischen Wandels zu bescheren. Es liegen hierfür nicht nur umfassende Berichte und Programme vor wie der Indicative World Plan, der Pearson-Report, der Mansholt-Plan, der Jackson-Report etc. Es sind auch beachtenswerte Entwürfe gemacht worden, wie etwa von Andrej D. Sacharow: »Wie ich mir die Zukunft vorstelle«. Es wächst die Zahl der »Modelle des Friedens«.

Welche Voraussetzungen sind für eine Zukunft des friedlichen Wandels erforderlich? Und haben sie auch weiterhin Bestand? Die Antwort liegt nicht in den herkömmlichen Anschauungen verborgen. Denn jede Entwicklung stürzt die alten Leitbilder. Wo müssen wir sie also suchen?

Als Churchill dem englischen Unterhaus die Beschlüsse von Jalta erläuterte, welche die Zukunft Europas für Jahrzehnte bestimmten, sagte er: *»Es ist ein Fehler, zu weit in die Zukunft zu schauen. Man kann sich zu einer Zeit immer nur mit einem Glied in der Kette des Schicksals befassen.«*

Darin sind die drei Weisheiten der Prognose enthalten: Erstens ist der Horizont der Voraussicht stark begrenzt. Zweitens hat jede Entwicklung ihre spontanen Wendungen. Drittens gibt es dennoch so etwas wie eine Verkettung der Ereignisse. Und in ihr werden die Faktoren wirksam, die unsere Gegenwart und nahe Zukunft bestimmen.

Einer der wichtigsten Faktoren in unserer heutigen Situation ist die Stabilität der beiden Blöcke. Mit ihr steht und fällt unsere Weltordnung der zwei Supermächte, ihrer Verbündeten und der von ihnen kontrollierten Entwicklungsländer. Die Stabilität der Blöcke garantiert die Unantastbarkeit der Grenzen und nationalen Gebiete. Sie erzwingt die Anerkennung der Gesetze wirtschaftlichen Wachstums und die Einordnung der Staaten in die Hierarchie der Entwicklungsstufen. Washington und Moskau kontrollieren in den industrialisierten Kerngebieten ihrer beiden Blöcke mehr als drei Viertel des Produktions- und Rüstungspotentials der gesamten Welt. In den Entwicklungsländern ziehen sie mit Waffen und Brot gleich.

Als ihr Kampf um die Dritte Welt keine endgültige Entscheidung herbeiführen konnte, begannen sie nun auch gegeneinander Rücksicht zu üben und Kompromisse zu schließen. Ohne Zweifel tun sie es auch heute noch, weil dieser Kampf mit einem völligen Unentschieden endete. Sie haben seither gewisse Gemeinsamkeiten entfaltet und verschiedene Schritte einer friedlichen Annäherung getan. Man hat deshalb diese Entwicklung als den Auftakt zu einer Weltfriedenspolitik begrüßt und gepriesen. Aber man darf sich über die wahre Natur dieser Annäherung keinen Täuschungen hingeben. Ihre wichtigste Voraussetzung ist und bleibt die Stabilität der beiden Blöcke und die Einordnung der Entwicklungsländer in den Entwicklungs-Automatismus. Deshalb wenden die beiden Supermächte nach ihren Kompromissen in der Dritten Welt ihr Augenmerk wieder mehr und mehr ihren eigenen Blöcken zu. Sobald nämlich die Stabilität ihrer Blöcke in Frage gestellt würde, müßte ihr Führungsanspruch sowohl in ihren eigenen Kerngebieten wie auch in den Entwicklungsländern in eine Krise geraten, deren Folgen kaum abzuschätzen sind. Werden Washington und Moskau auch in Zukunft die Stabilität ihrer Blöcke erhalten können? Werden sie auch auf das politische Niemandsland der Dritten Welt weiterhin ihre Kontrolle wirksam ausüben?

Das militärische Rückgrat und die Konsumsteigerung

Auf welchen Säulen ruht die Stabilität der Blöcke? Auf den Militärbündnissen. Die erste Säule der Blockstabilität ist für die USA die NATO in Europa sowie im lateinamerikanischen Kerngebiet die Organisation Amerikanischer Staaten (OAS). Für die Sowjetunion ist es der Warschauer Pakt.

Die zwei Polizisten sicherten die erste Säule ihrer Blockstabilität durch ihr Rüstungsmonopol. Die USA halten dieses Monopol nur im nicht-konventionellen Rüstungsbereich aufrecht, die Sowjetunion auch im konventionellen. Eine weitere Sicherung ist die einseitige Kommandostruktur in beiden Bündnissystemen, mit denen die beiden Supermächte Zug um Zug die militärpolitische und strategische Führung in die Hand nahmen.

In beiden Bündnissystemen übten jedoch die Blockmitglieder Widerstand gegen das Tempo und Ausmaß dieser Zentralisierung. In der NATO wurde die Opposition offen von Frankreich ausgetragen, im Warschauer Pakt von Rumänien. Aus beiden Blöcken brachen Blockmitglieder aus. Im lateinamerikanischen Kerngebiet der USA war es Kuba, im europäischen und asiatischen Kerngebiet der Sowjetunion waren es Jugoslawien und Festlandchina mit Nordkorea und Nordvietnam. Beide Supermächte müssen diesen Abweichlern (Randgebiete) eine gewisse Eigenständigkeit bezüglich der gesellschafts- und wirtschaftspolitischen Prinzipien zugestehen.

Die zweite Säule der Blockstabilität ist die Gemeinsamkeit der Interessen zwischen Blockmitgliedern und ihrer jeweiligen Supermacht. Sie richtet sich in erster Linie auf die ständige Erhöhung des Konsumstandards. In beiden Blöcken stellt die Maximierung der Wachstumsraten des Volkseinkommens schlechthin die entscheidende Maxime allen Handelns dar. Das gilt für alle Blockmitglieder ebenso wie für die beiden Supermächte. Im Ostblock hat Breschnew seit Anfang 1971 diesen Standpunkt deutlicher als je zuvor vertreten und auch in den Wirtschaftsplänen berücksichtigt.

Die tragende Funktion der zweiten Säule entspringt dem allgemeinen Interesse an der Konsumsteigerung – so wie diejenige der ersten Säule an dem allgemeinen Sicherheitsbedürfnis. Während somit Washington und Moskau dem Sicherheits- und Konsumbedürfnis ihrer Blockmitglieder entgegenkommen, halten sie ihr eigenes Rüstungsmonopol aufrecht und geben auch den Ton an für die gesellschafts- und wirtschaftspolitischen Prinzipien der Konsumsteigerung. Auf diese Weise entspringt die Führungsrolle der zwei Polizisten, was die beiden Säulen der Blockstabilität angeht, nicht etwa irgendeiner brutalen Anmaßung oder Anwendung von Gewalt gegen die Interessen der Blockmitglieder. Im Gegenteil, sie entspringt gerade eben dieser wichtigsten Gemeinsamkeit der Interessen.

Die zwei Säulen der Blockstabilität sind dynamischer Natur. Die Blöcke betreiben im militärischen wie auch im zivilen Bereich den Prozeß ständiger Steigerung. Die Interessengleichheit bezüglich der Konsumsteigerung entspricht dem allgemeinen »Materialismus« der

Gesellschaft und der Orientierung an der ständigen Anhebung des Wohlstandes. Das Sicherheitsbedürfnis wird auf einem steigenden Niveau technologischer und taktischer Entwicklung befriedigt. In beiden Blöcken orientieren sich die Blockmitglieder an der Führungsrolle ihrer jeweiligen Supermacht. Die Studienreisen, Geschäftsbesuche und Konferenzen in den USA und in der Sowjetunion sind für die Mitglieder der beiden Blöcke ebenso begehrenswert wie notwendig.

Stabilität durch das ideologische Dogma

Die weiteren Antworten auf die Frage nach der Blockstabilität müssen wir getrennt für beide Blöcke suchen. Beginnen wir mit dem Block der sozialistischen Länder.

Hier ist die dritte Säule der Stabilität das ideologische Dogma; die Rechtfertigung des sowjetischen Führungsanspruchs durch die »ideologische Sprachregelung« innerhalb des Blocks. Sie hat sich im wesentlichen in fünf Etappen herausgebildet. Fünf Namen sind mit diesen Etappen verknüpft: Marx, Engels, Lenin, Stalin und Chruschtschow. Sie entwickelten das ideologische Werkzeug, das heute so souverän von Moskau gehandhabt wird. Welches waren die wichtigsten Schritte?

Marx lieferte den ersten wichtigen Beitrag, indem er den Typus des kommunistischen Revolutionärs prägte. Damit vollzog sich der Übergang von einer idealistischen Philosophie zum Geschichtsbild von den gesellschaftlichen Gesetzmäßigkeiten. »Die Philosophen haben die Welt nur verschieden interpretiert; es kommt aber darauf an, sie zu verändern.« Das war der Übergang der Statik zur Dynamik, von der Anschauung zum politischen Handeln, von der Elite der Philosophen zur Elite der Partei.

Engels vollzog die Systematisierung der sprudelnden Gedanken und Programme von Marx. Neben die Lehre vom Denken (d. h. die Logik) stellte er die Lehre von den Gesetzmäßigkeiten (d. h. die Dialektik). Der dialektische Materialismus wurde zur Grundlehre der kommunistischen Partei. Mit ihr ließen sich nicht nur die Gesetzmäßigkeiten erklären, sondern auch die eigenen Handlungen legitimieren. Im Prinzip ist hier schon der Übergang zum heutigen ideologischen Dogma vollzogen. Tatsächlich wurden dem dialektischen Materialismus keine wesentlichen Denk-Elemente mehr hinzugefügt. Oder anders ausgedrückt: Der Einmarsch der sowjetischen Truppen am 21. August 1968 in Prag war noch mit dem Marxschen Gedankengebäude ebenso gut zu rechtfertigen wie zu verurteilen. Die Engelssche Parteidoktrin dagegen legitimiert diesen Akt zur Selbsterhaltung der Blockstabilität in einem eindeutigen Sinne.

Lenin bietet nicht mehr viel für den, der die Faszination der Entwicklung Marx – Engels kennt. Seine Theorie der Revolution ist so etwas wie ein Regiebuch des Handelns. Aber die Anweisungen gehen auch nicht über die ersten Auftritte nach der siegreichen Revolution hinaus. Das zeigt die tiefe Ratlosigkeit der Planer nach der Oktoberrevolution im Jahre 1917. Boten die Liquidation der alten Garde und der Kampf gegen die westlichen Interventionsheere noch ein verläßliches Programm, so sind die ganzen folgenden Jahre bis 1928 von einem wilden Kurswechsel, von Improvisationen und Ungereimtheiten beherrscht.

Stalin wies dem Dogma seine entscheidende Aufgabe zu: die Herrschaft zu sanktionieren. Sie zielte damals auf die Festigung nach innen ab und schuf damit die Voraussetzungen für die heutige Führungsrolle der Sowjetunion außerhalb ihrer Landesgrenzen. In diesem wichtigen Prozeß spielte Deutschland eine denkwürdige Rolle. Marx und Engels entwickelten aus Ansätzen der damaligen deutschen Gesellschaftsphilosophie den »wissenschaftlichen Sozialismus« und damit wichtige Grundlagen des sowjetischen Dogmas. Im Zweiten Weltkrieg veranlaßte der Angriff deutscher Truppen die Sowjetunion nicht nur zu ihrem siegreichen Einmarsch nach Westeuropa. Er gab darüber hinaus noch der Härte und Unerbittlichkeit des Stalinschen Dogmas, ohne die die Sowjetunion wohl kaum dem deutschen Angriff hätte widerstehen können, ihre historische Rechtfertigung.

Chruschtschow schließlich richtete sein Augenmerk auf die Außenwelt, zu der der Zweite Weltkrieg die Türen geöffnet hatte. Stalin hatte noch die Vorgänge im Ausland lediglich von Moskau aus interpretiert. Chruschtschow jedoch bezog die Vorgänge im Ausland in das Dogma ein. Dadurch schuf er die ideologische Beweglichkeit, welche die Rolle des Blockführers heute erforderlich macht. Das Dogma wurde zur Sprachregelung sozialistischen

Stils, dessen plötzliche Kehrtwendungen auch geübte Kommunisten immer wieder überrascht.

Entsprechend der Entwicklung dieser fünf Etappen wandelte sich auch die Ideologie. Marx hatte sie zum geistigen Ausdruck einer Klasse erhoben. Engels gab ihr den universellen Charakter einer Parteidoktrin. Lenin baute sie zum Fundament politischen Handelns aus. Stalin stützte mit ihr seine Politik im Inneren; Chruschtschow seine Einwirkung nach außen.

Stabilität durch die technologische Lücke

Die Führungsrolle der USA im westlichen Block kennt kein ideologisches Primat. Die ideologische Komponente einer freiheitlich, marktwirtschaftlich orientierten Gesellschaft ist zwar unbestreitbar wirksam, aber sie erhebt nicht den Anspruch auf absolute Gültigkeit. Die USA können auf einen derartigen Anspruch verzichten. Sie setzen dem ideologischen Dogma Moskaus in ihrem eigenen Block etwas ganz anderes entgegen: die »technologische Lücke«.

Im Sommer 1966 wurde der Begriff der technologischen Lücke geprägt. Der italienische Außenminister Fanfani forderte einen technologischen Marshall-Plan. Im Herbst 1966 schlug Premierminister Wilson eine Technologische Gemeinschaft als erste Form der erweiterten EWG vor. Noch im gleichen Jahr ließ Präsident Johnson den Sonderbeauftragten Hornig einen interministeriellen Ausschuß bilden. Hier offenbarte sich der Anlaß für die vielen europäischen Mißverständnisse, welche seitdem die technologische Lücke hervorgerufen hat.

Präsident Johnsons Interesse richtete sich ganz offensichtlich nicht etwa auf die Beseitigung der Ursachen dieser technologischen Lücke. Vielmehr gab er Anweisung, die Rückwirkungen der technologischen Lücke auf die öffentliche Meinung in Europa zu studieren. Dieser Anweisung folgten auch zwei weitere amerikanische Sonderausschüsse, die bald darauf gegründet wurden.

Der Anlaß für die europäischen Mißverständnisse liegt in der Verkennung der wichtigen Funktion, welche die technologische Lücke im Block der westlichen Industriestaaten ausübt. Bevor wir darauf zu sprechen kommen, sind einige Erläuterungen angebracht. Wir sind heute an das Denken in »Lücken« gewohnt. Wir haben die Entwicklungslücke (Industrieländer – Entwicklungsländer) kennengelernt. Es gibt Investitionslücken, Zahlungsbilanzlücken etc. Jedoch kann das Beiwort »technologisch« irreführen. Es meint mehr als nur die vielen neuen Produkte und Dienste, welche die USA vor und ohne Europa produzieren und verkaufen. Die Europäer sehen die technologische Lücke hauptsächlich in neuen Erzeugnissen und in der Marktgröße; die Amerikaner vornehmlich im Management. So umfaßt die technologische Lücke einen Katalog von tausend Dingen, auf deren Beschreibung so viele europäische Wissenschaftler ihren Fleiß richten.

Hier mögen einige skizzenhafte Angaben genügen. Von den 65 größten Unternehmen des westlichen Blocks haben 50 ihren Hauptsitz in den Vereinigten Staaten. Allein der Umsatz der General Motors ist seit Jahren größer als das Volkseinkommen von Belgien oder den Niederlanden oder Dänemark. Die Gesamtproduktion der größten westeuropäischen Staaten in so wichtigen Industriezweigen wie etwa Stahl oder Automobile erreicht zusammen nicht den Umsatz eines einzigen amerikanischen Großunternehmens. Der Geschlossenheit des amerikanischen Marktes hat Westeuropa – ganz abgesehen von der Größenordnung – nichts Vergleichbares entgegenzusetzen. Selbst bei der Zugrundelegung eines realistischen »Wechselkurses für Forschung und Entwicklung« ergibt sich ein überwältigendes Übergewicht der amerikanischen Staatsausgaben für diesen Zweck. Grob gesehen haben sie sich alle fünf Jahre verdoppelt und überschritten schon 1965 die 50-Mrd.-$-Grenze. Das sind 3,4 % des Volkseinkommens. In Großbritannien liegt der Prozentsatz (bei einem wesentlich kleineren Volkseinkommen) bei 2,3 %, in Frankreich bei 1,9 % und in der Bundesrepublik bei 1,6 %.

Geld ist der Nerv aller Dinge, und die Ausgaben des Staates offenbaren die Ambitionen bzw. die Versäumnisse eines Staates. Aber auch das in der Forschung und Entwicklung tätige Personal gibt aufschlußreiche Hinweise. Auf diesem Gebiet sind von je 10 000 Einwohnern in den USA 57 Fachkräfte tätig, in Großbritannien 36, in Frankreich 32 und in der Bundesrepublik 28.

Muß sich die technologische Lücke vergrößern? Es besteht unter den Europäern eine seltene Einmütigkeit in der Hoffnung, daß dies nicht geschehen möge. Worauf stützt sich diese Hoffnung? Erstens auf ein engeres Zusammengehen der westeuropäischen Staaten, zweitens auf einen »automatischen« Ausgleich der wirtschaftlichen Kräfte und drittens auf ausreichende Initiativen der Regierungen.

Aber diese Hoffnungen sind eine Illusion. Die bisherigen Fortschritte der europäischen Wirtschaftsintegration sind jedem gegenwärtig. Weniger gegenwärtig sind uns ihre klaren Grenzen bezüglich der notwendigen »innovatorischen Expansion«. Damit kommen wir auf einen wichtigen Sachverhalt zu sprechen. »Innovationen« sind Neuerungen, die der wirtschaftlichen und gesellschaftlichen Entwicklung ihre wichtigen Impulse geben. Die innovatorische Expansion eines Staates ist die ganze Kette solcher Impulse. Sie bewirkt, daß im Wettrennen der Staaten um das höhere Entwicklungsniveau dieses »höhere« Niveau nicht nur durch ein größeres Pro-Kopf-Einkommen etc. gekennzeichnet ist, sondern auch durch neuartige Produktions- und Gesellschaftsstrukturen.

Die innovatorische Expansion vollzieht sich aber vorwiegend im nationalen Rahmen. Wir haben einfach diese neue Bedeutung nationaler Programme nicht klar genug gesehen. Erfreulicherweise können wir beträchtliche Erfolge der internationalen Zusammenarbeit verzeichnen. Auch die Krisen innerhalb der EWG, das Auf-der-Stelle-Treten mit der Erweiterung der EWG und die Strukturprobleme internationaler Organisationen können diese Erfolge im Grunde nicht schmälern.

Aber wir überschätzen gern die Möglichkeiten für die innovatorische Expansion im internationalen Rahmen. Das zeigt die Bilanz, die wir heute ziehen müssen. Die »European Organization for Nuclear Research«, die »European Space Research Organization«, das »Dragon Reactor Project«, das Forschungsprogramm der EURATOM und die gemeinsamen Entwicklungsprojekte wie etwa die Concorde – sie alle vereinen weniger als 2 % der ohnehin schon nicht imposanten Ausgaben der westeuropäischen Staaten für Entwicklung und Forschung.

Eine weitere Hoffnung richtet sich auf den »automatischen« Ausgleich der Lücke durch den Leistungstransfer amerikanischer Firmen nach Europa. Aber auch diese Hoffnung muß enttäuscht werden. Wie die Stellungnahmen von 200 Großunternehmen in den USA ergeben, sind die Aussichten für einen solchen Ausgleich gleich Null. Die meisten von ihnen geben weniger als 4 % ihrer

Forschungs- und Entwicklungsausgaben in Europa aus und dies auch mehr mit dem erklärten Ziel, das europäische Forschungspotential »anzuzapfen«. Fast alle diese Unternehmen sehen in der Zerstückelung des europäischen Marktes durch Grenzen, Sprachen, Traditionen etc. unlösbare Schwierigkeiten für einen Ausgleich der Lücke. Zugleich wachsen hier in relativ kurzen Perioden vielen amerikanischen Unternehmen mehr Gewinne zu, als sie je an Kapital eingesetzt haben.

Eine weitere Hoffnung könnte sich auf die Initiative der europäischen Regierungen und Parlamente richten. Aber lenken sie wirklich ihre Maßnahmen auf die Wachstumssektoren, also Luftfahrt, Chemie, Elektronik, und auf die Ausbildung von Ingenieuren, Naturwissenschaftlern, Technikern und hochspezialisierten Wissenschaftlern verschiedener Richtungen? Zieht man die Bilanz für das, was die Regierungen in Westeuropa zu tun bereit waren und sind, so ist das Ergebnis ernüchternd. Ihre Lenkungsmaßnahmen sind keineswegs primär an innovatorischen Effekten orientiert. Die Ausgaben haben ihr Schwergewicht in den Konsumbereichen und in der Stützung von stagnierenden Zweigen der Wirtschaft und Gesellschaft.

Die »technologische Zahlungsbilanz« zeigt ebenfalls eine Tendenz zur Vergrößerung der Lücke. Aus dem vorhandenen Material ist ein wachsendes Defizit der westeuropäischen Länder gegenüber den USA ersichtlich. Frankreich und die Bundesrepublik leisten an die USA fast dreimal so viel Zahlungen für Lizenzen und Patente, als sie Einkünfte daraus erhalten. Schwieriger als die Zahlungen sind die in Anspruch genommenen amerikanischen Patente zu bewerten. Aber auch hier besteht kein Anlaß, an dem Anwachsen der Lücke zu zweifeln.

Spätestens seit 1956 müssen wir eine steigende Abwanderung europäischer Fachkräfte in die USA beobachten. Sie machten schon 1959 2,5 % aller amerikanischen Wissenschaftler und 8,7 % aller Ingenieure aus. Die besonderen Qualifikationen der Auswanderer im Hinblick auf ihr jugendliches Alter, die Bereitschaft zu innovatorischen Veränderungen, berufliche Mobilität etc. wird niemand bezweifeln wollen. Den größten Aderlaß erlitt Großbritannien, gefolgt von der Bundesrepublik und Frankreich.

Brechen wir hier die Parade der Beispiele ab. Wir wollen nicht die Kommentare zur technologischen Lücke um weitere vermehren. Wir wollen vielmehr ihre Funktion für die westliche Blockstabilität erläutern. Und das macht die Korrektur der europäischen Mißverständnisse erforderlich.

J.-J. Servan-Schreiber hat in seinem Buch »Die Amerikanische Herausforderung« (Hamburg 1968 S. 116) wie kaum ein anderer die technologische Lücke in das Bewußtsein der europäischen Öffentlichkeit gerückt. Er schrieb hierzu:

– »*... wird es zwei oder drei Ländern ... gelingen, sich auf dem amerikanischen Niveau zu halten. Allerdings werden sie nicht das Gewicht besitzen, um unter machtpolitisch gleichen Partnern zu verhandeln.*
– *Das Amerika von heute gleicht noch immer Europa und hat lediglich einen Vorsprung von 15 Jahren.*
– *Sobald Westeuropa ... erst einmal abgehängt ... ist, werden sich die USA in vollkommener Isolation in einem avantgardistischen Reich befinden.*«

Hier dokumentieren sich drei wesentliche Elemente seiner Aussage. Erstens ist es die Koppelung der technologischen Lücke mit Machtpolitik. In der Tat spielt die technologische Lücke die Rolle des Stabilisators im westlichen Block und sichert den USA in einem kaum zu unterschätzenden Ausmaße seine globale Führungsrolle.

Zweitens knüpft Servan-Schreiber an den Vorsprung von nur »15 Jahren« die Hoffnung auf das »Einholen« der Europäer. Mit anderen Worten, er setzt der von ihm selber belegten Ausweitung der Lücke nur seine Forderungen entgegen.

Drittens fürchtet er einen erneuten Isolationismus der USA, sobald sie Westeuropa »abgehängt« haben, und hält dies für »eine für die Welt katastrophale Situation«.

Die Verdienste Servan-Schreibers um die Erhellung der europäischen Situation sind groß. Sein Buch hat die Öffentlichkeit auf den heute ohnehin so wichtigen Prozeß der sich ausdehnenden Lücken in der Entwicklung einzelner Staaten hingewiesen. Aber sein Buch hat unbestreitbar auch die Mißverständnisse vergrößert. Ihr ganzer Umfang wird vielleicht am deutlichsten vor dem Hintergrund der Entwicklungslücke. Wir hatten gesehen, wie sie sich ständig erweitert, wie der Anschluß der Entwicklungsländer an den Wettlauf der Industrieländer um die höheren Entwicklungsstufen verpaßt ist.

Die technologische Lücke bezeichnet einen ähnlichen Prozeß. Die europäischen Industriestaaten werden in einem quantitativen und qualitativen Sinne von den USA angeführt. Im quantitativen Sinne ist es die für moderne, kapitalintensive Produktionsprozesse so wichtige Marktgröße. Sie erlaubt den USA große Produktionsserien mit niedrigen Kosten, eine weit gefächerte Produktdifferenzierung, ein massives Marketing etc. Im qualitativen Sinne ist es die innovatorische Expansion, die heute so sehr über die Position eines Staates im Wettrennen um die höheren Entwicklungsstufen entscheidet. Das ist die nicht abreißende Kette der Impulse aus Neuerungen in technologischen Prozessen, im Management, im Ausbildungswesen, in der staatlichen Auftragspolitik. Im quantitativen wie im qualitativen Sinne vergrößert sich der Abstand der USA zu ihren europäischen Blockmitgliedern.

Der Vizepräsident der Firma Olivetti, Aurelio Peccei, faßt in seinem Buch »The Chasm Ahead« (1969) die Situation mit folgenden Worten zusammen: *»Es ist nicht so sehr die Lücke selber, sondern ihre Ausdehnung, und nicht so sehr der Trend (dieser Ausdehnung), sondern seine Bedeutung – die wir zur Kenntnis nehmen müssen.«*

Auf amerikanischer Seite wird die Tatsache der wachsenden technologischen Lücke häufig verharmlost oder gar geleugnet. Das geschieht in der Überzeugung, daß schließlich jeder Industriestaat selber verantwortlich ist für seine technologische Entwicklung und für seine Ziele. Der amerikanische Handelsminister sagte es so:

»Wir müssen unsere Einstellung ändern gegenüber der Tatsache, daß es unter den Nationen dieser Erde unterschiedliche Stufen der Technologie und anderer Gebiete gibt. Unsere Gedanken und Taten sollten nicht darauf gerichtet sein, die Unterschiede künstlich zu beseitigen. Vielmehr sollten wir versuchen, zu erreichen, daß jede Nation Zugang zu derjenigen Technologie hat, die ihren eigenen Zielen am besten entspricht.«

Auf europäischer Seite reagiert man gern mit Postulaten. Hier machen wir eine überraschende Feststellung: Die komplizierten Vorgänge im Wettlauf um die höheren Entwicklungsstufen erschweren die Einsicht in den Automatismus der Entwicklungsprozesse und somit auch in das Wachstum der technologischen Lücke.

Mehr noch, diese Einsicht wird durch Postulate verdrängt: Obschon die Beweise für die ständig größer werdende technologische Lücke überwältigend sind, werden immer neue Forderungen nach einer Schließung der Lücke formuliert. Das Postulieren ist in dem Maße zur Mode geworden, wie der Glauben an den Fortschritt abstirbt. Inzwischen haben Politiker mit ihrer souveränen Kunst des Postulierens die Öffentlichkeit an diese Verdrängungen gewöhnt.

Die Postulate erstrecken sich auf beliebig viele Gebiete und Programme wie z. B. auf eine engere Integration der Volkswirtschaften, höhere Investitionsraten, mehr Forschung und Entwicklung, Reform des Ausbildungswesens, bessere Kommunikation und vieles andere mehr.

Wenn der ehemalige italienische Ministerpräsident Amintore Fanfani vor wenigen Jahren einen »technologischen Marshall-Plan« forderte, so zeigen sich auch hier die europäischen Mißverständnisse. Denn der Marshall-Plan war es, der die Führungsrolle der USA in Europa begründete. Heute dagegen haben die USA nicht den geringsten Anlaß zur Inangriffnahme eines »Technologischen Marshall-Plans«. Die technologische Lücke bedroht nicht die Stabilität des US-Blocks, sondern sie sichert sie. Die technologische Lücke bildet das Fundament der amerikanischen Führung und Kontrolle in Europa.

Die sowjetische Führungsrolle entbehrt dagegen dieser wichtigen Grundlage. Moskaus Vorsprung gegenüber seinen Blockmitgliedern beschränkt sich auf den Rüstungsbereich und auf einzelne Gebiete wie Raumfahrt, Metallurgie usw., die sämtlich auch dem Rüstungsbereich angehören. Deshalb muß die Sowjetunion mit allen Mitteln an ihrem ideologischen Primat festhalten. Zusammenfassend kann man sagen: Was die technologische Lücke für die Stabilität des US-Blocks leistet, trägt das ideologische Dogma für die Stabilität des Sowjet-Blocks bei.

Die technologische Lücke stellt deshalb keineswegs eine amerikanische Herausforderung dar, solange die westeuropäischen Staaten an der Stabilität ihres Blockes und damit an ihrer eigenen Sicherheit interessiert bleiben. Wenn man in Europa schon von einer amerikanischen Herausforderung sprechen möchte, dann findet man sie in der Konzeption Präsident Roosevelts für die Nachkriegszeit beschlossen. Mit seinem amerikanischen Führungsanspruch aufgrund der eigenen wirtschaftlichen Überlegenheit und mit dem Ende der europäischen Vormachtstellung forderte er unsere heutige Situation heraus. Die technologische Lücke ist ein unabdingbarer Bestandteil dieser Situation.

Europa als Mitläufer

Die vier Säulen der Stabilität stützen das enge Zusammengehen der Blockmitglieder mit ihrem Blockführer. Die Blöcke selber entstanden im kalten Krieg, als die Regierungen sich unter das schützende Dach ihrer Supermacht drängten.

Der kalte Krieg ist längst beendet, und dennoch hat sich an dem Zusammengehen der Mitglieder jedes der beiden Blöcke so gut wie nichts geändert. Nach wie vor erkennen sie die Führungs- und Kontrollfunktionen der USA und UdSSR an und folgen ihren Initiativen. Warum spielen hoch entwickelte Staaten mit so viel Selbstverständlichkeit die Rolle der »Mitläufer«?

Wenn wir die Mitglieder der beiden Blöcke als Mitläufer bezeichnen, so tun wir es ohne eine abfällige Wertung. Darauf kommen wir noch im folgenden Kapitel zu sprechen. Wir tun es aber nicht ohne ein Fragezeichen.

Widmen wir unsere Aufmerksamkeit zunächst den verschiedenen Erscheinungen und Gesetzmäßigkeiten der Mitläuferrolle. Wir haben uns schon so sehr an sie gewöhnt, daß wir ihre ganze Tragweite kaum noch überblicken. Den einen will es scheinen, als ob jedes Blockmitglied völlig frei schalten und walten könne. Andere wiederum wünschen sich ein noch viel engeres Zusammengehen der Blockmitglieder, eine noch besser abgestimmte Mitläuferrolle.

Am deutlichsten offenbart sich die Mitläuferrolle der Industriestaaten in der militärischen Integration unter der Führung und Kontrolle ihrer Supermacht. Das Rüstungsmonopol der zwei Polizisten, das sie im nicht-konventionellen bzw. auch im konventionellen Bereich aufrechterhalten, spricht eine ebenso klare Sprache wie ihre Position in der einseitigen Kommandostruktur der NATO und des Warschauer Paktes. Die für alle verbindliche strategische Konzeption der Supermacht, die einheitlichen logistischen Systeme, Standardisierung etc., unterstreichen dies.

Daneben finden die gesellschafts- und wirtschaftspolitischen Prinzipien der zwei Polizisten in ihren Blöcken nicht nur volle Anerkennung. Sie gelten zugleich als verbindlich. Was die Prinzipien einer freiheitlichen, pluralistischen Gesellschaft in der Marktwirtschaft für den westlichen Block bedeuten, gilt für die Herrschaft der kommunistischen Partei und die zentrale Planwirtschaft im sozialistischen Block.

Die Respektierung und Erhaltung des territorialen Status quo ist ein weiteres Prinzip der beiden Supermächte, dem sich die Blockmitglieder unterordnen. Zur Wahrung dieses Prinzips waren die USA in der Berlin-Krise bereit, bis an den Abgrund des Krieges zu schreiten. Die Sowjetunion ihrerseits fand sich bereit, ihre Raketen vom kubanischen Territorium abzuziehen. Heute ist für alle Mitläufer die Blockstabilität die feste Garantie für die eigenen nationalen Grenzen.

Die Mitläuferrolle der Industriestaaten beider Blöcke offenbart sich nicht minder klar in ihrer Rolle als Geberländer. Zu dem Zeitpunkt, als die sowjetische Hilfe-Offensive die alleinige Präsenz der USA in der Dritten Welt beendete, hielt Washington seine Blockmitglieder zu einem wachsenden Engagement an. Es nahm auch maßgeblichen Einfluß auf die Vergabe-Konditionen sowie auf die Verteilung der Mittel auf die Länder rings um den Sowjetblock. In der Entwicklungshilfe des sozialistischen Blocks ist die Mitläuferrolle der Blockmitglieder noch auffälliger. Regionale Präferenzen und Konditionen sind nahezu vollständig aufeinander abgestimmt. In beiden Blöcken beendeten die Mitläufer die Eskalation der Mittelausgabe zu einem Zeitpunkt (einige mit Verspätung), zu dem auch die beiden Supermächte die jährlichen Ausgabesteigerungen stoppten.

In der Marktwirtschaft und in der Planwirtschaft

Heute ergibt sich die Mitläuferrolle der Industriestaaten auch aus der wirtschaftlichen Verflechtung mit ihrer Supermacht. Häufig genug ist die politische Vormachtstellung eines Staates mit wirtschaftlichen Vorteilen verknüpft gewesen. Das gilt nun zweifellos auch für die USA und UdSSR in bezug auf ihre eigenen Blöcke, wenngleich in sehr unterschiedlicher Weise.

Für die Bündnissysteme der USA liegt das Schwergewicht der Verflechtung auf dem Kreis der NATO-Partner. Innerhalb dieses

Kreises sind es dann wieder vorrangig die sechs Mitgliedstaaten der EWG. Die amerikanischen Spekulationen der frühen Kriegsjahre auf eine Ausdehnung des eigenen Wirtschaftspotentials nach dem Kriege ging in Europa in einem damals noch gar nicht vorauszusehenden Umfang in Erfüllung. Die Prinzipien dieser Ausdehnung sind keineswegs neu. Das, was die Europäer so sehr am Thema »Ausverkauf Europas« schockiert, findet in Lateinamerika seit Jahrzehnten Anwendung. Wir haben das im dritten Kapitel beschrieben. Aber fremde Erfahrungen ersetzen nicht die eigenen, und Lateinamerika liegt zumindest in diesem Punkte außerhalb des Blickfeldes der meisten Europäer.

Das Thema der wirtschaftlichen Verflechtung Europas mit den USA ist zur Genüge bekannt und dokumentiert. Die enormen wirtschaftlichen Vorteile, die den USA daraus entstehen, sind jedoch nur zu einem begrenzten Teil abzuschätzen. Aber allein das, was sichtbar geworden ist, gibt diesem Thema eine besondere Brisanz. Die privaten Kapitalinvestitionen der USA in Europa haben sich 1950 – 1969 auf rund 20 Mrd. $ verzehnfacht. Davon entfällt die Hälfte auf die sechs EWG-Länder und ein Fünftel allein auf die Bundesrepublik. Eine Auswertung der Statistiken ergibt ferner, daß der Zuwachs dieser Investitionen in die übrige Welt nur um das Fünffache gestiegen ist. In den letzten acht Jahren ging mehr als ein Drittel der Ausgaben amerikanischer Firmen für Anlagen und Ausrüstungen im Ausland nach Europa.

Man kann aus der Entwicklung der letzten 15 Jahre im wesentlichen zwei Ergebnisse resümieren. Erstens ziehen die USA aus diesen Investitionen wirtschaftliche Vorteile, deren Umfang praktisch nicht abzuschätzen ist. Zweitens haben die USA eine starke Hand in vielen Industriezweigen Europas. Zum ersten läßt sich allein quantitativ nicht allzuviel sagen, da die Gewinne schwer zu erfassen sind. Die europäischen Statistiken weisen beträchtliche Kapitalerträge der USA aus, wie z. B. die Bundesrepublik für die letzten Jahre über 1,5 Mrd. $. Aber viele Transfers sind nicht erfaßt. Vor allem wird ein beträchtlicher Teil der amerikanischen Gewinne wieder erneut in Europa investiert. Insgesamt beläuft sich der Anteil amerikanischer Firmen an den jährlichen Invesitionen der verarbeitenden Industrie in der EWG auf 7 % (in Großbritannien auf 16 %).

Zum zweiten beläuft sich heute der Anteil der amerikanischen Firmen an der EWG-Produktion in der petrochemischen Produktion auf 10 %, in der Erzeugung synthetischen Gummis auf 15 %, in der Produktion elektronischer Rechenmaschinen auf 80 % etc. Die Hand der amerikanischen Firmen liegt insbesondere auf den Fortschrittindustrien. Durchweg gilt der Erfahrungssatz: je höher das technologische Niveau der europäischen Produktion, desto stärker die amerikanische Kontrolle.

Diese quantitativen Angaben sind, wie gesagt, bruchstückhaft. Vor allem lassen sich die qualitativen Vorteile, die den USA entstehen, nicht abschätzen. Das hat die Erörterung der technologischen Lücke gezeigt. Zwar haben sich einzelne europäische Staaten, allen voran Frankreich, gegen die amerikanischen »Eindringlinge« zu wehren versucht. Dies geschah mit den verschiedensten Praktiken. Ihnen allen ist jedoch kein Erfolg beschieden gewesen. Eine gesamteuropäische Abwehr ist weder wirtschaftlich noch politisch durchführbar. So nehmen die Dinge ihren Lauf, und – wie es in diesem Falle oft geschieht – es stellen sich wiederum die wohlgemeinten Postulate ein.

Auf diese Weise werden die modernen westeuropäischen Industriestaaten auf vielen und wichtigen Gebieten zu Mitläufern, ohne daß sie mit offener Gewalt, mit politischer Erpressung oder dem Ränkespiel der Geheimdiplomatie dazu gezwungen werden. Die wachsende Einwirkung der USA auf die europäische Wirtschaft entspringt ganz eindeutig den natürlichen Gesetzmäßigkeiten des Marktes. Sie beruht auf den gesellschafts- und wirtschaftspolitischen Prinzipien des westlichen Blocks. Wer gegen die amerikanischen Kontrollfunktionen aufbegehrt, setzt sich auch zu diesen allgemein akzeptierten Prinzipien in Widerspruch.

Hier wiederholt sich in großem Maßstab ein altes Spiel, das kennzeichnend für das System der Marktwirtschaft ist: die heimliche Herrschaft des wirtschaftlich und technologisch Überlegenen. Man muß sich im klaren darüber sein, daß ganz generell die Kontrollfunktionen in der Marktwirtschaft weitgehend verschleiert sind. Wir erleben das tagtäglich. Aufgeklärte und wohlernährte Konsumenten der Überflußgesellschaft unterstellen sich »freiwillig« einer eisernen Leistungsdisziplin, einem monotonen Arbeitsprozeß und einem unerbittlichen Konsumzwang. Die Kontrollen in dem komplizierten Labyrinth der arbeitsteiligen Gesellschaft sind deshalb verschleiert, weil jeder Konsument aus eigenem Antrieb handelt und Korrekturen aller Art akzeptiert. Der Antrieb ist vielfacher Natur: Bedürfnisbefriedigung, Erlangung von Statussymbolen, drohende Langeweile etc. Je höher sein Einkommensniveau, desto unerbittlicher seine Anpassung an diese Gesetze. Dazu sieht er sich durch das Bedürfnis nach neuen Konsumhorizonten, verschärftem Status-Wettkampf und steigenden Lebenshaltungskosten von selbst angehalten.

Auch die Produzenten unterliegen den Gesetzen des arbeitsteiligen Marktes, auch sie sind verschleiert kontrolliert. Die Spielregeln des Wettbewerbs und der Mechanismus von Knappheitspreisen üben in einem Umfange die Regulierung aller Aktivitäten aus, der erstaunlich ist. Gerade hier liegen die wesentlichen Elemente und die Leistungsvorteile marktwirtschaftlicher Kontrollfunktionen. Sie arbeiten lautlos und viel elastischer als die starren Befehle einer planwirtschaftlichen Bürokratie. Man muß auch in der Marktwirtschaft planen. Aber man kann die hohe Effizienz ihrer unsichtbaren Lenkungssysteme nicht leugnen.

Im Vergleich zu den westlichen Mitläuferstaaten werden die sozialistischen Mitläufer heute von der Sowjetunion mit geradezu mittelalterlich anmutenden Methoden kontrolliert. Im wirtschaftlichen Bereich übt die sozialistische Planwirschaft offenen Zwang aus. Der allgegenwärtige Zwangscharakter offenbart sich schon darin, daß jeder neue Plan als Gesetz in Kraft tritt. Wie bei jedem Gesetz üblich, wird seine Nichterfüllung bestraft. Erst zögernd beginnen heute die sozialistischen Länder nach westlichem Vorbild Anreizsysteme einzuführen. Im Prinzip jedoch beruht das Regulativsystem der sozialistischen Planwirtschaft auf Anweisungen mit Zwangscharakter. Wo im US-Block im wirtschaftlichen Bereich die Führungs- und Kontrollfunktion der Supermacht zu einem guten Teil verschleiert ist, tritt sie im Sowjet-Block offen und unverhohlen zu Tage.

Auch in einer anderen Beziehung ergeben sich bedeutsame Unterschiede in der Mitläuferrolle der Mitglieder beider Blöcke. Sämtliche westlichen Blockmitglieder sind hoch entwickelt. Sie erreichen gegenwärtig das Stadium der Überflußgesellschaft. Sie sind weltweit mit anderen Volkswirtschaften verflochten, üben auch dort eigene Führungs- und Kontrollfunktionen aus. Zwischen ihnen besteht auch eine weitgehende Interessengleichheit, die sie mit ihrer Supermacht hinsichtlich des Bedürfnisses nach Sicherheit und Konsumsteigerung teilen.

Im Gegensatz hierzu stehen die sozialistischen Blockmitglieder auf sehr unterschiedlichen Entwicklungsstufen. Beispielsweise sind die Unterschiede zwischen der Tschechoslowakei und Bulgarien enorm groß. Aus ihnen ergeben sich zwangsläufig tiefgreifende Unterschiede in den wirtschaftlichen Problemen und ihren Lösungsmöglichkeiten, den Umweltbedingungen und Erwartungshorizonten. Die Interessengleichheit unter den Mitläufern ist deshalb vielfach gar nicht gegeben. Ihr Verhältnis zur Supermacht wird dadurch in Mitleidenschaft gezogen. Vor allem aber stehen Blockmitglieder – wie die DDR und die Tschechoslowakei – auf einer allgemein höheren Entwicklungsstufe als ihre Supermacht. Selbst ihr Konsumstandard ist höher als der sowjetische. Diejenigen Blockmitglieder, die auf einer niedrigen Entwicklungsstufe stehen, gelangen durch ihren Nationalismus leicht in offene Opposition gegen die unverschleierten Führungsfunktionen der Sowjetunion. Hinzu kommt, daß gerade in diesen Ländern von den kommunistischen Regierungen der eigene Nationalismus bewußt lebendig gehalten wird.

Um so mehr ergibt sich für die Sowjetunion die Notwendigkeit, ihre Führungs- und Kontrollfunktionen im wirtschaftlichen Bereich zu untermauern. Hierzu bedurfte sie von Anfang an der politischen Initiativen und Konzeptionen. Aber viele Jahre fehlte es ihr an wirkungsvollen Initiativen, weil keine Konzeption vorhanden war. Nach 1945 mußte zunächst die eigene Volkswirtschaft wieder aufgebaut werden. Für einen wirtschaftlichen Verbund innerhalb des so gewaltig gewachsenen Herrschaftsbereiches fehlte es überhaupt an konkreten Erfahrungen und Prinzipien. Wie schon in der Geburtsstunde der Sowjetunion, so waren auch jetzt für die neuen wirtschaftlichen Aufgaben nur allgemeine und in der Praxis unbrauchbare Sentenzen des Marxismus-Leninismus greifbar. Die Kritik an den Praktiken der westlichen Marktwirtschaften gab noch keine Basis für das eigene Handeln ab.

Die Konsolidierung des sowjetischen Herrschaftsbereiches erforderte aber sofortiges Handeln. So wurden zunächst bilaterale Verträge für die wirtschaftliche Zusammenarbeit abgeschlossen. Bis zur 1947 einsetzenden Kette der kommunistischen Machtergreifung in diesen Ländern blieben diese Verträge praktisch ohne Wirkung. Einen ersten Schritt stellte dann die Ende 1947 einberufene Konferenz der kommunistischen Parteien dar. Aber schon bald zeigten sich die schwankende Haltung Jugoslawiens und zugleich auch Chinas Bestrebungen für einen eigenen wirtschaftlichen Verbund mit Nord-Korea und Nord-Vietnam. Bald wurden die Blockmitglieder im Rat für Gegenseitige Wirtschaftshilfe zusammengefaßt. Was danach folgte, waren im Grunde doch nur sehr bescheidene Ansätze eines wirtschaftlichen Verbundes. Das änderte sich im Jahre 1956, in dem eine engere Zusammenarbeit mit den sozialistischen Bruderländern angekündigt wurde.

Die Spannungen mit Peking hatten sich verstärkt. Unruhen im eigenen Blockbereich legten einen stärkeren wirtschaftlichen Verbund nahe. Und wie schon im Aufbau der Militärbündnisse die beiden Blöcke Zug um Zug handelten, so auch hier: Ein Jahr zuvor war auf der Konferenz von Messina die Gründung der EWG beschlossen worden. Auf die politische und militärische Konsolidierung des sozialistischen Blocks sollte nun auch die wirtschaftliche folgen. Die Regierungserklärung hierzu ist typisch für den Stil nachfolgender Erklärungen:

»Die gegenseitigen Beziehungen können nur auf dem Prinzip der vollständigen Gleichheit, der Respektierung der territorialen Souveränität und der Nichteinmischung in die internen Verhältnisse des anderen Landes ausgestaltet werden. Das schließt eine echte brüderliche Zusammenarbeit und gegenseitige Hilfe der sozialistischen Länder in wirtschaftlicher, politischer und kultureller Hinsicht nicht aus; im Gegenteil ...«

Die sozialistische Sprachregelung interpretierte das Gleichheitsprinzip so: Nur mit der Diktatur des Proletariats ist die Ausbeutung eines Menschen durch einen anderen Menschen ausgeschlossen; somit kann es auch keine Ausbeutung durch ein sozialistisches Land geben. Im Rahmen dieser Sprachregelung wurden die Regierungen in Warschau und Prag schon 1949 zur Ablehnung der Marshall-Plan-Hilfe angehalten. Jetzt heißt es: »Wir wollen eine sozialistische Welt-Wirtschaft aufbauen und nicht eine Integration.« Für beides aber hielt die eigene »politische Ökonomie« keine praktikablen Konzepte parat.

Einen wirkungsvollen Ersatz für die wirtschaftliche Integration fand die Sowjetunion in der Abhängigkeit ihrer Mitläufer von ihren Rohstofflieferungen. Den meisten sozialistischen Ländern fehlte es nahezu vollständig an Kohle, aber auch an verschiedenen Erzen sowie an Erdöl und Uran. Selbstverständlich sind diese Rohstoffe jederzeit am Weltmarkt zu erhalten. Sie sind durchweg auch zu günstigen Preisen zu erhalten. Aber hier kettete Moskau die Verbündeten weitgehend an seine eigenen Lieferungen. In vielen Fällen hatte die Industrialisierung der Mitläufer die Verstärkung ihrer Importabhängigkeit zur Folge. Auch wurden – wie z. B. in Ungarn – gerade dort Grundstoffindustrien errichtet, wo die Grundstoffbasis vollständig fehlte.

Wo sich die USA auf die technologische Lücke stützen können, verläßt sich die Sowjetunion auf die »Rohstoff-Lücke«. Aber man darf den qualitativen Unterschied nicht übersehen: Die technologische Lücke entspringt dem eigenen Vorsprung der Führungsmacht auf dem Weltmarkt, die Rohstoff-Lücke dagegen der Abschirmung der Mitläufer vom Weltmarkt. Das erstere Stützungsprinzip kann man deshalb ein »natürliches« nennen, das letztere ein »künstliches«.

Vergleicht man den Anteil der Importe sozialistischer Länder aus der Sowjetunion an ihren Gesamtimporten, so ergaben sich für Roheisen, Eisenerze, Steinkohle, Erdöl, elektrische Energie etc. hohe Abhängigkeiten, die sich häufig auf über 80 % der Importe dieser Länder bemessen. Dieser Trend verstärkt sich für viele Produkte. So war die Sowjetunion in den letzten 15 Jahren bei der Steigerung der Kohlenproduktion des Rates für Gegenseitige Wirtschaftshilfe (RGW) mit 70 % beteiligt und der elektrischen Energie mit 75 %. Die Rohstoff-Lücke wurde noch durch eine Art »multilateraler Produktions-Lücke« ergänzt. Sie entstand für jeden Mitläufer dadurch, daß die Sowjetunion wichtige Produktionsprogramme auf einzelne Mitläufer verteilte. So fiel der DDR ein großer Teil der chemischen Produktion zu, Ungarn des Lastkraftwagenbaus etc. Sie selber aber behielt sich entscheidende Sektoren vor wie z. B. die Luftfahrtindustrie (die in der DDR geschlossen werden mußte). Durch diese »sozialistische Arbeitsteilung« entstanden nicht nur allseitige Produktions-Lücken. Die ganze Arbeitsteilung wurde zugleich auch auf die sowjetische Volkswirtschaft abgestimmt. Sie aber war und blieb wirtschaftlich selbständig und führend.

Die sozialistische Sprachregelung hierfür formulierte Nikolai Faddejew, leitender Sekretär des RCU, folgendermaßen: »*... die Sowjetunion läßt sich nicht von kommerziellen Vorteilen leiten, ... sie verhält sich uneigennützig und leistet ihren Freunden als stärkerer sozialistischer Staat brüderliche Hilfe.*

Dafür bietet das ... ungarisch-sowjetische Abkommen über die Zusammenarbeit bei der Gewinnung von Tonerde und Aluminium ein gutes Beispiel. Ungarn wird der Sowjetunion ... Tonerde liefern, die Sowjetunion ihrerseits wird Ungarn das aus der Tonerde gewonnene Aluminium restlos zurückerstatten.«

Und die Preise? Damit kommen wir auf eine weitere wichtige Komponente der wirtschaftlichen Abhängigkeit. Die »Preisentwicklung und Preispolitik im sowjetischen Außenhandel 1955 bis 1963« (hekt. Köln 1966) hat O. von Gajzago untersucht. Danach besteht kein Zweifel, daß die Mitläufer der Sowjetunion höhere Preise für ihre Einfuhren zahlen mußten, als auf dem Weltmarkt notiert wurden. Ihre Benachteiligung für einen repräsentativen Ausschnitt des gesamten Außenhandels mit Moskau wird allein für die genannten Jahre auf über 2 Mrd. DM veranschlagt.

Interessanterweise wuchs die preisliche Benachteiligung der Verbündeten häufig sogar mit steigendem Handelsvolumen, so daß ein stärkerer Handel mit Moskau zugleich auf größere Nachteile hinauslief. In verschiedenen Perioden änderte Moskau seine Preispolitik für bestimmte Länder und bestimmte Erzeugnisse. Relative Begünstigungen erhielten die DDR, Polen, Bulgarien und Jugoslawien. Besonders schlecht kamen die ČSSR, Ungarn, Rumänien sowie China und Nord-Korea davon. Es mehren sich die Anzeichen dafür, daß inzwischen krasse Benachteiligungen gemildert oder abgestellt wurden, die noch bis zum Anfang der 60er Jahre üblich waren.

Am Beispiel Erdöl läßt sich sehr schön die nach Ländern gestaffelte Preispolitik der Sowjetunion demonstrieren. H. Tischner hat in einer noch unveröffentlichten Untersuchung die sowjetische Preispolitik für exportiertes Rohöl der Entwicklung der Weltmarktpreise gegenübergestellt. Für die Jahre ab 1955 ergibt eine Auswertung der statistischen Quellen eine ganz klare Benachteiligung durch die Sowjetunion. Im Durchschnitt liegen die Preise um etwa um 40 % höher als auf dem Weltmarkt. Diese durchgehende

Tendenz beginnt im Jahre 1958. Auch vorher werden einige sozialistische Länder unglaublich stark benachteiligt, wie z. B. die Volksrepublik China, die 1955–57 das sowjetische Rohöl mit 120 % über dem Weltmarktpreis bezahlen mußte.

Auf dem Rohölsektor lassen die Umrechnungen erkennen, daß die Sowjetunion den sozialistischen Blockmitgliedern durchweg recht unterschiedliche Preisnachteile verordnete. Andererseits erhalten die westlichen Importländer ab 1958 erhebliche Preisvorteile. Zur Gruppe der Begünstigten zählt auch Jugoslawien. Insgesamt ergeben sich zwei Gruppen in der Rangfolge der Benachteiligung und Bevorzugung der sowjetischen Handelspartner für Rohöl mit folgenden Beispielen:

Lieferungen sowjetischen Rohöls

Preislich benachteiligt:	*Preislich bevorzugt:*
ČSSR	Japan
Polen	Italien
Ungarn	BRD
DDR	Brasilien

In der Rüstungswirtschaft

Eine weitere Mitläuferrolle spielen die europäischen Industriestaaten in der Rüstungswirtschaft. Wir hatten bereits aufgezeigt, wie die USA und die UdSSR ihre Führungsrolle auf der einseitigen Kommandostruktur in der NATO und im Warschauer Pakt errichteten. Als gleichermaßen wichtig erwies sich die Funktion des Rüstungsmonopols. Wie sieht es nun mit der Entwicklung in der Rüstungswirtschaft aus? Im folgenden wollen wir diese Frage beantworten. Ich verdanke auch hier meinen Mitarbeitern zahlreiche Anregungen. Insbesondere verweise ich auf die vor kurzem erschienene Arbeit von U. Albrecht »Der Weltrüstungshandel – Die internationalen Transfers von Rüstungsgütern« (München 1971).

Man kann heute die Rüstungsausgaben des US-Blocks auf 80 Mrd. $, die des Sowjetblocks auf 50 Mrd. $ und die der ganzen restlichen Welt auf weitere 50 Mrd. $ schätzen. Das hervorstechendste Merkmal dieser Entwicklung ist der enorme Anstieg der

Rüstungsproduktion in den beiden Blöcken auch nach Beendigung des kalten Krieges. Über die Lieferungen der Sowjetunion an ihre Blockmitglieder ist wenig, an die Dritte Welt jedoch mehr bekanntgeworden. Ein klareres Bild ergibt sich für die USA. Sie steigerten ihre Exporte seit 1957 um das Zehnfache auf 3 Mrd. $. Damit haben heute die Rüstungsgüter einen Anteil von über 10 % ihrer gesamten Exporte.

Im Vergleich hierzu nehmen sich die Ausfuhren der europäischen Mitläufer sehr bescheiden aus. Großbritannien veröffentlicht kaum irgendwelche Vergleichsdaten. Nach amerikanischen Schätzungen beläuft sich der Rüstungsexport heute auf etwa 3 % der britischen Gesamtexporte. Frankreichs Aktivität ist größer. Die Rüstungsexporte sind Jahr für Jahr so gestiegen, daß sie heute einen Anteil von mindestens 5 % an den Gesamtexporten ausweisen. Alle übrigen europäischen Industriestaaten spielen keine nennenswerte Rolle in den internationalen Transfers von Rüstungsgütern.

Den größten Anteil an den Exporten nehmen alle Arten von Militärflugzeugen ein. Danach folgen Feuerwaffen aller Typen, Kettenfahrzeuge und Kriegsschiffe. In den gewaltigen Waffenverkäufen an alle Welt spielen die USA eine dominierende Rolle, die ihr weder von der Sowjetunion noch von den hochentwickelten Mitläuferstaaten des eigenen Blocks streitig gemacht wird. Das Unterkomitee des amerikanischen Kongresses für Abrüstung stellte 1968 fest:

»Innerhalb von 5 Jahren hat sich das militärische Verkaufsprogramm von einem unbedeutenden Nebengeschäft zu einer der Hauptaufgaben der US-Regierung entwickelt.«

Der damalige Leiter des amerikanischen Waffenexportbüros schätzte die zukünftigen US-Exporte für 1967–1977 auf 100 Mrd. $. Eine wesentliche Voraussetzung für diese Entwicklung ist der große Binnenmarkt der USA, dessen Nachfrage 20mal größer ist als die aller westeuropäischen Industriestaaten zusammengerechnet. Aber die USA können nicht nur diese quantitativen Vorsprünge aufweisen. Hier spielen wiederum auch qualitative Aspekte eine Rolle. So benötigt die englische Industrie von der ersten Entwicklung eines Düsenjägers bis zur Produktionsserie durchweg 8 Jahre und 4 Monate, die USA dagegen 6 Jahre und 3 Monate. Wichtige technische Eigenschaften – z. B. Nutzlast plus

Reichweite – haben bei den amerikanischen Produkten ein höheres Niveau.

West-Europa versuchte dem amerikanischen Übergewicht im wesentlichen auf dreierlei Weise zu begegnen. Erstens sollten Neuentwicklungen schneller an Entwicklungsländer verkauft werden. Zweitens sollten Entwicklungen auf den Markt gebracht werden, die das amerikanische Angebot ergänzen. Drittens sollten amerikanische Erzeugnisse technisch weiter entwickelt werden. Voraussetzung hierfür war jedoch eine europäische Forschungs-, Entwicklungs-, Produktions- und Absatzgemeinschaft. Sie ist jedoch nie zustande gekommen. Einzelne Gemeinschaftsprojekte wurden Wirklichkeit, aber sie zeitigten keine befriedigenden Erfolge.

Das erste Projekt dieser Art war 1953 die Entwicklung eines europäischen Standardflugzeuges zur Erdkampfunterstützung für den NATO-Markt. Frankreich gewann nicht die Ausschreibung für die Produktion und wollte danach auch nicht kaufen. Nur die Bundesrepublik und Italien kauften später das Gerät. Der zweite Fall war 1956 ein U-Boot-Jagdflugzeug, das 2 000 Stück eines älteren Modelles im NATO-Arsenal ersetzen sollte. Diesmal gewann Frankreich die Ausschreibung. England, die Niederlande und die Bundesrepublik wurden am Bau beteiligt. Aber Frankreich und die Bundesrepublik kauften schließlich nur 69 Stück, die Niederlande nur 9. Als sich später Italien zum Kauf entschloß, mußte die Taktstraße mit großen Kosten wieder neu in Gang gesetzt werden. Ein drittes Projekt war der europäische Transporter »Transall«, den Frankreich und die Bundesrepublik nur mit 1 000 Stück bauten. Davon konnten überhaupt nur 9 Stück exportiert werden (Südafrika). Ein viertes Projekt war der bekannte »Starfighter«, den die europäischen Staaten auf Lizenz für ihren eigenen Bedarf produzierten, ohne die Produktion zu konzentrieren. Das fünfte und ebenfalls kennzeichnende Projekt waren die Bemühungen um ein europäisches Panzerfahrzeug. Frankreich unterlag (mit seinem AMX-30) gegen die Bundesrepublik (Leopard). Daraufhin baute Frankreich ein eigenes Modell in Serie, mußte jedoch die geplante Stückzahl von 900 auf rd. 400 senken. Sein Preis lag um 30 % über dem deutschen Vergleichstyp. Dennoch verkaufte es sein Modell zu unbekannten Preisen an Entwicklungsländer, so z. B 70 Stück an den Irak und 78 Stück an Peru.

Die schlechten Erfahrungen mit diesen fünf europäischen Gemeinschaftsprojekten zeigten schon frühzeitig die Grenzen auf, die dem gemeinschaftlichen Vorgehen der Europäer auf diesem Gebiete gezogen sind. Heute erweisen sie sich im Prinzip ebenso unüberschreitbar wie schon in den 50er Jahren. Jedes Gemeinschaftsprojekt muß monate- und jahrelang zwischen den Ländern verhandelt werden. Die meisten Gemeinschaftsprojekte sind aus verschiedenen Gründen sehr viel kostspieliger als das Projekt eines einzigen Super-Konzerns.

Die Rolle der Mitläufer ist für die westeuropäischen Industriestaaten auch hier um so zwingender, je höher das technische Niveau des Gerätes ist. Das ist ein wichtiger Erfahrungssatz. Deshalb mußten die USA keine Entwicklungs- und Produktionsverbote für ihre Mitläufer erlassen (wie etwa die Sowjetunion für ihre sozialistischen Mitläufer). Die Mitläuferrolle der Europäer ergibt sich auch hier aus den »natürlichen« Gesetzen der wirtschaftlichen und technologischen Überlegenheit der USA.

Eine gewisse Ausnahme stellte die Bundesrepublik dar. Sie unterliegt den Rüstungsbeschränkungen der Brüsseler Verträge. Deshalb ist sie ein ideales Absatzgebiet. Das kompetente Londoner »Institute für Strategic Studies« bezeichnet mit Recht die Bundesrepublik als den »vermutlich größten Absatzmarkt, der für ausländische Lieferanten offensteht«. Obschon einer der potentiell größten Rüstungsproduzenten Europas, verlegte sich die Bundesrepublik prinzipiell mehr auf das Kaufen als auf eigenes Entwickeln und Produzieren. Das hat verschiedene Gründe. Ihre Mitläuferrolle spielte sie geradezu mustergültig auch als Exporteur: Bei Rüstungsverkäufen konsultierte sie geflissentlich den Block-Polizisten und die jeweilige europäische Schutzmacht der tropischen Absatzgebiete.

Eine weitere gewisse Ausnahme von der »natürlichen« Zwangsläufigkeit der europäischen Mitläuferrolle sind direkte Eingriffe der USA. Dazu zählt die Abschirmung des amerikanischen Marktes vor europäischen Anbietern. Da sind auf vielfältige Weise künstliche Barrieren errichtet worden, die kaum ein europäisches Produkt überwinden kann. Unbedeutende Ausnahmen sind z. B. Kleinraketen für Panzerbekämpfung aus Frankreich und der Bundesrepublik oder 400 englische Canberra-Bomber. Zu den direkten Eingriffen zählen auch Preismanipulationen, denen die Käufer unterzogen werden. So kostete beispielsweise das von den USA am meisten exportierte Militärflugzeug F-5 bei vergleichbaren Lieferbedingungen und Mengen Spanien das Stück 2,4 Mio. DM, den Niederlanden 3,1 Mio. DM und Marokko 3,4 Mio. DM.

Die Mitläuferrolle der europäischen Industriestaaten kommt auch in der Konkurrenz um die Märkte der Entwicklungsländer zum Ausdruck. Diese Märkte machen eine ganz erstaunliche Expansion durch. Das haben wir schon im Zusammenhang mit der Militärhilfe gezeigt, die zum großen Teil aus Verkäufen besteht. Gerade auch die ärmsten und kleinsten Länder sind in die Rolle ständiger Käufer geraten. Ihre nationale Souveränität schuf überall eine spontane und dauerhafte Nachfrage. Sie wurde in den 50er Jahren weitgehend mit den Verkäufen aus amerikanischen Altbeständen gedeckt. Damals lieferten europäische Firmen noch in beträchtlichem Umfange aufgrund amerikanischer Finanzierungen, bis auch diese Märkte (z. B. Mittel-Osten) direkt von amerikanischen Firmen bedient wurden. Später meldeten die Entwicklungsländer eine wachsende Nachfrage nach modernstem Kriegsgerät an, das ihnen von den USA in imposanter Vielfalt und Menge offeriert wurde. Praktisch keines dieser Länder will sich heute der endlosen Spirale stets neuen und kostspieligeren Geräts verschließen, obschon 40 Käuferländer auf niedriger und niedrigster Entwicklungsstufe stehen und eine Bevölkerung von weniger als 5 Millionen haben. Einige Länder kaufen die neuesten Modelle schon, bevor sie technisch ausgereift sind. Der Iran z. B. importierte britische Luftkissenfahrzeuge, welche die USA noch im Mekongdelta erprobten.

Was könnte für die europäischen Anbieter verlockender sein, als von dem gewaltigen, aber künstlich abgeschirmten USA-Markt auf diese Märkte auszuweichen? Aber auch hier sind sie die Mitläufer. Der gesamte lateinamerikanische Markt wird zu 80 % von den USA beliefert. In Afrika besteht eine gewisse Marktteilung. Die französischsprachigen Staaten werden ausschließlich von Frankreich beliefert. In die englischsprachigen Staaten teilen sich Großbritannien und die Sowjetunion. Nur Marokko und Algerien erhalten ihre Waffen von England, Frankreich und der Sowjetunion. Praktisch alle wichtigen Absatzgebiete (ohne den südafrikanischen Raum) werden jedoch gerade auch von den USA in beträchtlichem Umfang beliefert. Für sie hat die Marktteilung der Mitläufer keine durchgehende Gültigkeit.

Die europäischen Versuche, neue Entwicklungen schnell an Entwicklungsländer zu verkaufen, sind im ganzen nicht geglückt. Das ergibt sich übrigens auch ganz »natürlich« aus technologischen Gesetzmäßigkeiten. So stellten Ritch und McKean in einer beachtenswerten Analyse fest:

»Es sind schätzungsweise die Hälfte aller Flugzeuge, die seit dem Kriege ... entwickelt wurden, in der Redeweise der Industrie ›Böcke‹ gewesen, ... falsch konzipiert, technisch unbefriedigend, wirkliche Fehlschläge. Nicht wenige europäische Modelle, über die allerdings schon Verkaufsverhandlungen geführt wurden, erwiesen sich als solche ›Böcke‹.«

Die Mißerfolge sind besonders deutlich bei dem europäischen Fluggerät mit »Mischantrieb«, d. h. gemischtem Antrieb durch eine Gasturbine mit einer Rakete. Hier konnten zahlreiche Typen überhaupt nicht ausgeliefert werden. So z. B. die französischen Typen Trident II, Durandal, Griffon und die englische Type Saunders-Roe.

In der Raumfahrt und Atomwirtschaft

In der Raumfahrt fällt die »Leistungslücke« vielleicht am ehesten ins Auge. Hier sind die Produkte der USA den vergleichbaren Produkten europäischer Erzeugung in verschiedener Hinsicht überlegen. Beispielsweise ist die Übertragungskapazität amerikanischer Fernmeldesatelliten 10mal größer als diejenige der europäischen Satelliten. Das Strukturgewicht (totes Gewicht) amerikanischer Raketen ist um mindestens ein Fünftel geringer als bei europäischen Raketen. Unterschiede in den Nutzlastvergleichen fallen schon bei üblichen Verkehrsflugzeugen auf; bei einer Ausrüstung mit den gleichen Triebwerken transportiert eine amerikanische Boeing 707 mehr Nutzlast als eine britische VC-10.

Die »Leistungslücke« ist auch in dem Raumfahrtsektor beträchtlich. Nach dem englischen Plowden-Report ist die Arbeitsproduktivität in den USA in diesem Sektor rund 3mal so hoch wie in England und der Bundesrepublik. Frankreich schneidet noch schlechter ab. Die Kapitalproduktivität in diesem Sektor wird in den USA ebenfalls auf ungefähr 3mal so hoch veranschlagt als im europäischen Luft- und Raumfahrtsektor.

Die »Kostenlücke« ergibt sich ebenfalls aus der Größe und Fächerung des amerikanischen Potentials. Nach sorgfältigen Berechnungen liegen die Kosten amerikanischer Produkte und Leistungen um 20 % unter denen vergleichbarer europäischer Produkte und Leistungen. Ähnliche Differenzen ergeben sich auch für die direkten Betriebskosten.

Die »Zeitlücke« demonstriert die längeren Entwicklungs- und Reifezeiten in Europa. Erfahrungsgemäß lagen die Zeiten, die in Europa zur Erzeugung eines Produktes im Raumfahrtsektor benötigt werden, beträchtlich über den Fristen in den USA. Ein bekanntes Beispiel ist die Satellitenrakete »Europa«, die heute technologisch einem Standard entspricht, den die USA vor 8–10 Jahren verlassen haben. Die sog. »lead times«, d. h. Fristen bis zur Verfügbarkeit von neuen Produkten zum Angebot auf dem Markt, liegen (ebenfalls nach dem Plowden-Report) für Fluggeräte in den USA bis zu 2 1/2 Jahren unter den europäischen Fristen.

Die »Satellitenlücke« wird vermutlich in Zukunft eine noch entscheidendere Rolle spielen als bisher. Die amerikanische NASA-Behörde verschießt relativ preiswert alle Arten von Satelliten für die europäischen Produzenten. Sie weigert sich jedoch, für die europäischen Mitläufer kommerzielle Nachrichtensatelliten in den Weltraum zu befördern. Damit gerät Europa auch hier in ein Dilemma. Die Entwicklung eigener Trägerraketen ist zu kostspielig, da sie für andere bestehende Satellitenaufgaben nicht genutzt werden können. Die sich ständig vergrößernde Satellitenlücke sichert den USA ein absolutes Monopol für Fernsehübertragungen. Die vier Nachrichtensatelliten der Comsat Corporation kosteten zwar 300 Mio. DM. Diese Kosten werden aber allein schon aus den Einnahmen der Übertragung der XX. Olympischen Spiele gedeckt.

Die »Raketenlücke« weitet sich ebenfalls ständig aus. Den amerikanischen Großraketen Saturn, Atlas, Thor und Titan haben die europäischen Mitläufer fast nichts Vergleichbares entgegenzusetzen. Dort, wo etwas Vergleichbares in Europa entwickelt wurde, sind die Zahl der Typen und die Stückzahlen wesentlich niedriger. Für militärische Kampfraketen haben die USA 63 Typen entwickelt, Frankreich 20, Großbritannien 13 und die Bundesrepblik 2. An dem Wettlauf um die ständige Entwicklung der Anti-Raketensysteme nimmt Europa heute praktisch überhaupt nicht mehr teil. Es gibt keine europäischen Anti-Raketen. Im Gegensatz hierzu entwickelten die USA nach den Trägerraketen für Kernsprengköpfe (z. B. die Typen Minuteman und Titan) die Anti-Raketen-Raketen der Typen Sentinel/Spartan für große Höhen und Sentinel/Sprint für geringe Höhen. Auch die Mehr-Kopf-Systeme für verschiedene Ziele oder für Umlaufbahnen nach dem System FOBS sind ein Monopol der USA.

Im Atomsektor schreitet ebenfalls die Ausweitung der Lücken im militärischen und zivilen Sektor voran. Im militärischen Sektor haben die europäischen Mitläufer den amerikanischen Sprengkörpern im Mega-to-Bereich (schwerste Kaliber) und im Kilo-to-Bereich (taktische Kaliber) nichts entgegenzusetzen. Die Europäer verfügen nur über die einfachsten herstellbaren Kaliber (20–100 Kilo-to-TNT).

Im zivilen Atomsektor findet ein technologischer Wettkampf um die Erzeugung elektrischer Energie in Kernkraftwerken statt. Sie soll im Jahre 1980 25 % des Bedarfes der EWG an elektrischer Energie decken. Nun sind aber die europäischen Mitläufer von den Lieferungen angereicherten Urans aus den USA abhängig. Auch Kanada liefert, ist aber mit den USA – wie überhaupt auch im gesamten Rüstungssektor – direkt oder indirekt verflochten. Frankreich versuchte jahrelang dieser Abhängigkeit zu entgehen. Deshalb stellte es seine Atomindustrie und Kerntechnologie auf Natur-Uran ein. Das ergab eine Reihe von Nachteilen, besonders bei den Herstellungskosten für die Uran-Anreicherung. Dagegen bestehen in den USA inzwischen freie Verarbeitungskapazitäten erheblichen Umfangs. Auch die Verwendung unterschiedlicher Konzentrationen an U-235 stieß auf immer neue Schwierigkeiten. Im 6. Plan der französischen Volkswirtschaft schwenkte Frankreich im November 1969 auch hier auf die Mitläuferrolle um. Es gab seine Autarkiebestrebungen auf. In der Kooperation mit der Bundesrepublik müßten aber die bekannten Probleme der Gemeinschaftsvorhaben entstehen. In der Erzeugung elektrischer Energie mit Kernkraftwerken scheint die Bundesrepublik unter den europäischen Produzenten noch recht günstig als Konkurrent zu den USA abzuschneiden. Die Bruttokosten mit 2,3–3,1 Pfennigen pro

Kilowattstunde enthalten offenbar ähnliche Nettokosten, wie sie die USA ausweisen (1,7 Pfennige). Das deutet auf eine geringe Lücke in der Produktivität hin. Jedoch sprechen die Größenanteile an der Kernenergiekapazität eine eigene Sprache. Sie belaufen sich für die USA auf 70 000 MW (Megawatt), für die Bundesrepublik auf 4 000 MW und für Frankreich auf 2 000 MW.

In der Kernwaffentechnik (Atom-Sperrvertrag)

Die Mitläuferrolle der Industriestaaten auf dem Gebiet der Kernenergie führt zu einem weiteren Komplex: der Kernwaffentechnik. Wie jede technische und wirtschaftliche Entwicklung, so hat auch die auf dem Sektor der Kernenergie ihre Konsequenzen für den zivilen und den militärischen Bereich. Hier überwiegt in seiner internationalen Bedeutung jedoch der militärische.

Die Mitläuferrolle in der Kernwaffentechnik ergab sich in den letzten zwei Jahrzehnten ebenfalls ganz »natürlich« aus der technologischen Überlegenheit der beiden Supermächte. Als jedoch ihre Mitläufer ihre Anstrengungen verdoppelten, um in den Besitz der Kernwaffen zu gelangen, verwehrten ihnen ihre Blockführer den Zugriff. Am klarsten tritt dieser Vorgang mit dem »Vertrag über die Nichtverbreitung von Kernwaffen« in Erscheinung.

Wir wollen uns mit dem wirtschaftlich-technischen Hintergrund dieses sog. Atom-Sperrvertrages vertraut machen. Leider sind die sozialwissenschaftlichen Analysen zu diesem Thema noch recht spärlich. In der Bundesrepublik hat sich die Forschung zu diesem wichtigen Komplex bislang kaum zu Wort gemeldet. Die folgenden Ausführungen verdanke ich weitgehend der Unterstützung von A. Petri, der zu diesem Thema eine ausführliche Arbeit publizieren wird.

Auch auf dem Gebiet der Kernwaffentechnik bestimmten die amerikanischen Initiativen die Entwicklung der 60er Jahre. In einer Fernsehrede forderte Außenminister Dulles im Juli 1957 die Bannung der weltweiten Gefahr einer »unkontrollierten Verbreitung von Kernwaffen«. Die Bemühungen um eine ausschließlich friedliche Nutzung der Kernenergie setzten die Reihe der Bemühungen des Baruch-Plans und des Eisenhower-Programms (atoms for peace) fort. Im Gegensatz hierzu waren die Sowjets Anfang

1956 in der Prager Ostblock-Konferenz tätig geworden, und zwar mit einer primär territorialen Orientierung: der »Denuklearisierung des europäischen Raumes«. Diese sowjetischen Bemühungen schlugen sich im Oktober 1957 im Rapacki-Plan nieder. Doch das amerikanische Konzept, das sich nicht auf bestimmte Räume oder Landesgrenzen richtete, setzte sich durch. Im Jahre 1968 war der Sperrvertrag von den USA, der Sowjetunion, Großbritannien und mehr als 80 Staaten unterschrieben. Wie war es dazu gekommen?

Die zwei Supermächte hatten 1965 je einen Entwurf für das Vertragswerk vorgelegt. Jetzt galt es, ihre führenden Positionen zu schützen. Das war um so wichtiger, als eine Verbreitung der Kernwaffen ihre eigene globale Führungsrolle gefährden mußte.

Der Sperrvertrag erhielt den Vorzug gegenüber den sowjetischen Denuklearisierungsplänen, als die USA 1966–67 in der NATO ihr alleiniges Entscheidungsrecht durchsetzten. Dies geschah zunächst mit dem sog. McNamara-Ausschuß, der später als »Permanent Nuclear Defense Affairs Committee« tätig wurde. Er gewährt den Blockmitgliedern lediglich ein Mitspracherecht. Hierdurch wurden die ursprünglichen Pläne für ihre Mitbestimmung oder evtl. Mitverfügung – die sog. MLF-Struktur der NATO – endgültig begraben. Damit aber machten die USA den Sowjets ein entscheidendes Zugeständnis. Denn von Anfang an wollte Moskau jede Mitwirkung von Blockmitgliedern in diesen wichtigen Fragen ausschließen. Mit der Ausschließung der Verbündeten vom Mitspracherecht in beiden Blöcken verstärkt sich das Prinzip der einseitigen Kommandostruktur und des nicht-konventionellen Rüstungsmonopols der zwei Führungsmächte.

Die wichtigsten Stationen für die Vorlage des Sperrvertrages nach den Entwürfen von 1965 führen über eine etwa zweijährige Verhandlungsphase der USA mit der UdSSR. Nach ihrem Ablauf legen beide ihre gleichlautenden Textentwürfe im August 1967 in Genf vor. Im Mai 1968 geht dann der letztmals revidierte Vertragstext den Vereinten Nationen zu. Hier wird er dann unter Dach und Fach gebracht.

Das Kernwaffenmonopol der zwei Supermächte ist ein wesentlicher Bestandteil ihrer Führungsrolle aufgrund der technologischen Lücke (Westblock) bzw. der »Rohstoff-Lücke« (Ostblock). Mit ihr weitet sich die bereits genannte Kernwaffenlücke ständig aus.

Ebenso wie bei der Entwicklungslücke liegen diesem Prozeß »natürliche« Gesetzmäßigkeiten zugrunde, die auf technischen Faktoren beruhen.

Die technischen Faktoren entstammen zwei verschiedenen Bereichen. Der eine betrifft die Herstellung von Bomben und Sprengköpfen, der andere Bereich umfaßt das Verschießen mit den verschiedenen Trägersystemen. Für die Herstellung ist das natürliche Uran die Grundlage, das sehr wenig U-235 enthält. Mit diesem U-235 werden Plutonium 239 und U-233 hergestellt. Für die Atomexplosion werden im wesentlichen nur U-235 und weniger noch das Plutonium 239 benötigt. Die Wasserstoffbombe (bis zu 3 000mal potenter als die ursprüngliche Atombombe) benötigt das U-235 zur Erhitzung des Wasserstoffs. Damit vollzieht sich der Schritt von der Spalt-Bombe zur höheren Potenz der Fusions-Bombe. Das moderne Arsenal dieser Atomwaffen macht beides erforderlich, die Bereitstellung von U-235 und die Produktion von Plutonium. Ersteres ist für die Rüstung entscheidender und wirft zugleich kaum nennenswerte industrielle Erträge ab; letzteres ist weniger entscheidend und stärker mit der industriellen Nutzung gekoppelt. Hierin liegt die Notwendigkeit für die potentiellen Mitläufer, sich grundsätzlich für die militärische oder aber die friedliche Nutzung zu entscheiden. Die Produktion von Plutonium für Waffen erfordert nicht nur große Mengen von U-235, sondern auch eine hohe industrielle Potenz. Deshalb konnten nur Spitzenreiter unter den Mitläufern – wie Großbritannien und Frankreich – beide Wege zugleich beschreiten.

Größere Mengen Uran liefern im West-Block nur die USA, Kanada und Südafrika; im Ost-Block ist es im wesentlichen nur die Sowjetunion. Kanada ist mit den USA nicht nur handelspolitisch sondern auch bündnispolitisch eng verflochten. Mit anderen Worten, die USA und die UdSSR monopolisieren nicht nur die höchsten Produktionsstufen und -kapazitäten, sondern zugleich auch das wichtige Ausgangsmaterial.

Noch aufschlußreicher sind die technischen Grunddaten für die Trägersysteme. Das Wettrüsten hat sich schon seit Jahren von der Potenzierung der Bomben und Sprengköpfe auf das »Marketing-System« des Verschießens und seiner Abwehr verlagert. Selbst unterentwickelte Mitläufer können heute ihre Bombe bauen.

Natur-Uran bekommt man auf dem Weltmarkt, und das »Know-how« ebenfalls. Aber das Verschießen wirft für die Mitläufer unlösbare Probleme auf. Das zeigen einige Kostenvergleiche. Nach Berechnungen der Vereinten Nationen (Thant-Bericht) kostet ein »kleines« Arsenal von zehn 20-Kilo-to-Köpfen in 10 Jahren rd. 100 Mio. $ und ein »mittleres« Arsenal von hundert 20-Kilo-to-Köpfen rd. 200 Mio. $. Im Vergleich hierzu aber kostet ein einziger amerikanischer Bomber FB-111 für den Transport von Bomben so viel wie das ganze »kleine« Arsenal; ein einziges Polaris-U-Boot (für das Verschießen von Raketen) kostet 50 % mehr als das ganze »mittlere« Arsenal. In diesem nicht-konventionellen Rüstungssektor hat sich eine Entwicklung angebahnt, wie wir sie aus dem Bereich vieler Konsumgüter kennen: die Kosten des »Marketing« übersteigen die Kosten der Produktion um ein Vielfaches. Ein Mitläufer könnte unter Umständen noch die Kosten bestreiten, nicht aber das notwendige »Know-how« aufbringen.

Unter Berücksichtigung dieses wichtigen Tatbestandes zeigen folgende überschlägige Anschaffungskosten die endlose Spirale in der Entwicklung der Trägersysteme auf (in Mio. $):

Einfache Flugzeuge		*Mittlere Flugzeuge*		*Hochentwickelte Flugzeuge*	
Canberra	5	Mirage IV	15	US FB-111	100
B-57	5	Brit. V-Bomber	6		
Einfache Raketen		*Mittlere Raketen*		*Hochentwickelte Raketen*	
»weiche«	20	»gehärtete«	200	Kosten nicht bekannt	

Insgesamt würde einem Mitläuferstaat heute ein »kleines« Kernwaffenprogramm für 10 Jahre etwa 2 Mrd. $ kosten und ein »mittleres« Programm etwa 6 Mrd. $. Frankreich sah für die Jahre 1965–1970 Ausgaben in Höhe von 5,2 Mrd. $ vor. Großbritannien gab 1962–1967 rd. 2 Mrd. $ aus. Im gleichen Zeitraum beliefen sich jedoch die Ausgaben der USA auf über 60 Mrd. $.

Die zwei Blockführer haben inzwischen ein technologisches Niveau der Trägersysteme entwickelt, das keiner der Mitläuferstaaten jemals einzuholen die Chance hat. Schon die Fortentwicklung vom Canberra-Bomber zur Polaris-Rakete stellt für die Mitläuferstaaten eine technologische Traummeile dar. Dagegen bildet das System der Anti-Raketen-Raketen eine endlose Spirale fortlaufender Entwicklungen und wachsender Einsätze gewaltiger Ressourcen. Auch die »gehärteten« (verbunkerten) Trägersysteme unterliegen einer solchen spiralenförmigen Fortentwicklung. Hinzu kommen die Trägersysteme mit nicht-lokalisierter Verschuß-Basis wie die U-Boot- und Erdumlaufsysteme. Auch hiervon bleiben alle Mitläufer in der überschaubaren Zukunft ausgeschlossen.

Schon im Zusammenhang mit der Entwicklungslücke (Industrieländer – Entwicklungsländer) und der technologischen Lücke (Supermacht – Industrieländer) mußten wir feststellen, daß Einholmanöver auf einzelnen Teilbereichen möglich sind, daß aber der »große Sprung nach vorn« eine Illusion bleibt. Dasselbe gilt nun auch für die Kernwaffenlücke.

Wie im Wettlauf um die höheren Entwicklungsstufen, so lassen sich auch hier verschiedene »Pulks« von Ländern auf der Rennstrecke herausschälen. In den Jahren 1945–1955 stehen die USA und die UdSSR noch mit Großbritannien im Wettlauf miteinander. Im zweiten Intervall 1955–1965 haben die zwei Supermächte die Lücke zu Großbritannien enorm erweitert: Es muß die Rolle des Mitläufers einnehmen, in die sich nun auch Frankreich und Festland-China teilen. In dem Intervall 1965–1975 könnten noch Japan, Indien und Israel an diesem hoffnungslosen Rennen teilnehmen. Auch im Hinblick auf die Breite des Waffenarsenals und der Trägersysteme ist die führende Position der beiden Weltmächte unantastbar.

Der Atom-Sperrvertrag unterscheidet nach den Kernwaffenstaaten und Nichtkernwaffenstaaten. Der Vertrag selber führt die drei Staaten USA, Sowjetunion und Großbritannien als Verwahrstaaten in der ersten Gruppe (Kernwaffenstaaten) auf. Prinzipiell geht der Vertrag von der Aufteilung aller Staaten in diese beiden Gruppen aus.

Die beiden ersten Artikel des Vertrages zielen mit ihren Verboten und Geboten darauf ab, daß kein Nichtkernwaffenstaat in die erste Gruppe der Kernwaffenstaaten aufrücken kann. Der Artikel III enthält die Leitlinien bezüglich der hierzu noch festzulegenden Sicherungsmaßnahmen, mit denen die Erfüllung der Verpflichtungen nachgeprüft werden soll. Der besonders umstrittene Artikel IV gibt in Form einer Absichtserklärung die Leitlinien für die allseitige Nutzung der Kernenergie an. Er verpflichtet zum »weitestmöglichen« Austausch von Fazilitäten und Kenntnissen. Der Artikel V verpflichtet zum bedingten Zugang aller Länder zu den »Vorteilen« friedlicher Anwendung. Eine Änderung des Vertrages bedarf der Einberufung einer Konferenz durch die drei Verwahrregierungen und in jedem Fall der Zustimmung aller Kernwaffenstaaten, die Vertragsparteien sind.

Die re-aktive Gesellschaft

Die Mitläuferrolle der modernen Industriestaaten soll hier nicht mit positiven oder negativen Noten versehen werden. Hängt doch ihre Bewertung von dem Standpunkt ab, den jeder einzelne einnehmen will. Man kann die möglichen Standpunkte im wesentlichen auf die folgenden zwei Alternativen zurückführen: die Anerkennung der vier Säulen der Blockstabilität oder ihre Ablehnung.

Die Anerkennung heißt, sich mit dem Bedürfnis nach Sicherheit, nach Konsumsteigerung, ferner mit dem ideologischen Dogma (Ost-Block) oder der technologischen Lücke (West-Block) als Bestandteilen der Blockstabilität zu identifizieren. Identifizieren wiederum heißt dann, die Ziele des eigenen Handelns und die gesellschaftlichen Aufgaben so auszurichten, daß die Blockstabilität (und mit ihr die Führungsrolle der Supermacht) gewahrt bleibt. Es kann gar kein Zweifel daran bestehen, daß sich in diesem Sinne die Mitläuferrolle der Industriestaaten als notwendig, natürlich und wünschenswert erweist. In der Tat haben bisher die meisten Mitläufer beider Blöcke diesen Standpunkt eingenommen. Oppositionelle Strömungen entstanden immer dort, wo die volle Identifizierung mit diesen vier Säulen der Blockstabilität abgelehnt wurde.

Die Ablehnung heißt zweierlei. Entweder lehnt man die gemeinsamen Bestandteile der Blockstabilität ab. Beispielsweise schert man aus der vollen Integration der NATO oder des Warschauer Paktes aus; oder man wendet sich gegen den »Konsum-Terror«; oder man wehrt sich gegen das ideologische Primat Moskaus; man ergreift nationale Maßnahmen gegen die heimliche Herrschaft der USA.

Die Ablehnung kann zweitens aber auch heißen, daß die Mitläufer zwar weiterhin nach Sicherheit und Konsumsteigerung streben – aber sie lehnen die Mitläuferrolle unter der offenen Herrschaft (ideologisches Primat) der UdSSR und der heimlichen Herrschaft (technologische Lücke) der USA ab und ergreifen nationale oder gemeinsame Maßnahmen. Man muß sich klar darüber sein, daß eine hinhaltende Kontroverse gegen die sozialistische Sprachregelung Moskaus keine strikte Ablehnung seines Führungsanspruches bedeutet. Man muß sich auch darüber klar sein, daß eine Kritik an der technologischen Lücke auf das gleiche hinauslaufen kann, nämlich auf die Hinnahme der amerikanischen Führungsrolle.

Kurz gesagt, in der Mitläuferrolle der modernen Industriestaaten können sehr unterschiedliche Standpunkte eingenommen werden. Bei dem heute noch so gleichförmigen Verhalten der Blockmitglieder ist der ganze Spielraum möglicher Verhaltensänderungen noch nicht sehr stark in das Bewußtsein gerückt. Man wird sich aber immer wieder Rechenschaft geben müssen von den Folgen jeglicher Experimente und von ihren Konsequenzen für die Stabilität der Blöcke.

Der Zwang der Dynamik

Welchen Standpunkt man immer auch zur Mitläuferrolle moderner Industriestaaten einnehmen will, immer drängt sich die Frage nach ihrer Souveränität auf. Schon die Bezeichnung der Supermächte durch Roosevelt als »Polizisten« pointiert diese Frage. Auch die Vielzahl der behandelten »Lücken« zwischen den beiden Supermächten einerseits und ihren Mitläufern andererseits läuft darauf hinaus.

Lange bevor es überhaupt moderne Industriestaaten gab, ordneten sich die Führungsmächte ihre Schutz- und Einflußgebiete auf die verschiedenste Weise unter. Immer aber lief dies auf die Beschneidung oder Aufhebung der Souveränität dieser Gebiete hinaus. Die Unterordnung fand immer auch im gesellschaftlichen Bereich ihre Anwendung. Im Altertum ist es die Sklaverei. Im Mittelalter ist es die Lehnsherrschaft. Seit der Französischen Revolution bahnen sich die kapitalistischen Formen der Unterordnung an.

Der moderne Mitläuferstaat im US-Block und im Sowjet-Block begreift sich jedoch im wesentlichen als souverän, seine Gesellschaft als emanzipiert. Die Beschneidung der nationalen Souveränität und die Unterdrückung und Ausbeutung der Gesellschaft wirft man eigentlich immer nur den Mitläufern des jeweils anderen Blocks vor. Das ist ein Lieblingsthema der Propagandisten oder einiger oppositioneller Gruppen. In Wirklichkeit aber steht bis in die Gegenwart hinein die genannte Interessengleichheit mit der eigenen

Supermacht im Vordergrund, die Identifizierung mit der Blockstabilität sowie der innere Interessenausgleich. Vor allem letzterer beherrscht die Szene. Er tut es in den westeuropäischen Industriestaaten im Rahmen der pluralistischen Gesellschaft mit den Ausschüssen des Parlaments, der Exekutive und Interessenverbände. Er tut es in den sozialistischen Staaten im Rahmen der Partei und ihrer Kader.

Wir bezeichnen diese Situation der modernen Mitläuferstaaten als kontrollierte Souveränität. Die in dem nahezu 15jährigen kalten Krieg geschmiedete Interessengleichheit mit der Führungsmacht ist eine gewisse Voraussetzung derselben. Auch der nationale Spielraum wirtschaftspolitischer Entscheidungen zählt dazu. Ein drittes Element ist neben dem Sicherheitsbedürfnis das von allen gleichermaßen anerkannte Hauptziel: die Steigerung des Konsums für alle. Damit ist die kontrollierte Souveränität untrennbar verknüpft mit der Wohlstandssteigerung.

Gerade in diesem wichtigen Punkt ist der Mitläuferstaat in seiner Souveränität nicht eingeschränkt. Im Gegenteil, die Sicherheitsgarantie seiner Supermacht erlaubt es ihm, sich mit seinem inneren Interessenausgleich ganz der Verfolgung dieses Zieles wachsenden Wohlstandes zu widmen. Hierfür ordnet sich der Mitläufer freiwillig der militärischen Führung seiner Supermacht unter. Er akzeptiert ihr Rüstungsmonopol, die einseitige Kommandostruktur und ihre Führungs- und Kontrollfunktion in der Militärhilfe. Auch die Mitläuferrolle in der Entwicklungshilfe steht zu diesem seinem Hauptziel nicht in Gegensatz. Selbst wo er den politischen Prioritäten seiner Supermacht folgt (Geberblock), bleibt ein großer Spielraum für eigene Initiativen und Interessen. Mit anderen Worten, gerade die allgemeine Anerkennung der Konsumsteigerung als Hauptziel erzwingt ganz unmerklich die Blockdisziplin der Mitläuferstaaten. Die Mitläuferstaaten sind somit nicht nur kontrolliert souverän, sie haben auch einen enorm großen und eigenen Gestaltungsbereich vor sich, innerhalb dessen sie sich mit ihrem inneren Interessenausgleich dem Hauptziel der Konsumsteigerung widmen. Bezeichnenderweise wirft ihr innerer Interessenausgleich viel größere Probleme auf als der äußere mit der Supermacht. Hier und dort stoßen einzelne Elemente der Mitläuferrolle auf Kritik. Aber sie wird schnell abgewandelt als eine »Herausforderung« zur

Erhöhung der Eigenanstrengung oder als »ideologischer Kurzschluß«, den es gleichfalls zu überwinden gilt.

Viele dieser Faktoren, welche die Blockdisziplin auf eine so erstaunliche Weise herbeiführen, beruhen letztlich auf dem Automatismus wirtschaftlichen Wachstums. Dieser Automatismus hat – nach allen bisherigen Erfahrungen – geradezu einen Zwangscharakter. Gewiß kommt es immer wieder zu konjunkturellen Rückschlägen. Aber für die ganzen Jahrzehnte seit dem Ersten Weltkrieg stellen wir doch in allen Industriestaaten so etwas wie einen »Zwang der Dynamik« fest. Er entsteht durch das Zusammenwirken der wirtschaftspolitischen Instanzen, des Managements, der Wissenschaft und Technologie sowie der disziplinierten Konsumenten. Dieses Zusammenspiel ändert zwar seine Formen und Spielregeln, aber es wird nicht abgebrochen.

Ein interessantes Beispiel hierfür liefert Deutschland. Der Zweite Weltkrieg teilte es in zwei Teile: BRD und DDR. Aber die beiden Teile setzten unter dem Zwang der Dynamik ihre Entwicklung geradezu stürmisch fort. Dabei mußte die Bundesrepublik die westlichen Prinzipien des pluralistischen Industriestaates übernehmen und die Spielregeln der parlamentarischen Demokratie auch für die Wirtschaftspolitik neu erlernen. Die DDR dagegen wurde den Prinzipien der sozialistischen Planwirtschaft unterworfen. Sie mußte die politischen Spielregeln Moskaus übernehmen. Beide Teile aber realisierten hohe Wachstumsraten. Man weiß gar nicht, in welchem der beiden die Immunität des Wachstumsautomatismus mehr bewundert werden kann.

Der Zwang der Dynamik ist auch in Ländern mit unterschiedlicher Qualität der politischen Führungsschicht wirksam. Auch hier zunächst noch ein deutsches Beispiel. Das deutsche Wirtschaftswunder in der Bundesrepublik vollzog sich in den 50er Jahren mit einer Regierung und einem Parlament, das den modernen Lenkungsaufgaben vollständig naiv gegenüberstand. Jahrelang war es geradezu ein geheiligtes Glaubensbekenntnis, nicht in den Marktautomatismus lenkend einzugreifen. Das Wort Planung war tabu. Dennoch schlug das wirtschaftliche Wachstum ein Tempo an, das von aller Welt mit Erstaunen zur Kenntnis genommen wurde.

Andere Industriestaaten leisteten sich nach dem Zweiten Weltkrieg Regierungen und Parlamente, deren wirtschaftspolitische

Konzeption den Lehrbüchern der 20er und 30er Jahre entstammten. Aber auch diese Länder hielten ohne Ausnahme ihr Wachstumstempo aufrecht. Es gab Schwankungen und Krisen. Der Automatismus des Entwicklungsprozesses ist kein mechanischer. Aber der Zwang der Dynamik bleibt unangefochten wirksam.

Überhaupt können wir keinen zwingenden Zusammenhang zwischen politischer Weisheit (bzw. Dummheit) und wirtschaftlicher Prosperität (bzw. Depression) feststellen. Es gibt hier natürlich, wie überall, bemerkenswerte Differenzierungen. So weisen die wirtschaftspolitischen Programme und Leistungen einzelner Regierungen und Parteien beträchtliche qualitative Unterschiede auf. Im Gegensatz zu früher aber ist in den Mitläuferstaaten die politische Weisheit nicht mehr die Voraussetzung des nationalen Überlebens. Sie hat auch kaum einen Einfluß auf die Wohlstandsmehrung. Sie ist im Prinzip überhaupt nicht mehr eine Frage der jeweiligen politischen Mannschaft oder der jeweiligen politischen Partei.

Auch für die Entwicklungsländer wird, je weiter sie sich entwickeln, desto unfehlbarer der Zwang der Dynamik wirksam. So unterschiedlich die kulturellen Traditionen dieser Länder auch sind, so gleichförmig verläuft die stufenweise Anpassung ihrer gesellschaftlichen Leitbilder an diejenigen der Industrieländer. Die populäre Vorstellung von den Stufen wirtschaftlichen Wachstums hat diesen Vorgang viel zu wenig bewußt werden lassen. Der einzige ernsthafte Ansatz für einen »neuen Weg«, der jemals in den Entwicklungsländern gemacht wurde, war das Programm Gandhis. Aber wir haben gesehen, wie es scheiterte.

Das re-aktive Verhalten

Die Rolle des Mitläuferstaates prägt einen eigenartigen Gesellschaftstyp, den wir als »re-aktive Gesellschaft« bezeichnen wollen. Die Zwangsläufigkeiten, denen die Mitläuferstaaten heute unterworfen sind, haben sie in vielen Bereichen an das bloße »Reagieren« gewöhnt. Sie reagieren auf die Initiativen der Supermächte im rüstungswirtschaftlichen Bereich, sie passen sich an ihre jeweils neuen strategischen Konzeptionen an. Die Mitläuferstaaten leiten viele ihrer wirtschaftlichen Aktivitäten aus einer bloßen Reaktion auf die Vorsprung-Position der eigenen Führungsmacht ab. Sie führen die Verbesserungen im Ausbildungswesen, neue Forschungs- und Entwicklungsprogramme, neue Produkte, neue Verfahren und Systeme mit dem Hinweis ein, daß ihre Supermacht sie schon längst praktiziert.

Diese Haltung der Mitläuferstaaten erstreckt sich auf abwehrende Reaktionen. Als amerikanische Großunternehmen in die EWG einbrachen und wichtige Marktpositionen einnahmen, reagierten die Mitgliedstaaten mit Schutzmaßnahmen nach französischem Vorbild. Auf die Abwerbung von Spezialisten in die USA reagierte man mit Versuchen der Rückwerbung. Auf die Invasion amerikanischer Computer reagierte man mit der Subvention der heimischen Industrien.

Diese re-aktive Haltung der Mitläufer ergibt sich im Grunde genommen aus der Notwendigkeit, sich am Spitzenreiter der Entwicklung zu orientieren. Dazu dienen die ständigen USA-Reisen, die in Kreisen der Administration, des Management, der Technologie und Wissenschaft schon zum guten Ton gehören. Zugleich sind die amerikanischen Erfindungen vom Nimbus des Modernen und Supermodernen umgeben. Die europäischen »Entdeckungen« des amerikanischen Marketing, des Management Information System, des Planning Programming Budgeting System etc. sind Reaktionen auf die Initiativen der Supermacht.

Das re-aktive Verhalten hat den europäischen (wie auch lateinamerikanischen) Lebensstil außerordentlich stark geprägt. Im Sprachgebrauch wird dieser Vorgang durch die Vielzahl amerikanischer Fach- und Schlagwörter hervorgehoben. Nichts ist deshalb verständlicher, als daß dieser »Amerikanisierung« der Mitläufer gern etwas Eigenständiges, die eigenen Traditionen und Gewohnheiten entgegengehalten werden. Der offene oder verdeckte Anti-Amerikanismus ist seiner Natur nach ein typisches Ergebnis der re-aktiven Haltung der Mitläufer.

Im sozialistischen Block beobachten wir eine ganz ähnliche Haltung der Mitläuferstaaten. Sie sind absolut re-aktiv im militärischen Bereich. Dort behält sich die Supermacht alle entscheidenden Initiativen selbst vor. Im wirtschaftlichen Bereich fehlt jedoch der umfassende technologische Vorsprung der UdSSR. Deshalb besteht Moskau auf seinem ideologischen Primat: Die Mitläufer üben sich in der wortgetreuen Wiedergabe sowjetischer Standpunkte und

Erklärungen. Selbst der »Bruderkuß« der Politiker, ihre Kleidung, das Ritual der Paraden und Festlichkeiten sind vollkommen an die Moskauer Vorbilder angepaßt.

Auch im sozialistischen Block re-agiert man auf die Initiativen der Supermacht. So »entdeckt« man Dinge, die aus der Vorkriegszeit längst bekannt sind: Selbstverantwortung der Betriebe für Produktion und Absatz, Delegation von Befugnissen, Knappheitspreise, Kapitalzins, materielle Interessiertheit (Anreize) etc. Auch hier gehört es zum guten Ton, die Kette der Moskau-Reisen nicht abbrechen zu lassen.

Außerhalb der beiden Blöcke bietet sich auf den niedrigeren Entwicklungsstufen ein ähnliches Bild. Was die technologische Lücke und das ideologische Primat für die industrialisierten Mitläufer bedeuten, bewirkt hier der vorgezeichnete Entwicklungsweg. Jede Fabrik, jedes Krankenhaus und jedes Forschungsinstitut, das in den Entwicklungsländern errichtet wird, ist die Reaktion auf die Vorbilder der Industriestaaten. Auch diese Länder richten ihre Blicke auf die Initiativen der Industriestaaten und insbesondere auf die der Supermächte.

In diesem Sinne kann man die Entwicklungshilfe als die Anleitung zum »schnelleren Reagieren« bezeichnen, als eine Art »Reaktionshilfe«. Sie trägt zur vollständigen Einbeziehung der Entwicklungsländer in den Zwang der Dynamik bei. Praktisch jede Maßnahme der Entwicklungspolitik liefert sie Schritt für Schritt dem Zwang der Dynamik aus. Das geschieht mit der Alphabetisierung – der Bauer liest die Verordnungen; mit den Produktionsplänen – die Produzenten werden vom Markt abhängig; mit der Mechanisierung – andere müssen zuliefern; mit der Finanzierung – die Banken kontrollieren; mit den Lohnerhöhungen – Konsum und Lebenshaltungskosten steigen; mit jedem neuen Produktionsbetrieb – der Wettbewerb nimmt zu.

Das re-aktive Verhalten der Entwicklungsländer erstreckt sich auch auf die Übernahme der Staatsverfassungen, Rechtssysteme, Bankensysteme, Praktiken der Verwaltung usw. bis zu den gesellschaftlichen Formen und Leitbildern. Das alles übernehmen sie von ihren wichtigsten Geberländern (sofern es nicht schon in der Kolonialepoche vom früheren Mutterland übernommen wurde). Man sieht, wie auf allen Entwicklungsstufen die re-aktive Gesellschaft eine typische Zeiterscheinung ist. Letztlich ist sie die Konsequenz aus dem Zwang der Dynamik.

Bezeichnenderweise ist die re-aktive Haltung der Industriestaaten von einem nur unterschwelligen Unbehagen begleitet. Ihr hoher Lebensstandard demonstriert den enormen Vorsprung vor den Entwicklungsländern. Das beträchtliche Wachstumstempo erlaubt die permanente Erfüllung ihres Hauptzieles, die Konsumsteigerung. Ihre kontrollierte Souveränität nimmt sich immerhin noch vorteilhaft aus im Vergleich zu den beklemmenden Problemen der Entwicklungsländer und ihren äußerst beschränkten Lösungsmöglichkeiten.

In den Entwicklungsländern selbst äußert sich das re-aktive Verhalten in einem viel deutlicheren Unbehagen. Dieses wird durch viele Faktoren noch verschärft. Dazu zählt vor allem die wachsende Einsicht in den verpaßten Anschluß, in die Gleichförmigkeit des Entwicklungspfades und das automatische Wachstum der Lücken. Das alles nehmen sie auf einem sehr niedrigen Lebensstandard zur Kenntnis, vielfach noch am Rande regionaler Katastrophen.

Der »Konsumenten-Staat«

Das re-aktive Verhalten moderner Industriegesellschaften herrscht schließlich noch auf einem weiteren Gebiet vor: den Staatsausgaben. Zur Veranschaulichung richten wir unseren Blick auf die frappante Ähnlichkeit der Ausgabenpolitik der öffentlichen Hand mit derjenigen des individuellen Konsumenten. Beginnen wir mit letzterem.

Der moderne Konsument widmet seinem Einkommen die größte Sorgfalt exakter Berechnungen. Er beherrscht die komplizierten Tarifgruppen, Gehaltsstufen, Ortszuschläge und Berechnungen des Kindergeldes. Er kennt sich in dem Gewirr der Sozialleistungen aus. Er ist bis in die Einzelheiten informiert. Sein Verhalten richtet er so ein, daß er ein möglichst großes Einkommen erzielen kann.

Ganz anders verhält er sich bei seinen Ausgaben. Er prüft zwar die Preise und kontrolliert die Ausgaben seiner Familie; aber seine sorgfältigen Berechnungen beschränken sich auf kleine und kleinste Beträge. Die wirklich großen Ausgaben sind das Ergebnis impulsiven Reagierens. Hier folgt er den Verlockungen der Werbung und dem Zungenschlag der Verkäufer. Die Motivation seiner Großausgaben für das Auto, den teuren Teppich oder die zweite Einrichtungsgarnitur ist völlig verschwommen. Hier gibt es keine verläßlichen Maßstäbe der Vernunft. Alles, was er im Großen kauft, ist für die Existenz seiner Familie nicht mehr lebensnotwendig. Und vor allem ist der Nutzen seiner Großausgaben mit nichts meßbar und somit höchst fragwürdiger Natur. Zwar wird sich das der Konsument nicht eingestehen wollen und können; denn die Nachbarn verhalten sich ja ebenso wie er. Deshalb klammert er sich an die sorgfältige Kontrolle kleiner und kleinster Beträge. Aber seine Sorgfalt mit den Heller-und-Pfennig-Ausgaben verschleiert doch nur die ganze Willkür, die er bei seinen Großeinkäufen walten läßt.

Beispielsweise kauft der Konsument für einige tausend Mark ein Auto. Alle Versuche einer »rationalen« Wahl des »besten« Modells schlagen fehl. Er mag sich noch so viel Mühe geben; die Werbung, das Auto seines Kollegen oder Vorgesetzten, die Überredungskünste des Verkäufers – alles das bringt ihn eher zur Verzweiflung als zu einer rationalen Entscheidung. Die Vor- und Nachteile des Modells bleiben ebenso vage wie der effektive Nutzen eines neuen Autos oder gar die strikte Notwendigkeit, es zu kaufen. Sobald er das sorgfältig zu überdenken und zu ordnen versucht, gerät er in die Qual eines Entscheidungsprozesses, der zu keiner rationalen Lösung führt. Deshalb kauft der moderne Konsument im Großen um so lieber, je schneller und leichtherziger er den wirren Entscheidungsprozeß einfach abbrechen kann, um den Anreizen des Marktes re-aktiv zu folgen.

Auf diese Weise zeigt der moderne Konsument zweierlei Verhalten. Im Hinblick auf sein Einkommen geht er mit Sorgfalt vor. Hier legt er die strengen Maßstäbe für ein möglichst hohes Einkommen an, nach denen er auch handelt. Der klaren Berechnung auf der Einkommensseite stehen jedoch tausend Unklarheiten auf der Ausgabenseite gegenüber. Hier ist sein Verhalten völlig re-aktiv. Zwar übt er Sorgfalt in den kleinen Heller-und-Pfennig-Ausgaben. Aber im Großen entbehrt er der Maßstäbe für einen möglichst großen Nutzen seiner Konsumausgaben. Hier folgt er seinen Gewohnheiten sowie den Anreizen und Verführungen des Marktes.

Wer mit der Ausgabenpolitik der öffentlichen Hand ein wenig vertraut ist, der erkennt leicht die Parallelen. Das, was über den Konsumenten zu sagen ist, kann auch für das Verhalten des Staates, der Länder und Gemeinden geltend gemacht werden. Im Hinblick auf die Einnahmen zeigt sich die öffentliche Hand bestens orientiert. Sie weiß sehr wohl ihre Einnahmen aus Steuern und Abgaben in wirkungsvoller Weise zu erhöhen. Gesetzgebung und Verwaltung haben verläßliche Maßstäbe zur Hand. Aber wie steht es mit den Ausgaben?

Hier spielt die Gewohnheit – und nicht der effektiv größte Nutzeffekt – dieselbe beherrschende Rolle, mit der auch der Konsument tagtäglich sein Geld ausgibt. Man sieht das am deutlichsten in den öffentlichen Debatten über den Haushaltsplan. Fachleute und Vertreter der Parteien und Interessengruppen diskutieren am heftigsten die Veränderungen in diesem Plan gegenüber den Ausgaben des Vorjahres. Und diese Veränderungen sind ohnehin nicht weltumstürzend. In mehr als vier Fünfteln der Ausgaben bleibt alles beim alten.

Wo aber die Ausgaben spürbar erhöht werden oder neue Ausgaben hinzukommen, da geschieht es nicht aufgrund verläßlicher Maßstäbe oder zwingender Gesetzmäßigkeiten. Hier folgt der Staat – ebenso wie der moderne Konsument – den Anreizen, seien es nun Empfehlungen von Ausschüssen oder ein massiver politischer Druck von Interessengruppen. Wer erzwingt die Finanzierung einer Talsperre, den Kauf kostspieliger Düsenjäger? Wer verhindert den Bau von Universitäten oder Flugplätzen? Manchmal sind es viele Stimmen, Gutachten und Einflußnahmen, manchmal sind es nur wenige. Aber was auch die öffentliche Hand tut – ob sie nun Ausgaben tätigt oder verweigert, immer fehlen die verläßlichen Maßstäbe, mit denen wir ihren Sinn oder Unsinn belegen könnten. Denn der gesellschaftliche Nutzen der Ausgaben bleibt in einem erschreckenden Maße unberechenbar.

Ohnehin wird in den hochentwickelten Gesellschaften das ganze Labyrinth Jahr für Jahr verwirrender und undurchsichtiger, das die parlamentarischen Ausschüsse bilden, die inter-ministeriellen Kommissionen, die Interessenten aller Richtungen. Wo aber niemand mehr für Milliardenausgaben rationale Entscheidungen treffen kann, ist das Rechnen mit Heller und Pfennig höchst zweifelhafter Natur. Gewiß muß unsere Verwaltung einer Rechnungskontrolle unterliegen. Aber auch die strengste Kontrolle bietet keinen Ersatz für fehlende Maßstäbe. In Wirklichkeit verhält sich der Staat bei seinen Ausgaben in ähnlicher Weise re-aktiv wie der Konsument. Auf der Einnahmenseite herrscht Klarheit in dem, was möglich ist, jedoch auf der Ausgabenseite eine erstaunliche Unklarheit in dem, was wirklich notwendig ist. So entpuppt sich das Agieren des Staates bei näherer Betrachtung als ein bloßes Reagieren.

Warum ist der Nutzen der öffentlichen Ausgaben so unberechenbar? Ein wichtiger Grund ist darin zu finden, daß unser Markt den Nutzen nicht mit seinen Preisen honoriert. Der Nutzen einer Straße oder eines Verwaltungsbeamten oder eines Lehrers – so unerläßlich er für die Gesellschaft sein mag – hat keinen Marktpreis. Es gibt wichtige und weniger wichtige Straßen, gute und schlechte Beamte und Lehrer, aber niemand vermag das mit hohen oder niedrigen Preisen zu bemessen. Andererseits kostet eine Straße, ein Beamter und Lehrer gleich viel, ob er wichtig oder weniger wichtig, gut oder schlecht ist.

Wir nennen deshalb die Erträge, die wir weder mit Geld noch mit Mengeneinheiten messen können, auch »nicht-monetäre« oder »nicht-quantitative« Erträge. Wir wissen, daß unsere moderne Gesellschaft ohne sie nicht zu existieren vermag. Aber wir bekommen sie nicht in den Griff. Dabei spielen diese Erträge in wachsenden Bereichen der sog. Infrastruktur eine steigende Rolle. Dazu zählen Ausbildung und Forschung, Gesundheit, Verkehr, Badeanstalten und Theater, Wohnungsbau und Sozialversicherung, Verteidigung und die gesamte Verwaltung. Hierauf verwenden wir Jahr für Jahr immer größere Ausgaben, ohne uns genaue Rechenschaft von den wirklichen Erträgen dieser Ausgaben geben zu können.

In den Jahrzehnten vor dem Zweiten Weltkrieg spielten die öffentlichen Ausgaben für diese Bereiche eine nur geringe Rolle. Pro Kopf der Bevölkerung gerechnet beliefen sie sich in den führenden Industrienationen auf jährlich kaum DM 200,–. Heute betragen sie dagegen DM 3 000,– und mehr. Man kann das auch noch anders ausdrücken. In den Vorkriegsjahrzehnten machten diese Ausgaben kaum 15 % des Volkseinkommens aus, heute dagegen schon knapp 40 %.

In dem Maße also, in dem nach dem letzten Krieg die Industrienationen sich mehr und mehr auf das bloße Reagieren verlassen, steigern sie zwangsläufig ihre Ausgaben gerade in denjenigen Bereichen, in denen die Erträge bzw. ihr Nutzen weder in Geld noch in irgendeiner sonstigen Einheit gemessen werden kann. Bezeichnenderweise trennen viele moderne Staaten bis in die jüngste Gegenwart nicht einmal nach Konsum- und Investitionsausgaben. Für ihr re-aktives Verhalten ist es ebenfalls bezeichnend, daß viele Ausgaben erst dann getätigt werden, wenn Mißstände bereits schon eingetreten sind. Jeder kennt die zahlreichen Beispiele aus dem Verkehrs-, Gesundheits- oder Bildungswesen. Auf diese Weise nimmt die hoch entwickelte Volkswirtschaft heute die Züge eines »Konsumenten-Staates« an, dessen Ausgabenpolitik immer fragwürdiger wird.

Nun hat seit wenigen Jahren die sozialwissenschaftliche Forschung die ersten mühsamen Schritte zur Behandlung der Meß-Probleme gemacht. Sie führen jedoch in immer verzweigtere und kompliziertere Fragen. Und diese Fragen wecken schließlich die Zweifel an der Gültigkeit aller Leistungsmaßstäbe unserer Gesellschaft.

Vierter Teil

Das Ende des ökonomischen Zeitalters

Der Niedergang der Leistungsgesellschaft

Wir haben unser Ziel erreicht. Nur vier Generationen haben unsere Industriegesellschaft errichtet. Die erste Generation begann etwa 1850 mit der industriellen Entwicklung in Europa; damit rückte sie ökonomische und technische Faktoren in den Vordergrund. Die zweite Generation führte etwa 1900 die industrielle und technische Revolution zu ihren ersten Siegen; die USA, Japan und die Sowjetunion gesellten sich allmählich zu den europäischen Spitzenreitern der Entwicklung. Die dritte Generation erlebte die Katastrophen des Ersten Weltkrieges und der Weltwirtschaftskrise bis 1932; unbeirrt trieb sie die industrielle Entwicklung weiter. Die vierte Generation schließlich schuf aus den Trümmern des Zweiten Weltkrieges die Vollendung unseres Zeitalters, das wir als das »ökonomische Zeitalter« bezeichnen wollen: Das wirtschaftliche Wachstum wird Hauptziel der Gesellschaft – ihm verpflichten sich Wirtschaft, Technik, Wissenschaft und Administration – ökonomische Faktoren bestimmen die Beziehungen zwischen den Staaten.

Das ökonomische Zeitalter vollendet sich zugleich mit jenen Zwangsläufigkeiten, die wir als den Automatismus der Entwicklungsprozesse kennengelernt haben. Dieser Automatismus weist jeder Nation, entsprechend der Stufe ihrer wirtschaftlichen Entwicklung, zugleich auch ihre Weltgeltung zu. Nur wer hoch industrialisiert ist, kann seinen politischen Einfluß weltweit geltend machen; wer noch auf den unteren Stufen verharrt, muß sich fügen. In diesen Wettlauf um die höheren Entwicklungsstufen ordnen sich die Staaten ein.

Wir kennen kein Land, das nach Eintritt in diesen Wettlauf wieder ausgetreten wäre. Im Gegenteil, die Entwicklungshilfe der Industrienationen drängt immer mehr Länder, in diesen Wettlauf einzutreten, die Ziele und Maßstäbe des ökonomischen Zeitalters ebenfalls als verbindlich anzuerkennen und sich einzuordnen. So zieht der Automatismus der Entwicklungsprozesse immer weitere Gebiete dieser Erde in seinen Bann.

Auf dem Höhepunkt des ökonomischen Zeitalters ist auch die militärische Stärke einer Nation von ihrer wirtschaftlichen Kraft so abhängig wie nie zuvor. Noch im Zweiten Weltkrieg konnten Deutschland, Italien und Japan jahrelang einer ganzen Welt trotzen. Auch das gehört der Vergangenheit an. Heute haben die beiden Supermächte dank ihrer gewaltigen wirtschaftlichen Macht in ihren Blöcken auch die militärische Überlegenheit gesichert, die Einordnung ihrer Blockmitglieder vollzogen und die Kontrolle des »politischen Niemandslandes« der Dritten Welt übernommen.

Das Ergebnis der Weltordnung mit dem »System der drei Etagen«: Die USA und UdSSR als Weltpolizisten – ihre Blockmitglieder als freiwillige Mitläufer – die Entwicklungsländer auf den unteren Stufen der für alle verbindlichen wirtschaftlichen Entwicklung.

Die Folgerichtigkeit dieser hundertjährigen Entwicklung zur gegenwärtigen Ordnung des ökonomischen Zeitalters ist erstaunlich. Wie oft bei tiefgreifenden Veränderungen halten sich Reste des Alten lange. In unserem Falle zählen dazu die immer wieder aufflackernden nationalen Streitigkeiten zwischen den Ländern auf unterer Entwicklungsstufe. Aber besteht nicht eine allgemeine Übereinstimmung darin, daß die regionalen Konflikte der Vergangenheit angehören sollten?

Die Gemeinsamkeit der Ziele, Mittel und Maßstäbe des ökonomischen Zeitalters haben das Wirklichkeit werden lassen, was noch vor wenigen Jahrzehnten nur eine Vision gewesen war: die Eine Welt. Wir sehen sie heute mit anderen Augen, seitdem die wirtschaftlichen und technischen Mittel alles »machbar« werden ließen. Nachdem wir zum Mond aufgebrochen sind, verkleinern sich die Maßstäbe der Konflikte. Dagegen scheint sich unser Handlungsspielraum zu verbessern: neue Energiequellen, neue Methoden des Land- und Wassertransportes, Beeinflussung des Wetters und Klimas, menschlicher Winterschlaf, Vererbungskontrolle, Bestimmung des Geschlechts ungeborener Kinder, Verlängerung der Lebenserwartungen.

Mit der Vollendung des ökonomischen Zeitalters wendet man sich der »Eroberung der Zukunft« zu. Nicht nur die Gegenwart ist »machbar«, auch die Zukunft soll es werden. Mehr noch als die bisherigen Leistungen faszinieren die Möglichkeiten für die kommenden Jahre und Jahrzehnte. Es entsteht eine wahre Flut von »Modellen für die Zukunft«. Sie sind nicht länger Produkte ungezügelter Phantastereien wie noch in den Tagen Jules Vernes. Sie sind die Entwürfe von Wissenschaftlern und die Leitlinien von Politikern. Die Zukunft soll nicht mehr das Unvorhersehbare sein. Sie ist zum Sandkasten möglicher Strategien geworden.

Der Politiker, der heute etwas auf sich hält, schöpft nicht mehr aus dem »Schatz« nationaler Vergangenheit und Erfahrung. Er verpflichtet sich vielmehr den Zielen des kommenden Jahrzehnts. Und er spricht auch viel darüber. Er beauftragt seine Referenten mit der »Dekaden-Planung« für das laufende Jahrzehnt. Er errichtet Planungsstäbe quer durch die Hierarchie der Administration. Er ruft inter-ministerielle Kommissionen ins Leben. Er setzt Lenkungsausschüsse ein und überträgt Kanzler- und Präsidialämtern Sonderaufgaben der Zukunftsplanung. Er umgibt sich mit jungen Talenten, mit Leuten, die Spaß an der Organisation der Zukunft haben, die Einkommensverluste hinnehmen, die zum »inneren Kreis« zählen wollen, zum »Gehirn-Trust«.

So stehen auch die Wissenschaftler nicht länger abseits. Sie formulieren immer neue Fragen der Zukunft und geben gleich selber auch die Antwort. Immer kühner stoßen ihre Schätzreihen in die kommenden Jahrzehnte vor. Die Trends der Zukunft werden nicht mehr vorsichtig angedeutet, sondern immer kräftiger ausgedeutet. Es wachsen ganze Landschaften von Diagrammen, Zeitreihen und Tabellen für eine Zukunft, die niemand unter uns mehr erleben wird. Die Vielfalt derartiger Kursbücher für die Organisation der Zukunft ist kaum noch zu überblicken. Es entsteht die »Futurologie« als ein neues Fachgebiet von stimulierenden Entwürfen, großzügigen Dimensionen und gewaltigem Anspruch auf finanzielle und personelle Ausstattung.

Wortgewaltige Futurologen dürfen mit eigenen Formulierungen zu Regierungserklärungen beisteuern. In den Vorhöfen der Macht werden neue Denkmodelle entworfen. Professoren gehen ein und aus. Ihre Prognosen stützen die politischen Grundsatzerklärungen. Ihre Namen schmücken die Wahlkampagnen. Die Administration läßt finanzielle Großzügigkeit walten. Mit der Springflut von Zukunftsmodellen entstehen allerorten neue Institute für Zukunfts- und Friedensforschung.

Aber wird es so weitergehen? In der Tat spricht einiges dafür. Vor allem ist es der Automatismus der Wachstumsprozesse, auf dessen Beständigkeit wir bauen können. Wir haben unsere jahrzehntelangen Erfahrungen. Wir wissen, daß er selbst durch einen abrupten Kurswechsel in den Wirtschafts- und Gesellschaftssystemen nicht aufzuhalten ist, nicht durch Kriege, nicht durch die gebietsmäßige Zerstückelung von Volkswirtschaften, nicht durch den Wechsel der Parteien, nicht durch Protest oder Gewalt oppositioneller Gruppen und selbst nicht durch Regierungen, die von Lenkung und Planung nichts wissen wollen oder zu kraftlos oder zu naiv sind. Mit welchem Recht – so muß man also fragen – dürfen wir daran zweifeln, daß mit der Vollendung des ökonomischen Zeitalters der Weg vollends frei sei für die Verwirklichung der faszinierenden Etappen, die uns der weitere Weg wirtschaftlichen Wachstums zu eröffnen scheint? Wir haben sie doch gebaut, diese Eine Welt, und warum sollten wir sie nicht in eine Zukunft führen, die mit dem Wissen und den Mitteln der Gegenwart »machbar« erscheint? Schon sind die Programme hierfür entworfen worden. Ein Programm für die »dritte Etage« der Weltordnung: die Entwicklungshilfe der Vereinten Nationen. Ein Programm für die beiden oberen »Etagen«; Abrüstung und europäische Sicherheitskonferenz. Ein Programm für das ganze »System der drei Etagen«: die Welt-Innenpolitik.

Heute werden jedoch auf diesem triumphalen Höhepunkt des ökonomischen Zeitalters Signale sichtbar. Jeder sieht sie. Es sind die Proteste der Jüngeren gegen alles das, was der Automatismus der Wachstumsprozesse hervorbringt. Es ist der Zweifel der Älteren am Sinn dieser Entwicklung. Es sind die grotesken Widersprüche, die sie unaufhaltsam hervorbringt. Es ist die um sich greifende Ungeduld der Entwicklungsländer. Es sind die bedrohlichen Entwicklungen im militärischen Bereich.

Aber können wir nicht dennoch in den Automatismus der Wachstumsprozesse vertrauen? Verweisen diese und andere Signale nicht nur auf typische Entwicklungsdefekte, die zu überwinden unsere Aufgabe ist? Man kann diese Frage bejahen. Und für die Lösung der tagtäglichen Aufgaben muß man es wohl auch. Aber im Weitwinkel der längerfristigen Trends stoßen wir auf grundsätzliche Zweifel an der Tragfähigkeit unserer Konzeptionen und Instrumente für die Zukunft.

Warum ist das so? Weil der Automatismus unserer Wachstumsprozesse ganz offensichtlich und auf allen Stufen der Entwicklung uns in eine Welt treibt, »wie wir sie nicht wollen«. Nicht daß wir befürchten müßten, die Dynamik fortschreitender wirtschaftlicher Entwicklung komme zu einem mehr oder weniger abrupten Ende. Vielmehr ist es gerade der kräftig fortschreitende und unaufhaltsame Automatismus der Wachstumsprozesse, der uns in wachsende Widersprüche zu den Leitbildern des ökonomischen Zeitalters führt.

Wir treten heute in eine Situation ein, in der die Entwicklung ihre eigenen Voraussetzungen aufhebt. Das ist etwas ganz anderes als das Auftreten typischer Defekte, die immer lösbar sind. In der Tat sind wir heute an einem Punkt angelangt, wo die fortschreitende Entwicklung ihre eigenen Leitbilder stürzt. Das ist der Punkt, an dem sich das ökonomische Zeitalter selber in Frage stellt. Es ist genau der Punkt, an dem es sinnlos geworden ist, über die Chancen einer »Lerngesellschaft« zu debattieren, neue Strukturprogramme zu formulieren oder Modelle für die Zukunft zu konstruieren. Denn alles das geschieht nur mit den Leitbildern der Gegenwart.

Wenn aber die Leitbilder stürzen und ein Zeitalter sich selber in Frage stellt, dann fehlt es nicht an wohlgemeinten Programmen für eine Zukunft, die mit den Konzeptionen und den Mitteln der Gegenwart eben nicht mehr »machbar« ist. Es fehlt dann auch nicht an Vorwürfen und Beschuldigungen, mit denen die einzelnen Gruppen der Gesellschaft andere Gruppen überhäufen. Es fehlt nicht an Postulaten für das Denken und Handeln, wo das Fundament des Denkens und Handelns ins Schwanken gerät. In dieses Stadium wachsender Verunsicherung und gegenseitiger Beschuldigungen sind wir bereits schon eingetreten. Was dieses Stadium kennzeichnet, ist vor allem die Unfähigkeit, die zunehmenden Widersprüche und Probleme zu lösen und zu beseitigen. Vielmehr steigert der Einsatz die Widersprüche.

Nachdem wir in den vergangenen Kapiteln die Leitbilder des ökonomischen Zeitalters an den Voraussetzungen seiner Stabilität verdeutlicht haben, werden wir im folgenden die Frage beantworten: Warum stehen wir am Ende des ökonomischen Zeitalters, und welche Konsequenzen ergeben sich daraus?

Mit der Orientierung am wirtschaftlichen Wachstum hatte die moderne Gesellschaft eine für alle Gruppen gemeinsame und verbindliche Basis des Denkens und Handelns gefunden. Dieser Prozeß vollzog sich so widerspruchslos, daß er fast wie ein Naturvorgang akzeptiert wurde. Die Abwertung des Nationalen, die Ausklammerung von Grenz- und Gebietskonflikten, der Zusammenschluß der Blöcke und ihre Verflechtung mit den Nehmerländern der Dritten Welt – alles das war nur durch diese gemeinsame Orientierung möglich, durch das Entwicklungsbewußtsein dieser Einen Welt.

Selbst auch die Vielfalt der Gesellschaftssysteme läßt sich im Grunde genommen auf einen einzigen Typus zurückführen: die Leistungsgesellschaft. Sie unterscheidet sich von allen vor-industriellen Gesellschaften dadurch, daß sie planvoll Energie einsetzt zur Umwandlung der Umwelt. In diesem Sinne wollen wir die Leistungsgesellschaft unserer Analyse unterziehen. Wir tun dies angesichts der Tatsache, daß es immer Leistungen gegeben hat und auch in Zukunft geben wird. Man könnte deshalb die moderne Leistungsgesellschaft wohl auch als »ökonomische Gesellschaft« bezeichnen. Sie hat sowohl in der Marktwirtschaft als auch in der sozialistischen Planwirtschaft ihren Platz.

Jahrhundertelang waren die Menschen hilflose Objekte ihrer Umwelt gewesen. Sie sahen sich den Unbilden der Natur ausgesetzt, der Kälte und Trockenheit, den Krankheiten und Epidemien. In die Fesseln der Armut geschlagen, erstarb jegliche Initiative. Viele historische Ordnungen liesen auf ein ausgeklügeltes System des Zwangs hinaus, mit dem die Herrscher den Beherrschten ihren Willen aufdrückten, ohne sie von der Umwelt zu befreien. Erst mit der frühen Industriegesellschaft ändert sich das grundlegend. Die Energien des einzelnen und der gesamten Gesellschaft richten sich nunmehr auf die eigene Gestaltung der Umwelt, auf die Befreiung aus ihren Fesseln. Sie berauscht sich nicht nur an ihren eigenen Kräften, sondern auch an den bis dahin ungeahnten Möglichkeiten der Einwirkung nach außen. So ist die starke Motivation zu erklären, mit der jeder sich am Prozeß der Industrialisierung zu beteiligen suchte. Es ist der Prozeß einer Befreiung, wie er nie zuvor stattgefunden hatte. Schon im 18. Jahrhundert beobachten wir diesen Aufbruch zur Leistungsgesellschaft. Im 19. Jahrhundert tritt sie in die Startphase der europäischen Industrialisierung ein. Ihre ureigenste Staatsform aber ist der Nationalstaat als Leistungsstaat.

In zwei Weltkriegen ringen die nationalen Leistungsgesellschaften um die Weltherrschaft. Nach den beiden Kriegen wandeln sie sich zu inter-nationalen Leistungsgesellschaften: Sie schließen sich zu den zwei Blöcken zusammen und vergeben Entwicklungshilfe durch den Einsatz eigener Energie zur Umwandlung der Umwelt in Entwicklungsländern. Auf diese Weise treten die Leistungsgesellschaften aus dem engen Rahmen nationaler Grenzen heraus und verschaffen ihren Prinzipien Weltgeltung. Das ist es, was wir die Vollendung des ökonomischen Zeitalters nannten.

Ihre Leitbilder aber entlehnt die Leistungsgesellschaft ihren drei wichtigsten Tätigkeiten: Funktionieren – Steigern – Messen. Durch das Funktionieren der Marktproduktion schafft sie die Voraussetzung für die Befreiung von dem Chaos der Umwelt. Durch das Steigern der Leistung erhöht sie die Freiheit von den Zwängen der Umwelt. Durch das Messen der Leistung schließlich bedient sie sich der Gütemaßstäbe (technische Normen, Währungen etc.), die von allen akzeptiert werden.

Beginnen wir mit der ersten Tätigkeit: dem Funktionieren. Durch die Orientierung am Funktionieren unterwirft sich jeder einzelne und jede Gruppe der Gesellschaft den Regeln der Disziplin. Das ist eine Konsequenz, die man ohne weiteres in Kauf nimmt. Sie ist geradezu typisch für die Leistungsgesellschaft. Man kann heute einen Begriff wie den der Disziplin kaum noch zur Sprache bringen, ohne nicht in den Verdacht der Lächerlichkeit oder aber Böswilligkeit zu geraten. So weit haben wir uns schon von den Fundamenten der Leistungsgesellschaft entfernt. Und dennoch ist die Disziplin die wohl hervorstechendste Eigenschaft der Leistungsgesellschaft, d. h. ihrer Konsumenten, Produzenten und Administration. Man hat diesen wichtigen Tatbestand wohl für die Unternehmer und Beamten zur Kenntnis genommen, viel weniger jedoch für die Konsumenten.

In der Tat vollzieht sich das Konsumieren mit einer ganz erstaunlichen Disziplin. Sie offenbart sich am ehesten in dem streng geregelten Gruppenverhalten. Man greife eine beliebige Einkommensgruppe heraus, und mühelos läßt sich für ihre Konsumenten die Wohnungsgröße bestimmen, das Einrichtungsniveau, der Nahrungsstandard, die Autoklasse, der Touristen-Radius. Die Abweichungen jeder einzelnen Familie von den statistischen Mittelwerten sind ganz gering. Auch der »Fahrplan« der Konsumenten ist streng aufeinander abgestimmt. Sie haben alle dieselben Arbeitszeiten, Konsumzeiten, Reisezeiten. In diesem streng geregelten Rhythmus füllen und leeren sich die Wohnungen, die Städte, die Landschaften.

Mit wachsendem Einkommen werden zugleich auch die körperlichen und vor allem die psychischen Anforderungen an den Konsumenten erhöht. Konsumieren erfordert Zeit. Während aber der Konsumenten-Tag auf 24 Stunden begrenzt bleibt, wächst die Vielfalt und Intensität des Konsums. Es ist nicht mit dem Kaufen von Nahrungsmitteln, Kleidung und Geräten getan – sie müssen auch verzehrt, getragen und bedient werden. Man kann zwar immer mehr Anzüge besitzen, ein Zweit- und Drittauto kaufen, aber man kann zu einem Zeitpunkt immer nur einen Anzug tragen und ein Auto fahren.

Der wachsende Konsum bei begrenzter Zeit erhöht – trotz Arbeitszeitverkürzung – die psychische Beanspruchung des Konsumenten. Heute ist deshalb für immer mehr Verbraucher die »Freizeit« die strapaziöseste Zeit, von der sie sich in ihrer Arbeitszeit wieder »erholen«. Die Leistungsgesellschaft schützt den Beschäftigten am Arbeitsplatz vor Überbeanspruchung. Aber sie liefert ihn der wachsenden Belastung des Konsums aus. Hier erweist sich die Disziplin als ein unerläßliches Regulativ. Mit anderen Worten, die Leistungsgesellschaft funktioniert mit der Disziplin der Verbraucher.

Und nun zur zweiten Aktivität: Steigern. Die Dynamik der Leistungsgesellschaft hat ihren Ursprung in der Steigerung der Leistungen zur planvollen Umwandlung der Umwelt. Auch sie hat heute schon für einzelne Gruppen der Gesellschaft einen faulen Beigeschmack erhalten. (Auch hieran erkennt man den Sturz der Leitbilder.) Sie ist aber im ökonomischen Zeitalter eine ebenso wichtige Orientierungsgrundlage wie das Funktionieren. Den Ausschlag gibt immer das sogenannte ökonomische Prinzip, wonach der Aufwand (wir sagten: Einsatz von Energie) zu immer größeren

Ergebnissen bzw. Erträgen (wir sagten: Umwandlung der Umwelt) führen soll. Die ständige Verbesserung des Verhältnisses von Aufwand und Ertrag bestimmt das Verhalten des einzelnen wie der Gesellschaft. Die größtmögliche Steigerung zu erzielen ist zugleich die bestmögliche Lösung der Probleme. Nach diesem Prinzip werden die gestellten Aufgaben »optimal« gelöst. Für den Konsumenten bedeutet dies die maximale Steigerung seines Einkommens und damit seines Konsum-Niveaus, für den Produzenten die maximale Steigerung seiner Umsätze und Gewinne, für den Techniker die maximale Steigerung des Wirkungsgrades, für die Leistungsgesellschaft insgesamt die maximale Steigerung des Volkseinkommens.

In der Steigerung der Leistungen befinden sich Konsumenten, Produzenten, Techniker und Naturwissenschaftler in schöner Einmütigkeit mit der Gesellschaft insgesamt. Aus ihr entlehnen sie alle die Regeln der Einordnung und Unterordnung. Etwas leisten heißt deshalb immer auch, die weltweite Hierarchie der Leistungsgesellschaften auf ihren jeweiligen erreichten Stufen der Entwicklung anzuerkennen.

Die Leistungsgesellschaft orientiert sich schließlich auch an einer dritten Kategorie von Tätigkeiten: Messen. Aus ihr leitet sie die Maßstäbe für das Funktionieren und die Steigerung der Erträge ab. Die wichtigste Maßeinheit liefert das Geld. Mit dem Dollar oder der D-Mark mißt sie zuverlässig die Erfolge oder Mißerfolge der Unternehmer in Gestalt ihrer Gewinne oder Verluste. Sie mißt den Wert der Arbeit eines jeden Beschäftigten in Gestalt seines Einkommens. Das Einkommen aber bestimmt den Konsumstandard des einzelnen und dieser wiederum seine Geltung innerhalb der Leistungsgesellschaft. Deshalb ist das ökonomische Zeitalter hauptsächlich an den in Geld meßbaren Aufwendungen und Erfolgen bzw. Erträgen interessiert. Alles, was nicht meßbar ist, erscheint fragwürdig. Auf diese Weise geraten viele Ziele, Tätigkeiten und Hoffnungen der vor-industriellen Gesellschaft in Verruf oder in Vergessenheit, wie das Glauben, das Dienen, das Leiden.

Das ökonomische Zeitalter ist am meßbaren Erfolg orientiert. Die westlichen Marktwirtschaften messen aufgrund ihrer kapitalistischen Traditionen praktisch nur mit Geld. Die sozialistischen Länder benutzen aufgrund ihrer Mengen-Planungen daneben auch die natürlichen Maße wie Tonnen, Quadratmeter etc. Beide aber akzeptieren die maximale Steigerung des Volkseinkommens als das Hauptziel. Beide stufen die rund 140 Nationen dieser Erde nach Maßgabe ihres Pro-Kopf-Einkommens so ein, wie es die quantitativen Maßstäbe wirtschaftlichen Wachstums angeben. Ob eine Nation eine lebendige kulturelle Tradition besitzt oder aber geschichtslos in die Industrialisierung eintritt, ist dabei ziemlich unerheblich.

Mit dem Funktionieren, Steigern und Messen verpflichtet sich die Industriegesellschaft zugleich der Disziplin, Dynamik und Berechenbarkeit. Ihr gesamtes Erziehungs- und Ausbildungswesen ist hiervon geprägt. Darauf stützt sich das komplizierte System der arbeitsteiligen Welt. Nur damit können Millionen von Menschen auf dem engen Raum der Städte zusammen leben, ohne daß es zu Katastrophen kommt. Hierdurch läuft Tag und Nacht das für den einzelnen nicht mehr überschaubare Programm des Land-, Luft- und Wasserverkehrs ab, der Nachrichtenübermittlung und Warnsysteme.

Heute erst beginnen wir die Tragweite dieser drei Merkmale der Leistungsgesellschaft zu begreifen, weil wir gezwungen werden, sie in Zweifel zu ziehen. Wer zwingt uns dazu? Ist es die Übersättigung der allzu Erfolgreichen? Ist es die Übellaune der allzu Verwöhnten? Ist es die Undankbarkeit der Jüngeren, die die Opfer der Älteren mißachten? Ist es das Unbehagen einer neurotischen Überflußgesellschaft oder die Ungeduld der unterentwickelten Länder, die den weiten Marsch noch vor sich haben?

Hier werden die falschen Fragen gestellt. Übersättigung, Übellaune, Undankbarkeit, Unbehagen sind nur Erscheinungsformen menschlichen Verhaltens, dessen Ursachen wir bloßlegen müssen. Gewiß sind es zahlreiche Ursachen. Komplexe gesellschaftliche Veränderungen haben niemals eine einzige Ursache. Was heute aber die richtige Einschätzung der Lage erschwert, ist nicht die Vielfalt der Ursachen für die Veränderungen. Vielmehr ist es das lebhafte Interesse der Leistungsgesellschaft an den Symptomen ihres Verfalls. Es fasziniert sie geradezu, alles das in Zweifel gezogen zu sehen, was bislang als geheiligt galt. Standpunkte werden revidiert, Positionen aufgegeben. Das eigene Unverständnis sucht Verständnis für die anderen. Die Älteren empfinden eine seltene Einmütigkeit darin, daß sie auf dem Rückzug sind; die Jüngeren darin, daß sie auf dem Vormarsch sind. Aber beide wissen nicht, aus was sie sich zurückziehen und auf was sie vormarschieren. Die Älteren resignieren, die Jüngeren frustrieren. Alle sind in irgendeiner Weise an diesem Spiel beteiligt. Es sind die Passionsspiele einer Leistungsgesellschaft, die sich in Frage stellt, ohne die Ursachen zu erkennen.

Dabei ist der Prozeß noch nicht so weit vorangeschritten, wie es die Symptome vermuten lassen. Die Gesellschaft funktioniert noch, sie steigert noch und mißt noch. Die Faszination, die von ihrem Verfall ausgeht, scheint viel stärker zu sein als der Verfall selber. Aber das liegt nicht nur an der Verborgenheit der Ursachen, sondern auch an der Sichtbarkeit der Symptome. Fernsehen, Rundfunk, die Presse und Bühnen malen sie kräftig aus. Aber es wäre gewiß falsch, dieses ganze Spektakel als Übertreibungen einer unverantwortlichen Minorität von Frustrierten, Besessenen oder auch nur Geschäftemachern abwerten zu wollen.

Bezeichnenderweise sind es nämlich gerade ökonomische Faktoren, die diesen unaufhaltsamen Prozeß des Verfalls in Gang setzen. Am besten kommt man den Dingen auf die Spur, wenn man bei diesen Faktoren ansetzt. Wie ist dort anzusetzen? Den ersten Schritt haben wir bereits schon getan. Wir haben von dem unaufhaltsamen wirtschaftlichen Wachstum Kenntnis genommen und von dem, was es für die Einordnung des einzelnen in die Gesellschaft und der Staaten in das Drei-Etagen-System leistet. Nun müssen wir den zweiten Schritt tun. Wir müssen unser Augenmerk auf den Verlust der Maßstäbe richten, den das wirtschaftliche Wachstum unwiderruflich bewirkt.

Beginnen wir mit den Konsumenten. (Auch hier haben wir schon einen ersten Schritt getan.) Wir machten uns mit dem wichtigen Umstand vertraut, daß die Nützlichkeit der Konsumausgaben nicht gemessen und bewertet werden kann. Der Nutzen, den der Konsument mit seinen Ausgaben erzielen möchte, bleibt subjektiv, unbestimmbar und irrational. Die Grundlage eines vernünftigen Handelns ist die Befriedigung seiner lebenswichtigen Nachfrage nach Nahrung, Kleidung und Wohnung. Hier folgt er den Zwängen seines Erhaltungstriebes. Gerade aber durch das fortschreitende Wachstum der Einkommen entfernt sich der Konsument mehr und mehr von der Stufe der Existenzerhaltung. In der Überflußgesellschaft kann der Schutz vor Hunger und Kälte nicht mehr als Leitlinie vernünftigen Handelns dienen.

In der hoch entwickelten Industriegesellschaft orientiert sich der Konsument viel mehr am disziplinierten Funktionieren und der ständigen Steigerung seiner Leistungen. Letztere werden in Geld gemessen, als Einkommen honoriert und schließlich wieder verbraucht. Mit anderen Worten, der moderne Konsument zeigt seine Leistung mit seinem Konsumstandard vor. Damit tritt er in Konkurrenz. Die konkurrierende Leistungsgesellschaft ist immer auch zugleich eine konkurrierende Konsumgesellschaft. Die teureren Kleider, die kostspieligen Autos, die größeren Wohnungen sprechen ihre Sprache.

Man kann die Dinge sehen wie man will, immer wieder gelangt man zu dieser entscheidenden Voraussetzung vernünftigen Handelns: die Meßbarkeit des Funktionierens und Steigerns, die Zuverlässigkeit der Maßstäbe und ihre allgemeine Anerkennung. Und genau in diesem Punkt führt der Automatismus der Wachstumsprozesse die Konsumenten in das Stadium fehlender Maßstäbe. Die Spielregeln einer konkurrierenden Konsumgesellschaft sind nur ein recht unvollkommener und sie alle wenig befriedigender Ersatz für rationale Maßstäbe. Dennoch darf man wohl sagen, daß im Konsumbereich der Verlust der Maßstäbe noch am ehesten zu verschleiern ist.

Ganz anders steht es mit dem Produktionsbereich. Hier zeichnen sich heute Entwicklungen von viel größerer Tragweite ab. Bis zur Vollendung des ökonomischen Zeitalters richtete sich die hauptsächliche Nachfrage der Gesellschaft auf die Landwirtschaft und Industrie. Landwirte und Industrielle befriedigten als Unternehmer diese Nachfrage. In den Sektoren sowohl der Landwirtschaft als auch der Industrie galten verläßliche Maßstäbe auf Heller und Pfennig. Der Marktmechanismus der Einkommen, Nachfrage, Preise, Produktivitäten etc. lenkte den Strom erzeugter Güter und Dienstleistungen. Jedermann konnte den allgemeinen Maßstäben der Berechenbarkeit sein Vertrauen schenken. Aber der Automatismus der Wachstumsprozesse verlagerte kaum merklich sein Schwergewicht fort von diesen beiden Sektoren auf einen dritten Sektor, die sog. Infrastruktur. Und hier entstehen die unlösbaren Probleme, die wir bereits beschrieben haben.

Der Wachstumsprozeß erhöht nicht nur ständig unsere Einkommen, sondern er mündet zwangsläufig in diesen dritten Sektor. Immer mehr Beschäftigte und immer mehr Geld wandern in diesen Bereich. Hier regiert aber nicht mehr so sehr der Unternehmer mit seinen Maßstäben für Kosten und Ertrag als vielmehr der Beamte mit seinen Vorschriften. Hier gelten nicht mehr so sehr die ökonomischen Regeln von Angebot und Nachfrage als vielmehr die politischen Regeln der Zuteilungen. Mit anderen Worten, der Wachstumsprozeß verlagert sich unaufhaltsam in den dritten Sektor der Volkswirtschaft, wo die Maßstäbe des ökonomischen Zeitalters verlorengehen. Der Leistungsstaat degeneriert zum »Konsumentenstaat«.

Genauso wie der Konsument den Überblick über den Nutzwert seiner Ausgaben verliert, entbehrt auch die Administration der Maßstäbe für ihre Ausgaben. Jahr für Jahr erhöht sie ihre Ausgaben, aber immer gefährlicher werden die Engpässe in der Infrastruktur. Schon verschießen wir Viel-Kopf-Raketen oder befördern Astronauten auf den Mond, aber wir vermögen nicht mehr unsere Kinder richtig auszubilden. So führt auf immer weiteren Gebieten trotz wachsenden Volkseinkommens die Maßstablosigkeit in den öffentlichen Ausgaben zu den Grotesken eines irrational handelnden Konsumenten-Staates. Überfüllte Krankenhäuser, schlechte Schulen, stickige Hörsäle, verschmutzte Luft und Landschaft sind nur einige Aspekte jener »Welt, wie wir sie nicht wollen«.

Es fehlt natürlich nicht an ernsthaften Bemühungen, für den wachsenden Bereich der Infrastruktur verläßliche Maßstäbe zu entwickeln. Es geht dabei um die Erfassung aller jener Erträge, die eben nicht in Geld und auch nicht quantitativ meßbar sind. Auf diese Weise ist die »Kosten-Ertrags-Analyse« zu einem neuen Forschungsgebiet ausgewachsen. Eine ihrer Methoden besteht darin, die nicht meßbaren Erträge auf Geldgrößen zurückzurechnen. Zum Beispiel ist der Ertrag des Straßenbaus u. a. der, daß die Wartezeiten der Autofahrer verkürzt werden. Man könnte deshalb den Gewinn an Wartezeiten mit einem bestimmten Stundensatz in D-Mark bewerten. Aber mit wieviel D-Mark? Und wäre nicht ein neues Krankenhaus wichtiger? Wie sollen wir das messen?

Eine zweite Methode besteht darin, wie bei steigenden oder sinkenden Temperaturen zu »skalieren«. Man mißt die Zu- oder

Abnahme von Prozessen nach gewählten Maßeinheiten. So stellen wir z. B. fest, daß die Jugendkriminalität um 5 % gestiegen ist. Aber was ist die Basis? Welche Bezugsgrößen sind für alle verbindlich?

Derartige Methoden sollen nun auch für öffentliche Ausgaben verwendet werden. Bei mehrjährigen Programmen sind dann die Rangfolgen der Maßnahmen zu bestimmen. Man macht sich hierzu die Erfahrungen mit den Verteidigungsausgaben zunutze. Ihre Erträge sind ja ebenfalls nicht in Geld und auch nicht quantitativ zu messen. Man versucht sich in der Definition von Alternativen, zwischen denen die Wahl getroffen werden muß. Aber wer definiert und wer kontrolliert sie?

Neben die Kosten-Ertrags-Analyse und Programmierung des Budgets öffentlicher Ausgaben tritt ferner die Erforschung unserer Umweltbedingungen. Das sind die neuen Forschungsgebiete der Umweltplanung. Hier geht es um die »Interaktion« von Menschen und ihrer gewandelten Umwelt. Es geht um so weitgefaßte Komplexe wie »quality of life«. Aber wie können wir eine allgemeine Übereinstimmung darin herbeiführen, was wir wollen und was wir nicht wollen?

Auf allen diesen Gebieten finden sich interessante methodische Ansätze. Wir lernen das ganze Labyrinth der Entscheidungsmechanismen in einer hoch entwickelten Gesellschaft besser verstehen. Wir sehen unsere Umwelt auf eine ganz neuartige Weise. Wir legen über Dinge Rechenschaft ab, die uns bislang nicht interessierten. Wir analysieren Fakten und Situationen, mit denen wir bisher ganz unbekümmert verfahren haben. Schließlich gehen wir auch dazu über, Tatbestände zu isolieren, die wir immer nur im Zusammenhang gesehen haben.

Aber wir finden keine neuen Maßstäbe. Oder genauer gesagt, wir finden keine neuen Maßstäbe, mit denen wir die Ergebnisse unserer Aktivitäten ebenso zuverlässig und für alle verbindlich messen könnten wie ihren Aufwand. Im Gegenteil, die vielen neuen methodischen Ansätze laufen im Prinzip auf eine immer größere Zahl möglicher Alternativen hinaus. Diese wiederum aber dokumentieren den Verlust der Rangordnungen. Unter der »quality of life« will jeder etwas anderes verstehen. Auch sorgfältig definierte Meßeinheiten verlieren im Bereich administrativ veranlaßter Maßnahmen ihre zwingende Gültigkeit. Die »Skalierungen« bleiben immer dann graue Theorie, wenn die Gesellschaft nicht mehr »absolute« Meßzahlen setzen kann wie etwa bei Temperaturen einen Gefrier- und Siedepunkt. Und die »Bewertungen« offenbaren mit der Beliebigkeit der einsetzbaren DM-Beträge die ganzen Konsequenzen der Maßstabslosigkeit.

Nach welchen Maßstäben soll heute ein Parlamentsausschuß über die Anschaffung von »Starfighters« entscheiden? Und wie kann man noch den Einkauf der viel teureren »Phantoms« rational vertreten? Wer kann die Priorität des Straßenbauprogramms vor dem Ausbau der Hochschulen wirklich begründen? Wo sind die Kriterien, nach denen landwirtschaftliche Subventionen vor den Ausgaben für Krankenhäuser oder Virusforschung rangieren müssen?

Das, was heute geschieht, ist ja – bei Licht betrachtet – nichts weiter als die Fortschreibung nach alter Gewohnheit. Dabei werden hier einfach kleine Kürzungen und dort kleine Aufstockungen lieb gewordener Haushaltsausgaben vorgenommen. Den Anlaß dazu bietet das Auftreten störender Engpässe und häufiger noch der politische Druck von Interessengruppen. Für die Verteilung der wachsenden Volkseinkommen der Überflußgesellschaft ist die Administration völlig überfordert. Man kann deshalb den Parlamenten heute gar nicht mehr den Vorwurf der Naivität machen, weil niemand mehr die brauchbaren Maßstäbe zu liefern imstande ist. Dort aber, wo das Parlament und die Exekutive mit den Millionen und Milliarden ihrer öffentlichen Ausgaben im dunkeln tappen, kann auch der Bundesrechnungshof kein Licht hineinbringen. Mit seiner pfennigmäßigen Kontrolle der bloßen Rechnungsprüfung vermag er nur den Anschein zu liefern, daß alles seine Ordnung habe. In Wirklichkeit bleibt dem Steuerzahler das ganze Ausmaß der Desorientierung in den öffentlichen Ausgaben weitgehend verborgen. Er vermag nur noch mit Verwirrung zur Kenntnis zu nehmen, daß die Ausbildung seiner Kinder immer unzureichender wird, der Verkehr immer chaotischer, und daß die Jugendkriminalität ebenso unerklärlich steigt wie die Ausgaben für »Starfighters« und »Phantoms«.

Der Verlust der Maßstäbe hat zu Folge, daß der Automatismus des Wachstumsprozesses in eine unkontrollierte Expansion einzelner Bereiche der arbeitsteiligen Gesellschaft führt. Diese Bereiche setzen sich ihre eigenen Ziele, trotzen der Gesellschaft wachsende Mittel ab und vergrößern durch ihre Ausdehnung die bestehenden Widersprüche. Besonders deutlich ist dieser gefährliche Vorgang im Bereich technischer Erfindungen zu beobachten. Hier bringt die Orientierung der Techniker und Naturwissenschaftler am Funktionieren und Steigern eine Flut von Erfindungen hervor, die immer größere gesellschaftliche Probleme erzeugen. Wasserfreundliche Teppiche, überschallschnelle Verkehrsflugzeuge und Laser-Kanonen für die Medizin werden erfunden und produziert – aber niemand weiß die Probleme vernünftigen Wohnens, massierten Verkehrs und umfassender Krankenversorgung zu lösen. Mehr noch, die Überflußgesellschaft gerät geradezu in den Sog der technischen Neuerungen, die in immer brisantere gesellschaftliche Probleme münden.

Einen zweiten Bereich unkontrollierter Wucherungen stellen die Institutionen dar, die die ganzen Aktivitäten der Überflußgesellschaft planen, durchführen und kontrollieren sollen. Ein wachsendes Heer von Beamten und Angestellten bezieht immer neue Schreibtischplätze und wird immer unfähiger festzustellen, was der andere plant, durchführt und kontrolliert. In den Hirnen der Computer speichern immer mehr Daten und Informationen, die aber die Maßstäbe des Handelns nicht ersetzen können, sondern lediglich ihr Fehlen dokumentieren.

Diese Wucherungen und diese Eigendynamik in den einzelnen Bereichen der Gesellschaft beschränken sich keineswegs auf die genannten allein: Jeder muß heute auf seinem Gebiet diese Beobachtungen machen. Die Ursache ist überall dieselbe: Die Leistungsgesellschaft bleibt am perfekten Funktionieren und an der Steigerung der Wirkungen orientiert – aber sie kann mit dem Verlust verbindlicher Maßstäbe den Einsatz ihrer Aufwendungen und die gewünschten Erträge nicht mehr koordinieren. Im Bereich technischer Erfindungen und industrieller Produktion führt das zu Umweltzerstörungen, von denen heute schon Fachleute der Ansicht sind, daß es keinen »point of return«, keinen Punkt der Umkehr mehr gibt. Im institutionellen Bereich führt es zum Eigenleben administrativer Zuständigkeiten, in die sich die moderne Volkswirtschaft auflöst.

Noch scheint der Bereich der Unternehmungen – Produktion

und Handel – von diesem Prozeß weitgehend verschont. Unternehmer und Geschäftsleute glauben sich noch auf ihre Gewinn- und Verlustrechnungen verlassen zu können, auf ihre Bilanzen, Marktanteile und Auftragsbestände. Hier stimmen augenscheinlich noch die Maßstäbe der in Geld und nur in Geld meßbaren Aufwände und Erträge. Damit scheinen sie so etwas wie die Inseln der ökonomischen Vernunft zu bleiben inmitten dieses Prozesses wachsender Verunsicherung. Es ist deshalb wohl auch kein Zufall, daß die Proteste, Selbstanklagen und erbitterten Aktionen einer irritierten Gesellschaft im Bereich der Unternehmungen und der Geschäftswelt bisher die Ausnahme geblieben sind. Aber auch dieser Bereich muß früher oder später in den Sog gesellschaftlicher Probleme geraten, weil er mehr und mehr für öffentliche Aufträge tätig wird und damit gleichfalls nach verlorenen Maßstäben produziert. Ihre Rolle in der Umweltzerstörung oder im Rüstungsboom bringt diese Tendenz deutlich genug zum Ausdruck.

Eine Leistungsgesellschaft, welche die Maßstäbe für ihre Leistungen verliert und zugleich am perfekten Funktionieren und der Steigerung der Wirkungen oirentiert bleibt, geht einen gefährlichen Weg. Einstmals fand sie darin ihre Befreiung von den Zwängen der Umwelt. Heute verstrickt sie sich auf diese Weise in ganz neue Zwänge. So kann es gar nicht ausbleiben, daß der Automatismus der Wachstumsprozesse die Aktionen jener Gruppen heraufbeschwört, die zur völligen Zerschlagung dieses Automatismus aufrufen.

Bevor wir auf diese unvermeidliche Konsequenz der Entwicklung näher eingehen, müssen wir noch in gebotener Kürze eine wichtige Frage beantworten: Warum klammert sich die niedergehende Leistungsgesellschaft an falsche Hoffnungen?

Falsche Hoffnungen

Mit dem zunehmenden Verfall der Leistungsgesellschaft beginnen wir erst heute zu begreifen, was die alte Ordnung des ökonomischen Zeitalters wirklich zu leisten imstande war. Hatte eine Volkswirtschaft erst einmal die Startphase der Industrialisierung glücklich hinter sich gebracht, so setzte sich ihr Wachstum unaufhaltsam fort. Zwar traten Schwierigkeiten und Widersprüche auf in Gestalt sozialer Konflikte, Arbeitslosigkeit, nationaler und internationaler Formen der Ausbeutung, Weltwirtschaftskrisen, kleiner und großer Kriege. Aber sie erwiesen sich immer als typische Entwicklungsdefekte, die mit dem Zwang der Dynamik ihre Lösung fanden. Die Erfahrungen lehrten, daß man Vertrauen haben durfte in den Automatismus der Wachstumsprozesse. Die Ziele des Wachstums waren ebenso verläßlich wie seine Maßstäbe.

Alle Befürchtungen, daß in der »reifen Volkswirtschaft« auf hoher Entwicklungsstufe die Kräfte erlahmen müßten, erwiesen sich als falsch. Noch während des Zweiten Weltkriegs sagten bekannte Experten für die Nachkriegszeit eine anhaltende Stagnation, ein Ende des wirtschaftlichen Wachstums für die höchst entwickelten Volkswirtschaften voraus. Ihre Prognosen gingen aber nicht in Erfüllung. Die Kraft, die im Automatismus der Wachstumsprozesse wirksam ist, blieb ungebrochen. Zum ersten Mal in der Geschichte der Menschheit blieb die fortschreitende Entwicklung ökonomischer und gesellschaftlicher Verhältnisse nicht mehr auf eine kleine Gruppe von Personen oder Nationen beschränkt.

Auf diesem triumphalen Höhepunkt des ökonomischen Zeitalters offenbart jedoch die ungebrochene Kraft der Wachstumsprozesse mehr und mehr ihre zerstörerische Wirkung. Was sie einst zusammenfügte, spaltet sie. Was sie aufbaute, verbaut sie. Was sie freilegte, hemmt sie. Wo wir auch hinschauen, es verdunkeln sich die Horizonte.

Der Zwang der Dynamik erfüllt immer mehr Bereiche der Gesellschaft mit einer unkontrollierbaren Eigenentwicklung. Längst schon befinden sie sich nicht mehr im Wettlauf miteinander, sondern gegeneinander. Mit fortschreitendem Wirtschaftswachstum erhöht sich zugleich auch das Tempo dieses zerstörerischen Prozesses. Vom ersten Modell der Dampfmaschine bis zu seiner Nutzung benötigten wir noch 40 Jahre; von der Uranspaltung bis zur Atombombe noch 6 Jahre; von der Entdeckung des Laser-Strahls bis zu seiner Anwendung nur noch 3 Jahre. Mit dem Verlust der Maßstäbe erleben wir eine ähnliche Beschleunigung im Verfall der Leistungsgesellschaft.

Die alle Aktivitäten koordinierende »unsichtbare Hand« im wirtschaftlichen Wachstumsprozeß hat auf unser Denken eine nachhaltige Wirkung gehabt. Die ständige Verbesserung des Verhältnisses von meßbaren Aufwendungen und Erträgen war eine verläßliche Basis. Mit dem Verlust der Maßstäbe nahm das wirtschaftliche Wachstum seinen Fortgang, aber unsere Denkweise klammert sich an die alten Leitbilder, die ihre Gültigkeit verlieren. Schon frühzeitig sagte Albert Einstein: Die bisherige Entwicklung »hat alles verändert, nur unsere Denkweise nicht«.

Eine Leistungsgesellschaft, die nur noch am Funktionieren und Steigern der Wirkungen orientiert ist, gerät unvermeidlich in ein gestörtes Verhältnis zu ihrer Umwelt. Das gilt für das Verhältnis des einzelnen zur Welt, in der er lebt, zur Landschaft und zur Natur. Wir hatten gesehen, wie die Leistungsgesellschaft sich dadurch befreit, daß sie Energien benutzt zur Umwandlung der Umwelt. Am Ende des ökonomischen Zeitalters zerstört sie die Umwelt. Sie zersiedelt die Landschaft planlos mit ihren Eigenheimen, verschmutzt die Gewässer mit ihrer Industrie, verpestet die Luft und quält die Mitmenschen mit dem Lärm der Produktion und des Verbrauchs. Damit endet der Prozeß der Befreiung in erneuten Abhängigkeiten. Damit wird zugleich auch das Verhältnis zum Mitmenschen gestört. An die Stelle freundlichen Umgangs und nachbarlicher Hilfe tritt die ganze Unmenschlichkeit des perfekten Funktionierens und Steigerns der Wirkungen. Der Frankfurter Philosoph Max Horkheimer faßte das so zusammen: »Das Fortschreiten der technischen Mittel ist von einem Prozeß der Entmenschlichung begleitet.«

Das gestörte Verhältnis zur Umwelt aber entfacht den Trieb zur Aggression, zum Kampf aller gegen alle. Das ist eine Konsequenz, auf die wir im letzten Abschnitt dieses vierten Teils noch näher eingehen müssen. An dieser Stelle genügt der Hinweis darauf, daß die Aggressionen nicht etwa Angriffe im herkömmlichen Sinne des ökonomischen Zeitalters sind wie etwa Angriffe auf fremde Märkte, auf fremde Rohstoffe und Arbeitskräfte. Die heutigen Aggressionen, die aus dem gestörten Verhältnis zur Umwelt folgen, haben überhaupt kein wirtschaftliches Prinzip zu eigen. Deshalb sind sie so blindwütig, spontan und unberechenbar. Die Organisation dieser Aggressionen aber ist ein für uns noch völlig neues und unbekanntes Kapitel. Hier wissen wir überhaupt noch nicht, in was wir hineingeraten. Der Amerikaner L. Z. Freedman brachte das auf die kurze Formel: »Wir wissen mehr über das sexuelle und aggressive Verhalten der Graugänse als über die organisierte Aggression der Menschen.«

Der Stillstand im Denken, das gestörte Verhältnis zur Umwelt und die organisierte Aggression sind wohl die wichtigsten Erscheinungsformen am Ende des ökonomischen Zeitalters. Sie sind zugleich auch ein Anzeichen dafür, daß wir nicht einfach und konfliktlos hinübergleiten in eine neue Epoche. Vor allem aber geben sie keine Anhaltspunkte dafür, wie diese neue Epoche aussehen mag, welche Prinzipien in ihr Gültigkeit haben könnten und welche neuen Aufgaben bevorstehen. Ihre Konturen aber werden wir solange nicht erkennen können, als wir noch nicht in der Lage sind, unsere heutige Situation zu begreifen.

Das gerade ist es, was so außerordentlich schwerfällt. Viele Jahrzehnte sind wir an den Zwang der Dynamik und seine Regulative gewöhnt. Sie schufen ein nahezu unbegrenztes Vertrauen in den Sinn wachsender Sozialprodukte. Das Ergebnis war die re-aktive Gesellschaft, die sich an die gültigen Maßstäbe gewöhnte, und die deshalb auf bloße Anreize und Impulse zu reagieren brauchte, damit der Automatismus des Wachstums sein Recht erhielt. Aber was heute auf uns zukommt, sind Fragen, für die niemand eine verbindliche Antwort geben kann. Der französische Pionier der Zukunftsforschung, Bertrand de Jouvenel, resümierte sie so:

»Jedes Jahr haben wir augenscheinlich mehr Mittel zur Hand, um das zu tun, was wir wollen. Aber was wollen wir eigentlich?«

Sobald die Maßstäbe verlorengehen und keine neuen gefunden werden, greift Unsicherheit um sich. Naturwissenschaftler und Techniker begreifen die Welt nicht mehr; Ökonomen, Soziologen und Politologen werfen sich gegenseitiges Mißverstehen vor; Landwirte sind enttäuscht, Beamte verbittert. Jeder kehrt vor fremden Türen. Schuldige werden gesucht, auf die sich die organisierte Aggression entlädt.

Die Hoffnungen aber richten sich heute auf die Planung, auf die richtige und rechtzeitige Planung des wirtschaftlichen Wachstums und seiner gesellschaftlichen Bedingungen. Kein Regierungsprogramm, keine Jahresbotschaft des Präsidenten ohne das Versprechen, mehr und besser zu planen. Planen aber ist im Prinzip nichts anderes als frühzeitig koordinieren und lenken. Planen, richtig verstanden und praktiziert, ist die Vorbereitung, das Treffen und die Durchführung von Entscheidungen.

Vielfach können aber die Entscheidungen gar nicht vorbereitet werden, weil es an den notwendigen Informationen fehlt. Die Entscheidungen können auch nicht getroffen werden, weil zu viele sich für zuständig halten und gegeneinander arbeiten. Schließlich können die Entscheidungen auch nicht durchgeführt werden, wenn bereits schon andere Maßnahmen ergriffen wurden oder die Durchführung verschleppt, hintertrieben oder einfach unterlassen wird. In dieser alltäglichen Situation bleibt das Instrument der Planung stumpf und wirkungslos.

Wo aber die Hoffnung auf die Planung versiegt, richten sich neue Hoffnungen auf Reformen. Sie sollen die Hindernisse abbauen, die der Planung entgegenstehen. Sie sollen die systematische Gewinnung von Informationen ermöglichen, das Gegeneinander verhindern und die Durchführung der Maßnahmen beschleunigen.

Planung und Reformen – danach greift die Leistungsgesellschaft in ihrem Verfall. Deshalb stehen »innere Reformen« im Mittelpunkt der politischen Grundsatzerklärungen in Washington wie in Paris, London und Bonn. Reformpläne für die Montanindustrie, die Landwirtschaft, das Gesundheitswesen, Schule und Hochschule etc. werden verkündet. Planungsämter werden für Sonderbereiche errichtet. Die Wissenschaft liefert neue Planungstechniken. Die Politiker versprechen – wann immer sie zu Versprechungen neigen – neue Planungen und neue Reformen.

Wer soll planen und wer soll reformieren? In dieser Frage herrscht auch heute noch eine seltene Einmütigkeit: Der Fachmann soll planen und reformieren. Sein Sachverstand soll durchschlagen und nicht etwa das Spiel politischer Interessen. Ökonomen, Techniker, Naturwissenschaftler, Pädagogen, Mathematiker und überhaupt jeder, der als Fachmann etwas auf seinem Gebiet gilt, soll planen und reformieren. Auf ihren Sachverstand, ihr rationales Kalkül und auf ihre Kompetenz richten sich die Erwartungen der verwirrten Leistungsgesellschaft.

Die neuen Hoffnungen richten sich damit auf die kompetenten Fachleute, die die Dinge nicht treiben lassen, sondern selber in die Hand nehmen. Man nennt sie »Technokraten« und die Herrschaft ihres Sachverstandes die »Technokratie«. Wenn auch die Politiker nach Planung und nach Reformen rufen, dann erkennen sie damit die führende Rolle der Fachleute und Spezialisten an, geben also den Technokraten ihr Recht. Die Gesellschaft aber erwartet von ihnen, daß sie die verfahrenen Situationen in den Griff bekommen.

Damit richten sich die neuen Hoffnungen auf diejenigen, die mit dem »Aufmarsch der Technokraten« das ökonomische Zeitalter seiner Vollendung zuführten. Sie waren es, welche die Vision einer »Welt, wie wir sie wünschen«, entwarfen und sich ihr verpflichteten. Sie setzten die gesamte Entwicklung in Gang, die wir in den früheren Kapiteln beschrieben haben. Sie bescherten dem Vorrang politischer Kräftespiele und somit dem »europäischen Zeitalter« ein abruptes Ende. Sie entthronten die Politik territorialer Expansion. Sie schmiedeten die beiden Blöcke. Sie überwanden den kalten Krieg und verhalfen ihren Grundsätzen in der Entwicklungshilfe zu weltweiter Geltung.

Damit wurde nach dem Zweiten Weltkrieg das Wirklichkeit, was man den »technischen Staat« genannt hat: die Vorherrschaft der Technokraten und ihrer Prinzipien. Die Leistungsgesellschaft fand schließlich im technischen Staat ihr ureigenstes Gehäuse. Deshalb geriet in der öffentlichen Meinung das Spiel der Politiker, ihre Reden und Beteuerungen in den Geruch des Verdächtigen, sobald es im Widerspruch zum Standpunkt der Spezialisten zu stehen schien. Nur der Sachverstand der Experten war Trumpf. Nur wer unter Sachzwängen handelte, handelte rational. Der Soziologe Helmut Schelsky formulierte das so: *»Je besser die Technik und Wissenschaft, um so geringer der Spielraum politischer Entscheidung.«*

Er drückte die Meinung vieler aus, wenn er sagte, daß im Technischen Staat der »Staatsmann« gar nicht »Entscheidender« oder »Herrschender« sei, »sondern Analytiker, Konstrukteur, Planender, Verwirklichender. Politik ... fällt aus diesem Raume eigentlich prinzipiell aus, sie sinkt auf den Rang eines Hilfsmittels für Unvollkommenheiten des Technischen Staates herab«.

So wie einst das christliche Abendland seine Missionare zu den »Naturvölkern« entsandte, um sie zu den Prinzipien des christlichen Lebenswandels zu bekehren, so entsendet der Technische Staat heute seine Fachleute in die Entwicklungsländer, um ihnen »Nachhilfeunterricht« in wirtschaftlicher und gesellschaftlicher Entwicklung zu geben. Dabei gehen sie vielleicht genauso naiv und rücksichtslos vor wie seinerzeit die christlichen Missionare. Denn nichts ist den modernen Technokraten heilig, was ihrer Leistungssteigerung widerspricht. Dort wo sie auf feste familiäre Bindungen stoßen, zerreißen sie ihr Siedlungsprogramm. Wo Beschaulichkeit vorherrschte, erzwingen sie Rastlosigkeit. Wo die Großfamilie für alle sorgte, mehren sie das Risiko städtischer Arbeitslosigkeit. In ländlichen Idyllen errichten sie Fabrikschlote und Müllplätze. Kaum eine Provinz noch, in der nicht die Technokraten nach ihren strengen Gesetzen die Grundlagen für eine Leistungsgesellschaft legen, die keinen Hunger mehr kennen wird, keine Epidemien, nicht die Arbeitslosigkeit von Generationen und die Ohnmacht gegenüber den Gewalten der Natur.

Was können wir von den modernen Technokraten für die Zukunft erhoffen? Werden sie in der Lage sein, die verlorenen Maßstäbe durch neue Maßstäbe zu ersetzen? Wird ihr missionarischer Eifer die allgemeine Lethargie überwinden helfen? Wird ihre Tüchtigkeit dem Verfall der Leistungsgesellschaft wehren können? Wird ihre Disziplin dem Niedergang der Arbeitsmoral entgegenwirken? Wird schließlich ihr Arbeitsethos dem Verfall der Sitten etwas Neues entgegensetzen können?

Die Antwort auf diese Fragen gibt zugleich auch Auskunft über die Tragfähigkeit neuer Planungen und Reformen. Wir gelangen am ehesten zu einer Antwort, wenn wir dort ansetzen, wo wir die Orientierungsgrundlagen der Leistungsgesellschaft untersucht haben. Denn sie sind es, denen sich die Technokraten verpflichten, denen sie die Leitlinien ihres Denkens und Handelns entlehnen. Die Grundlagen waren: Funktionieren – Steigern – Messen. Sie sind die wichtigsten Aktivitäten des Fachmanns und Spezialisten, gleichviel, auf welchem Gebiet er tätig ist. Zu diesen drei grundlegenden Aktivitäten kommt nun etwas Entscheidendes hinzu: der Anspruch auf allgemeine Gültigkeit des Funktionierens, des Steigerns und des Messens. Mit der Durchsetzung dieses Anspruches gegen das bloße spontane Handeln des Politikers etabliert sich der Fachmann und Spezialist zum Technokraten.

Wird nun der Technokrat seinen Anspruch auf Herrschaft aufgeben wollen? Nichts spricht dafür. Wem sollte er auch seine Vorherrschaft überlassen? Den Unzufriedenen und Übersättigten oder etwa den Demonstranten und Protestlern? Mit ihnen wird er nicht einmal in die Diskussion eintreten. Er kann es gar nicht, denn schon ihr Mangel an Disziplin und Leistung disqualifiziert sie – in seinen Augen – für jede Art der Auseinandersetzung.

Nun ist es aber ausgerechnet der Spezialist, der zuerst und am deutlichsten den Verlust der Maßstäbe in der Überflußgesellschaft registriert. Seine neuen Produkte sind es, deren Erzeugung die Gewässer verschmutzt. Seine Straßen sind verstopft. Seine Wohnmaschinen treiben die Menschen in die Einsamkeit. Seine industriellen Erzeugnisse verstopfen die Märkte. Seine landwirtschaftlichen Erzeugnisse türmen sich zu unverkauften Bergen auf. Überall entartet die Rentabilität seiner Produktion in eine Pseudo-Rentabilität seiner Produktion, in eine Pseudo-Rentabilität, die durch Subventionen und Stützungskäufe vorgetäuscht werden muß. Zollschranken schützen schwindende Märkte, öffentliche Aufträge stützen seine zweifelhafte Prosperität. Das wirtschaftliche Wachstum ist ohne seine gigantischen Rüstungsausgaben überhaupt nicht mehr denkbar. Wo immer er seinen Blick hinwenden mag, der Automatismus der Wachstumsprozesse ufert in die Maßlosigkeit aus.

Wie reagiert der Spezialist auf diese neue Situation? Er tut es genauso, wie er es immer getan hat. Er beugt sich dem Zwang der Dynamik. Er bleibt am perfekten Funktionieren orientiert. Wo Störungen auftraten, arbeitet er verbissen, sie zu beseitigen. Wo sie nicht zu beseitigen sind, ist er der festen Überzeugung, daß sie außerhalb seines Zuständigkeitsbereiches auftreten und daß ihn dies nichts angeht. Mit derselben Disziplin, mit der er an der Fortdauer des Funktonierens arbeitet, steigert er auch die Erträge und Wirkungen. Wo die Erträge nicht in Geld meßbar sind, mißt er sie in Kilometern oder in Tonnen oder in der Personenzahl oder in den allgemeinen Begriffen des »mehr als im Vorjahr«. Wo aber ein Zuwachs der Erträge bei bestem Willen nicht mehr festzustellen ist, da klammert er sich einzig und allein an das Funktionieren. Hier haben wir es mit einem neuen Typ von Technokraten zu tun, der sich an den Perfektionismus klammert, wenn die Steigerungen versagen.

Der Spezialist klammert sich auch dann an den Perfektionismus der Abläufe, wenn die Maßstäbe für seine Erträge und Wirkungen schwinden. So wie er die Störungen des Ablaufs fremden Bereichen und Zuständigkeiten zuschiebt, so sucht er den Verlust der Maßstäbe auch nicht im eigenen, sondern in fremden Zuständigkeitsbereichen. Und darin kann man ihm auch gar nicht widersprechen. In der Tat gehen wachsende Irrationalität und Pseudo-Rentabilität des Wirtschaftsablaufs ebenso wie der Verlust verbindlicher Maßstäbe aus dem Automatismus der gesamten wirtschaftlichen Entwicklung hervor. Daran vermag die Leistung und Disziplin der einzelnen Fachkräfte überhaupt nichts zu ändern. Im Gegenteil, sie treiben den Gang der Dinge voran.

So kapselt sich der Spezialist und Experte mehr und mehr in den engen Bereich seines Faches und seiner Zuständigkeit ab. Der Ingenieur baut schnellere Flugzeuge, der Metallurg schafft härtere Legierungen, der Arzt erweitert seine Diagnosen, der Landwirt steigert die Produktion, der Biologe rückt näher an die Bestimmung der Gene – aber jeder von ihnen kennt nur noch die Maßstäbe seines eigenen Bereichs, die Gesetze seines Funktionierens und seiner Steigerungen. Von dem, was Planungstechniker an neuen Methoden des Messens zu finden suchen, weiß er nichts und will er nichts wissen. Denn ihre Maßstäbe – wenn immer sie gefunden werden sollen – sind nicht die seinigen. Und alles, was man von neuen Maßstäben hört, ist ohnehin nichts als ein Methodenspiel von Akademikern.

So entfremdet auch der Spezialist seiner nachbarlichen Arbeitswelt. Den Anspruch auf Allgemeingültigkeit seiner Prinzipien und Maßstäbe nimmt er auf seinen eigenen engen Bereich zurück. Er will nur noch Ingenieur seines eigentlichen Gebietes sein, Metallurg, Arzt, Landwirt oder Biologe. Es bleibt ihm gar nichts anderes mehr übrig, als sich an das perfekte Funktionieren seiner kleinen Fachwelt zu klammern. Man hat ihn nie etwas anderes gelehrt, als den Gesetzen des Funktionierens, Steigerns und Messens zu gehorchen.

Mit der Isolierung des Spezialisten wächst zugleich auch die Entfremdung gegenüber der Fachwelt. Die Ursachen hierfür sind ihm viel weniger bewußt als die Wirkungen. Am empfindlichsten wird er nicht durch den Verlust verbindlicher Maßstäbe getroffen. Denn er wird immer versuchen, sie durch Maßstäbe seines engen Bereiches zu ersetzen. Was ihn viel stärker trifft, sind die Wirkungen seines Funktionierens, die immer grotesker und schädlicher werden. Diese

Wirkungen sind es nämlich, welche die Konflikte innerhalb der Gesellschaft erhöhen, die Kluft zwischen reichen und armen Ländern vergrößern, den Widerspruch zwischen Überfluß und Hunger verschärfen, die Kriege immer unmenschlicher machen und die Vernichtungsgewalt gestapelter Waffen multiplizieren.

Der entfremdete Technokrat zieht nicht nur seinen Anspruch auf Allgemeingültigkeit seiner Gesetze zurück. Er verliert auch seine missionarische Kraft, mit der er bislang die Welt zu seinen Gesetzen bekehrte. Es bleibt ihm nicht länger verborgen, daß der Perfektionismus und die Steigerung der Wirkungen in eine Welt münden, »wie wir sie nicht wollen«. Damit entartet die technokratische Vision von einst. Damit wird seine Herrschaft zu einer Tyrannei.

Am Ende des ökonomischen Zeitalters sind die Hoffnungen, die wir auf den Experten setzen, vergeblich. Die Hoffnungen, die wir an seine Planungen und Reformen knüpfen, sind falsche Hoffnungen. Die Rolle des Technokraten, die er am Ende des ökonomischen Zeitalters spielen muß, ist eine tragische Rolle. Seiner nachbarlichen Arbeitswelt entfremdet, seinem Perfektionismus verhaftet, mißtraut er mehr und mehr den Wirkungen seiner Leistungen. Von seiner Mitwelt beschimpft, als »Fach-Idiot« bekämpft, zieht er seinen Anspruch auf weltweite Vorherrschaft zurück.

In den Hochburgen heranwachsender Spezialisten breiten sich Enttäuschung und Verwirrung aus. Es flackert der Haß auf den eigenen Perfektionismus auf. Im Rechenzentrum Montreal zertrümmerten Studenten der Mathematik ihre Computer. Sie zerschlugen sie nicht, weil sie ihnen ihre Arbeit nahmen, so wie einst die Weber die Webstühle zerschlugen. Sie zertrümmerten die Computer in einem Ausbruch von Verbitterung und Verzweiflung. Und als in den amerikanischen Riesenstädten im Herbst 1965 der Strom ausfiel, als sie ins Dunkle tauchten, führten die Studenten der Harvard University Freudentänze auf den Straßen auf.

Die stürzenden Säulen der Stabilität

Der Verlust der Maßstäbe und die falschen Hoffnungen sind keineswegs die einzigen Merkmale des heutigen Verfalls der Leistungsgesellschaft. Dem aufmerksamen Beobachter kann es nicht entgehen, daß noch viel mehr auf dem Spiel stehen muß als die einstmals so gerühmte Disziplin und Leistungsfreudigkeit.

Warum ist das so? Weil ganz offensichtlich der Niedergang der alten Leitbilder zugleich das weltweite Ordnungsgefüge in Frage stellt. Denn mit diesen Leitbildern wurden die beiden Blöcke geschmiedet, unterwarfen sich die Blockmitglieder der Führungsrolle der USA und UdSSR. Mit missionarischem Eifer wirkten die beiden Blöcke auf die Einbeziehung der Dritten Welt in das System der Entwicklungsstufen, errichteten auch dort die Leitbilder des ökonomischen Zeitalters. Deshalb hat ihr Sturz heute weltweite Konsequenzen.

Wir wollen hier zunächst die Konsequenzen für die Stabilität der beiden Blöcke West und Ost analysieren. Denn auf ihr ruht die Vorherrschaft der beiden Supermächte und ihre gemeinsame Kontrolle der Dritten Welt. Dieses System der »Drei Etagen« – die zwei Blockführer, die Blockmitglieder und die Dritte Welt – bildet den weltpolitischen Rahmen für die »dynamische Ordnung« unserer Gegenwart. Wird nun dieses System den Niedergang der Leistungsgesellschaft überdauern?

Die Stabilität der beiden Blöcke ruht auf mehreren Säulen. Wir haben das bereits vorher erörtert. Für die beiden Blöcke ist es das gemeinsame militärische Bündnis in Gestalt der NATO und des Warschauer Paktes. Zum anderen ist es die gemeinsame Orientierung am steigenden Einkommen und Konsumstandard. Für den Ost-Block ist es ferner die kommunistische Ideologie, für den Westblock die technologische Lücke. Diese Säulen verleihen beiden Blöcken ihre Stabilität und erzwingen von den Mitgliedstaaten eine erstaunliche Blockdisziplin, die sie als re-aktive Mitläuferstaaten bis auf den heutigen Tag zu wahren besorgt sind.

Die erste Bedingung – das gemeinsame militärische Bündnis – ist für die beiden Block-Polizisten entscheidend. Auf sie können und werden sie nicht verzichten wollen. Sie schufen diese Bedingung schon frühzeitig durch ihre militärpolitische Bündnispolitik.

Sie sicherten sie ab durch ihr Rüstungsmonopol; die USA im nichtkonventionellen Rüstungsbereich, die UdSSR auch für die konventionellen Waffen. Beide Block-Polizisten errichteten ferner ihre einseitige Kommandostruktur, die ihnen ihre Vorherrschaft garantiert. Beide vereinen auf sich die größte wirtschaftliche und technologische Potenz innerhalb ihres Blockes; sie ist die Voraussetzung für ihre militärpolitische Führerschaft.

Die zweite Bedingung der Blockstabilität ist die gemeinsame Orientierung der Blöcke an der Konsumsteigerung. Die Erhöhung des Volkseinkommens ist deshalb für beide Blöcke eine Maxime ihres Handelns. Zwar weisen ihre Gesellschafts- und Wirtschaftssysteme die bekannten Unterschiede auf; aber ihre Volkswirtschaften sind in erster Linie für die ständige Öffnung neuer Erfahrungshorizonte in der Produktion und im Verbrauch engagiert. In der Produktion sind es die technologischen Neuerungen, im Verbrauch die neuen Horizonte steigenden Konsums. In der Verfolgung ihrer vitalen Interessen am Funktionieren und Steigern gewähren die beiden Blockführer ihren Mitläuferstaaten – wenngleich auch auf unterschiedliche Weise – den notwendigen Verbund und die notwendige militärische Sicherheit.

Sobald die Leistungsgesellschaft an ihren gemeinsamen Orientierungsgrundlagen zu zweifeln beginnt, wird auch ihre Solidarität mit den anderen Mitgliedern des Blocks unterhöhlt. Sobald der Anspruch des Spezialisten auf Weltgeltung seiner Sachzwänge zurückgenommen wird auf seine enge Fachwelt, wird auch die »missionarische« Tätigkeit des Blocks als Entwicklungshelfer in der Dritten Welt fragwürdig. Vor allem aber geschieht dann etwas, was ganz undenkbar war, solange noch die Wahrung gemeinsamer Interessen im Vordergrund stand: Die Führerschaft der USA und UdSSR wird diskutiert und bald darauf einer zersetzenden Kritik unterzogen. Kann sie doch nur so lange widerspruchslos hingenommen werden, als sie der Wahrung gemeinsamer Interessen dient. Mit dem Verlust der Gemeinsamkeit der Interessen wird sie mehr und mehr als ungerecht, anmaßend, erdrückend und historisch überholt angesehen.

Im Westblock muß dieser Vorgang als eine unausweichliche Konsequenz des Verfalls der Leistungsgesellschaft zum Zuge kommen. Anders als im Ost-Block sind hier die am höchsten entwickelten Volkswirtschaften der Welt zusammengeschlossen. Nur einige wenige unter ihnen haben eine gewisse Neutralität gewahrt wie etwa die Schweiz und Schweden. Gerade aber auf den obersten Stufen wirtschaftlicher Entwicklung setzt der Verlust der Maßstäbe ein, die Wucherung der Teilbereiche, die Entstehung gesellschaftlicher Widersprüche.

Die wachsende Verwirrung in den Überflußgesellschaften kennt hier keine nationalen Grenzen. Sie wirkt in allen Blockmitgliedern gemeinsam. In Frankreich wie in der Bundesrepublik, in Großbritannien wie in Belgien spielen die Spezialisten eine mehr und mehr tragische Rolle auf ihrem Rückzug in die Fachbereiche, in die Formulierung sektoraler Planungen und Reformen. Überall bilden sich Gruppen des Protestes und gewaltsamer Aktionen. Die Solidarität der Blockmitglieder, die sich bisher auf dem Zusammenhalt gleichgesinnter Leistungsgesellschaften und ihrem gemeinsamen Sicherheitsbedürfnis gründete, erhält eine ganz andere Bedeutung. An ihre Stelle tritt die Solidarität der Demonstranten in allen Blockmitgliedern, die Solidarität der Protestler und der Organisatoren der Aggression. Wenn sich die ältere Generation in den Blockstaaten einstmals einig fühlte in der Sicherung ihrer Leistungen und Interessen, so fühlt sich heute die junge Generation im Westblock solidarisch in der Verunsicherung dieser Leistungen und Interessen.

Die Blockführerschaft der USA aber gerät in ihre eigene Krise. Sie hat unter allen Blockmitgliedern die höchste Stufe wirtschaftlicher Entwicklung erreicht. Es ist deshalb auch kein Zweifel, daß die USA heute die Tragödie der niedergehenden Leistungsgesellschaft schon im fortgeschrittenen Stadium demonstrieren. Mit einer gewaltig wachsenden ökonomischen Potenz ausgestattet, erweisen sie sich immer unfähiger, ihre eigenen Konflikte zu lösen. Mehr noch, die unlösbaren Konflikte wachsen im außer-ökonomischen Bereich, wie etwa das Rassenproblem oder Fragen der inneren Sicherheit. Dort wo noch die Prinzipien der Leistungsgesellschaft gelten – private Wirtschaft, führendes Management und besitzender Mittelstand –, mischt sich der Anspruch auf Gültigkeit dieser Prinzipien mit nagendem Zweifel, der Stolz auf die Leistungen mit dem Ignorieren der gesellschaftlichen Widersprüche. Die Bewohner dieser letzten Inseln ökonomischer Vernunft werden mehr und mehr eingekreist von dem Sturm des Protests und der Flut der

Aggressionen. New York, als die gewaltige Versteinerung wirtschaftlicher Macht, stirbt den Tod einer ohnmächtigen Stadt. Dieses dramatische Spektakel des Niedergangs wird nun auch den europäischen Blockmitgliedern mit allen Mitteln moderner Massenmedien vorgeführt und mit der ungehemmten Leidenschaft der Leistungsgesellschaft für gesteigerte Wirkungen.

Hatten nicht die USA einst ihre Blockmitglieder auf die Prinzipien des ökonomischen Zeitalters eingeschworen? Hatten sie nicht das europäische Vakuum mit ihrer wirtschaftlichen und militärischen Potenz aufgefüllt? Schauten nicht die Blockmitglieder mit Stolz auf die Leitbilder der amerikanischen Industriegesellschaft und übernahmen sie ohne Widerspruch? Das gehört inzwischen der Vergangenheit an. Heute zeigen die Vereinigten Staaten ihren Blockmitgliedern, wohin der Automatismus der Entwicklungsprozesse führt; in die Entfremdung der Spezialisten, in die Wucherungen aller Teilbereiche, in Proteste und Gewalt. Von den Demütigungen der älteren Generationen der USA bekommen die älteren Generationen Europas einen Vorgeschmack für das, was sie erwartet. Von der Technik des Protests der jungen Generation in New York, in Boston und San Franzisko lernt die junge Generation in London, Paris und Berlin. Was man in Chikago und New Haven für die Organisation der Aggressionen erprobt, wird nun auch in Frankfurt und Mailand praktiziert. Auf diese Weise übernehmen die USA in ihrem Block auch die Führerschaft im Verfall der Leistungsgesellschaft. Ihre englischen, französischen oder deutschen Blockmitglieder spielen die gewohnte Rolle der Mitläufer nun auch in der verunsicherten Welt stürzender Leitbilder.

Wie steht es heute mit der technologischen Lücke? Das automatische Wachstum der Lücken erwies sich bei näherer Betrachtung als eine wesentliche Voraussetzung für die Weltordnung der »Drei Etagen«. In diesem Zusammenhang kamen wir zu dem Ergebnis, daß die technologische Lücke keine »amerikanische Herausforderung« ist, sondern eine wichtige Säule der Stabilität des Westblocks. Die technologische Lücke beseitigen, hätte so viel bedeutet, wie die Stabilität des West-Blocks von dieser Seite aus in Frage zu stellen.

Am Ende des ökonomischen Zeitalters wird das noch viel deutlicher als bisher. Gerade der technologische Vorsprung der USA ist es, der ihr nun auch die zweifelhafte Führerschaft im Verfall der Leistungsgesellschaft aufdrängt. Die technologischen Neuerungen führen zu immer größeren gesellschaftlichen Widersprüchen. Der Vorsprung der USA entspricht deshalb auch ihrem Vorsprung in den Wucherungen aller Bereiche und ihren Widersprüchen. Auch in dieser Hinsicht ist die technologische Lücke keine »amerikanische Herausforderung«. Heute noch die Überwindung der technologischen Lücke zu fordern, gehört zu den grotesken Fehleinschätzungen unserer eigenen Situation. Wer nicht will, was auf uns zukommt, der müßte viel eher die Forderung erheben, die USA mit ihren technologischen Neuerungen einfach davonlaufen zu lassen. Aber eine solche Forderung ist unsinnig. Die Entwicklung bestimmt sich nicht nach unseren Wunschbildern. Vor allem aber gibt es keine Umkehr auf dem Wege dieser fortschreitenden Entwicklungen und ihrer Widersprüche. Wir haben dafür weder theoretische oder historische Modelle noch praktische Instrumente zur Hand. Wir haben nicht einmal eine vage Vorstellung davon, wie eine solche Umkehr vonstatten gehen sollte.

Am Ende des ökonomischen Zeitalters stürzen im Westen die Säulen der Stabilität: die gemeinsame Orientierung an der Konsumsteigerung und die technologische Lücke. Die gesellschaftlichen Widersprüche zerstören die Idylle der Überflußgesellschaft. Einstmals erlaubte die Steigerung der Wirkungen unsere Befreiung von den Zwängen der Umwelt. Heute macht sie uns wieder zu ihren Gefangenen. Der technologische Vorsprung der USA entzaubert sich als Vorsprung im Verfall der Leistungsgesellschaft.

Wie steht es mit der Stabilität des Ost-Blocks? Greifen wir auch hier wieder auf das zurück, was wir schon erläutert haben. Auch im Ost-Block stellt das militärische Bündnis (Warschauer Pakt) eine wichtige Säule der Stabilität dar. Auch dort erlangte die Sowjetunion als Blockpolizist ihre militärische Monopolstellung dadurch, daß sie die ökonomische und technologische Potenz des Blocks in ihre Hände vereinigte. Ebenso wie im West-Block zeichnen sich auch für den Ost-Block Entwicklungen im militärischen Bereich ab, auf die wir noch später eingehen wollen. Deshalb stellen wir diesen wichtigen Punkt auch hier noch zurück und interessieren uns zunächst für die übrigen Bedingungen der Blockstabilität.

Zweifellos ist auch der Ost-Block am steigenden Volkseinkommen und Konsum orientiert. Jahr für Jahr werden die Pläne mit neuen Wachstumsraten der Produktion und des Verbrauchs verkündet, erreichte Erfolge gelobt und die Untererfüllung des Plan-Solls getadelt und bestraft. Wer das reibungslose Funktionieren stört, gilt als Feind des Volkes und wird auch als solcher behandelt. Wer die Erträge steigern hilft, ist Held des Tages. Nur was meßbar ist, wird ernstgenommen. Was nicht in Gold zu messen ist, wird nach Köpfen gezählt, nach Tonnen oder Hektar. In allen Staaten des Ost-Blocks verkünden große Spruchbänder von den Fassaden der Häuser, von den Brücken und Hochbauten die Parolen der Leistungsgesellschaft.

Anders als in den kapitalistischen Ländern ist die gesamte öffentliche und private Nachfrage geplant. Zentral werden die Pläne aufgestellt und die Aufgaben vergeben. Alle sind diesen Plänen verpflichtet, aber alle haben auch einen Anspruch auf Versorgung. Selbst der Anspruch auf einen Arbeitsplatz (»Recht auf Arbeit«) ist gesetzlich gesichert. Dafür bleibt jeder den strengen Regulativen der zentralen Planung unterworfen. Der Konsument ist nicht »König« sondern Untertan. Er bekommt alles zugeteilt, er muß Schlange stehen. Die Landwirtschaft kennt keine Butterberge, der Bergbau keine Kohlenhalden. Die Gebrauchsgüter sind ebenso knapp wie der Wohnraum, in den sie gestellt werden. Alles das sind die typischen Merkmale einer »Versorgungswirtschaft«.

Auch im Entwicklungsniveau unterscheiden sich die sozialistischen Länder von den kapitalistischen. Selbst die am höchsten entwickelten Staaten – in der Rangfolge der Pro-Kopf-Einkommen sind es die DDR, ČSSR und die UdSSR – weisen eine beträchtliche Entwicklungslücke zum Westen auf. Die Einkommen, Investitionen und der Verbrauch befinden sich noch durchaus auf den mittleren Stufen der Entwicklung, welche die meisten kapitalistischen Länder schon nach dem Ersten Weltkrieg erreicht hatten. Der Erwerb einer eigenen Wohnung, einer elektrischen Waschmaschine oder gar eines Autos sind noch erstrebenswerte Ziele. Viele Träume der Konsumenten sind in den sozialistischen Ländern noch nicht Wirklichkeit geworden, wo sie in den kapitalistischen Überflußgesellschaften schon zu Alpträumen auswachsen. Deshalb bezeichnen wir die sozialistische Gesellschaft auch als »Aufbaugesellschaft«.

Eine dritte Gruppe von Merkmalen ergibt sich aus der zentralen Planung. Auf einen klassischen Fall gingen wir schon an früherer Stelle näher ein: die Lenkung der Investitionen in der Schwer- und Leichtindustrie. Was die westliche Öffentlichkeit gar nicht zur Kenntnis nimmt, darüber muß die sozialistische Öffentlichkeit tagtäglich belehrt werden. Denn hier folgt nicht jeder den Anreizen des Marktes, sondern dem Zwang der politischen Agitation. Deshalb beherrschen hier die Propaganda und die politischen Kontrollen die Szene. Das müssen wir im Auge behalten, wenn wir die sozialistischen Volkswirtschaften als »Planwirtschaften« bezeichnen.

Die ökonomischen Merkmale des Wachstums sind in Ost und West nahezu die gleichen; auch sonst nähern sich die Volkswirtschaften an. Wie das geschieht, haben wir an früherer Stelle gezeigt. Heute kommen jedoch die Merkmale einer »Aufbaugesellschaft«, »Versorgungswirtschaft« und »Planwirtschaft« mit einer völlig neuen Bedeutung zum Tragen. Erstens kann von einem »Einholen« der westlichen Spitzenreiter der Entwicklung selbst in den nächsten zwei Jahrzehnten nicht die Rede sein. Deshalb will niemand mehr diese alte Parole Chruschtschows (»Einholen und Überholen«) sich zu eigen machen. Zweitens kennzeichnet damit bis auf weiteres nicht Überfluß sondern Knappheit die Lage. Auch morgen und übermorgen werden nicht Butterberge, sondern die Warteschlangen den Alltag prägen. Drittens sind es nicht die ökonomischen Faktoren, die in erster Linie das Denken und Handeln bestimmen, sondern nach wie vor die politischen.

Die Entthronung des Politikers durch den Fachmann nach dem Muster des westlichen »Technischen Staates« brauchte im Osten niemals zu erfolgen. Gewiß befinden sich die Fachleute und Spezialisten überall in führenden Positionen, weil anders eine Industrialisierung gar nicht möglich ist. Aber die kommunistische Partei bereitet alle großen und kleinen Entscheidungen selber vor, trifft sie, kontrolliert ihre Befolgung und sorgt für die propagandistische Deutung. Deshalb ist auch für die weitere Zukunft die tragische Rolle des Spezialisten, die er heute im Westen zu spielen genötigt ist, im Osten lange nicht so aktuell.

Wie steht es nun mit dem ideologischen Dogma als Stabilisator des Ost-Blocks? Die entscheidenden Schritte taten Stalin und Chruschtschow. Stalin handhabte die Ideologie zur Disziplinierung der sowjetischen Leistungsgesellschaft; er stabilisierte im wesentlichen »nach innen«. Chruschtschow ging einige Schritte weiter. Er gestaltete die Ideologie als sozialistische »Sprachregelung«, die im ganzen Ost-Block für jede Frage, jede Situation und jede Maßnahme die verbindliche Erklärung gibt; er stabilisierte im wesentlichen »nach außen«. Konnten noch die älteren Kommunisten ihren Alltag mit den unverrückbaren Prinzipien des Marxismus-Leninismus deuten, so empfangen die heutigen Kommunisten die jeweils neueste Sprachregelung Moskaus wie Tagesbefehle (die manchmal auf sich warten lassen).

Eine erste wichtige Funktion der Ideologie als Sprachregelung ist die Rechtfertigung der getroffenen Maßnahmen bzw. ihre propagandistische Vorbereitung. Man darf dies nicht nur in dem Sinne verstehen, daß sich eine politische Minorität den Anschein geben möchte, im Sinne der breiten Masse zu handeln. Vielmehr soll die ideologische Sprachregelung die Maßnahmen auf die verbindlichen Leitlinien des Denkens und Handelns zurückführen. Sie bietet der Leistungsgesellschaft die Möglichkeit an, sich mit ihnen zu identifizieren, also mitzumachen und sich zu engagieren. Die am Funktionieren orientierte Leistungsgesellschaft ist ohnehin geneigt, das Politische zu verdrängen, beiseite zu schieben oder zu vergessen. In diesem Verlangen kommt ihr die ideologische Sprachregelung entgegen. Die ideologischen Rechtfertigungen sollen ermöglichen, daß die Disziplin der Werktätigen und die Disziplin der Konsumenten auch in der Disziplin des politischen Verhaltens seine Entsprechung findet.

Eine weitere wichtige Funktion der Ideologie ist die »Erklärung« der Widersprüche. Auf diese Aufgabe ist die kommunistische Ideologie geradezu spezialisiert. Die ganze Geschichte des Aufbaus der sowjetischen Leistungsgesellschaft und des Blocks sozialistischer Staaten ist verwoben mit der nicht abreißenden Kette von »Erklärungen« für die offensichtlichsten Widersprüche. So wurden nicht nur entstandene Engpässe »erklärt«, die Mißerfolge mit der Kollektivierung in der Landwirtschaft, Fehllenkungen der Produktion, Angebotslücken, Preischaos etc., sondern auch die enge Bindung Osteuropas an Moskau oder das eigenwillige Verhalten der Entwicklungsländer.

Auf diese Weise unterscheidet sich die Stabilität des Ost-Blocks ganz deutlich von derjenigen des West-Blocks. Die USA sicherten ihre Rolle als Blockführer mit ihrer überragenden technologischen (und ökonomischen) Potenz. Die Sowjetunion etablierte ihre Rolle als Block-Polizist mit ihrer führenden ideologischen Sprachregelung. Wir können deshalb auch sagen, daß die Stabilität des West-Blocks auf dem ökonomischen Prinzip der technologischen (und Entwicklungs-) Lücken beruht, diejenige des Ost-Blocks auf dem ideologischen Dogma.

Fassen wir die Ergebnisse zusammen (die militärischen Aspekte werden später erörtert):

Stabilität der Blöcke

West-Block	Ost-Block
Überflußgesellschaft	Aufbaugesellschaft
Ökonomisches Prinzip	Politisches Prinzip
USA: Führend in Technologie	UdSSR: Führend in Ideologie
»Produziert« Widersprüche	»Erklärt« Widersprüche
Stürzt Leitbilder	Diktiert Leitbilder
Eingebaute Labilität	Bedingte Stabilität

Heute offenbart der West-Block am Ende des ökonomischen Zeitalters seine eingebaute Labilität. Getrieben vom Automatismus der Entwicklungsprozesse, tritt er in das Stadium stürzender Leitbilder, verlorener Maßstäbe und falscher Hoffnungen ein. Die Führungsrolle der USA wird zwangsläufig zur Führungsrolle im Verfall der Blockstabilität. Die ökonomischen Bedingungen sind es, die diesen Prozeß heraufbeschwören.

Im Ost-Block sind erst die unteren und mittleren Stufen der wirtschaftlichen Entwicklung erklommen. Zugleich kommen hier aber die Merkmale des ökonomischen Zeitalters überhaupt nicht zum beherrschenden Durchbruch. Die politischen Faktoren bewahren ihren Vorrang. Im Block sozialistischer Länder gehen die Uhren anders. Seine Stabilität ist weniger von technologisch-ökonomischen als von politisch-ideologischen Prozessen abhängig.

Was heißt nun »bedingte Stabilität« des Ost-Blocks genauer betrachtet? Zunächst darf man nicht die Augen vor der Tatsache verschließen, daß auch im Ost-Block die Vision von der Befreiung der Gesellschaft längst schon einem verbreiteten Gefühl der

Unfreiheit gewichen ist. Damit aber ging ein entscheidendes Fundament für den Zusammenhalt der Leistungsgesellschaft verloren. Bekanntlich folgten schon auf die großen Hoffnungen der russischen Revolution (1917) die dunklen Jahre des Zwangs, in denen Stalin aus einem unterentwickelten Landvolk die sowjetische Leistungsgesellschaft schmiedete. Schon damals erstarb der Funke der revolutionären Idee. Mit dem Einbruch deutscher Truppen in Rußland konnte ihn Stalin noch einmal entfachen. So entstand der Ost-Block immerhin doch mit dem Glanz der Befreiung von faschistischer Unterdrückung. Aber der starre Zwang, mit dem Stalin den Ost-Block errichtete und ihm sein Wirtschafts- und Gesellschaftssystem verordnete, lähmte alle Versuche der sozialistischen Leistungsgesellschaft, ihre Anstrengungen als notwendige Schritte ihrer eigenen Befreiung zu begreifen. Das ist das wenigste, was man zur Rolle des sowjetischen Block-Polizisten sagen sollte.

Was damals die amerikanische Vision von der »Welt, wie wir sie wollen«, in Westeuropa an freudiger Bereitschaft des Zusammenschlusses und spontaner Leistungsorientierung schuf, war ja doch eine wichtige Voraussetzung für die freiwillige Mitläuferrolle im US-Block. Was dagegen die sowjetische Doktrin in Osteuropa an politischem Zwang schuf, war das strenge Reglement für die unfreiwillige Mitläuferrolle im Sowjet-Block. Es ist ja nicht von ungefähr, daß der amerikanische Blockführer auf die Marktwirtschaft mit ihren Anreizsystemen baute und der sowjetische Blockführer auf seine Planwirtschaft mit Zwangssystemen. Die Marktwirtschaft lockt nicht nur den einzelnen in die modernen Leistungssysteme, sondern stellt ihm zugleich auch die Befreiung von ökonomischen Zwängen in Aussicht. Die Planwirtschaft zwingt nicht nur den einzelnen in die modernen Leistungssysteme, sondern muß ihm zugleich immer auch die Befreiung von politischen Zwängen in Aussicht stellen. Das ist es, was wir auf den kurzen Nenner brachten: Die Uhren gehen anders im Sowjet-Block. Im West-Block mündet die wirtschaftliche Entwicklung erst auf den höchsten Stufen in Widersprüche und neue Zwänge der Umwelt. Im Ost-Block besteht auf jeder Stufe der Entwicklung dieser offene Widerspruch zwischen Zwang und dem Anspruch auf Befreiung.

Die kapitalistische Leistungsgesellschaft hat deshalb jahrzehntelang eine innere Dynamik und Stabilität an den Tag gelegt. Durch den fortschreitenden Automatismus ihrer Entwicklungsprozesse gerät sie heute in den Sog verlorener Maßstäbe und stürzender Leitbilder. Ihr Verfall folgt einem ökonomischen Gesetz. Die sozialistische Leistungsgesellschaft dagegen muß Tag für Tag die Bedingungen ihrer Dynamik und Stabilität politisch schaffen und kontrollieren. Sie steht immer zugleich mit einem Bein auf dem gefährlichen Terrain des Zweifels und der Kritik an ihren Maßstäben und Leitbildern. Das Verhalten ihrer politischen Führung zeigt deutlich genug, wie sehr sie die Stabilität des Ost-Blocks als eine durchaus »bedingte Stabilität« zu festigen gewillt ist.

Aus diesen für uns so wichtigen Unterschieden beider Blöcke folgt noch ein anderer Umstand. Da nämlich im Ost-Block auf jeder Stufe wirtschaftlicher Entwicklung die Leistungsgesellschaft ihren Mitgliedern keine hinreichende Basis eines eigenen und befreienden Engagements bietet, kann sich auf jeder Stufe lähmende Resignation ausbreiten. Und genau das ist es, was wir seit eh und je in den sozialistischen Ländern in so erschreckendem Maße beobachten. Das gilt für so hoch entwickelte Blockmitläufer wie die ČSSR ebenso wie für noch unterentwickelte wie etwa Bulgarien oder Rumänien. Dem Glanz der westlichen Länder in der Vollendung ihres ökonomischen Zeitalters vermochte der Ost-Block nur einen recht trüben Alltag ständig murrender und klagender Mitläufer entgegenzusetzen. Den Gästen aus der Dritten Welt bot er kein allzu erhebendes Vorbild für ihren eigenen Weg in die Industrialisierung.

Man sieht, wie sehr die Stabilität des Ost-Blocks auf dieser einen Säule ruht, die wir das ideologische Dogma genannt haben. Man darf aber auch nicht übersehen, wie sehr die kommunistische Ideologie zu einer bloßen Sprachregelung verfiel. Das haben wir schon an früherer Stelle skizziert. Hier ist auf die unerbittliche Härte zu verweisen, mit der die Sprachregelung tagtäglich durchgesetzt werden muß. Anders als der West-Block, der mit dem spontan akzeptierten Vorsprung der USA auf allen Gebieten entstand, mußte der Ost-Block mit dem ideologischen Dogma Moskaus geschmiedet und konserviert werden. Das erfordert immer wieder neue Stützungs- und Sicherungsmaßnahmen. Das erfordert selbst auch militärisches Eingreifen des Blockführers wie noch 1968 der Einmarsch sowjetischer Truppen in die Tschechoslowakei.

Nun läuft auch diese Säule der Stabilität Gefahr, unter dem Druck der inneren Opposition ins Wanken zu geraten. Das Aufbegehren gegen die offiziellen Sprachregelungen ist heute nicht mehr Sache einer entmachteten und enteigneten Bourgeoisie, sondern Sache der sowjetischen Intellektuellen, Atomwissenschaftler, Universitätslehrer, Jugendfunktionäre und Agrarökonomen. Sie wenden sich gegen die verhärteten Rudimente einer einstmals so kraftvollen Ideologie. Innerhalb der Blockmitläufer rührt sich diese Opposition in allen Gruppen und führt eine nicht zu überhörende Sprache.

Auch regen sich wieder die Kräfte, die nach nationaler Selbstständigkeit streben. Das Ausbrechen der ČSSR konnte von Moskau mit Gewalt verhindert werden. Andere Blockmitglieder betreiben seit langem die Unterwanderung der Blockdisziplin. Ein bekanntes Beispiel bietet Rumänien. Zunächst weigerte es sich, an den Manövern des Warschauer Paktes teilzunehmen oder auch nur sein Territorium dafür freizugeben. Dann lehnte es seine Beteiligung an der wirtschaftlichen Integration des Ost-Blocks ab. Es trat auch nicht der gemeinsamen Investitionsbank bei. Während es die militärische Intervention Moskaus in Prag kritisierte, findet es sogar für die feindliche Haltung Pekings verständnisvolle Worte. Selbst den amerikanischen Präsidenten Nixon lud dieses Blockmitglied zu einem offiziellen Staatsbesuch ein.

Spätestens im Jahre 1969 geriet endgültig die tragende Säule des ideologischen Dogmas ins Schwanken. Das wurde in aller Welt so sichtbar wie nie zuvor auf der Moskauer Gipfelkonferenz der kommunistischen Parteien. Im Sitzungssaal der Zaren Romanoff nahmen die Delegierten aus aller Welt Platz vor den marmornen Dokumenten einer gloriosen Geschichte des Russischen Reiches. Noch 1960 hatten sich in diesem Saal Vertreter von 81 kommunistischen Parteien versammelt; nun sind es nur noch 75 kommunistische Parteien. Von den etwa 45 Millionen kommunistischen Parteimitgliedern aller Länder waren nur noch etwa 23 Millionen in Moskau vertreten. Das, was 22 Millionen Abtrünnige davon abhielt, Moskau in Treue zu huldigen, war genau das, was bislang die wichtigste Säule der Blockstabilität bildete: der Moskauer Anspruch auf die Allgemeingültigkeit seiner ideologischen Sprachregelungen. Seit 1969 kann kein Zweifel mehr daran bestehen, daß diese Säule nur noch von bedingter Tragfähigkeit ist.

Beide Blockführer finden deshalb heute sehr unterschiedlichen Anlaß, sich mehr als je zuvor an die verbleibenden Sicherungen ihrer Blockstabilität zu klammern. Während der West-Block das Schauspiel des Verfalls seiner Leistungsgesellschaft aller Welt offeriert, will sich der Ost-Block weiterhin abkapseln und isolieren. Beide Block-Polizisten aber müssen ihre Machtmittel mit gleicher Strenge und Härte zu wahren bestrebt sein. Bieten sich noch reale Möglichkeiten, ihre Weltherrschaft der »Drei Etagen« aufrechtzuerhalten?

Exkurs: China eine Gefahr? – Japan eine »Herausforderung«?

An dieser Stelle unterbrechen wir den Gang unserer Überlegungen und wenden uns kurz zwei Ländern zu, die auf sehr unterschiedliche Weise die Weltherrschaft der USA und UdSSR berühren: die Volksrepublik China und Japan. Wir können auf die komplexen Fragen, die beide Länder aufwerfen, in diesem gerafften Exkurs selbstverständlich nicht eingehen. Das ist auch für unsere Überlegungen keineswegs unerläßlich. China ist ohnehin mit zuverlässigen Zahlen nur schwach dokumentiert. Es steht außerhalb des politischen Niemandslandes der Dritten Welt und außerhalb des Systems der »Drei Etagen«. Japan dagegen fügt sich nahtlos in das Bild schnell aufsteigender Industriestaaten ein. Was wir über China nicht wissen, ist bezüglich Japan sattsam bekannt.

Dennoch seien einige Bemerkungen an die Frage angeknüpft, ob China eine Gefahr in unserer heutigen Situation darstellt und Japan eine »Herausforderung«. Beides wird immer wieder behauptet und bedarf für unseren Zusammenhang einer Erläuterung.

China hat drei Schritte nach vorn getan, seit die Kommunisten 1949 Hunger und Chaos erbten. Die beiden ersten Schritte sind zwei Aufbaupläne 1953–1962. Nach sowjetischem Vorbild erhielt die Industrie den Vorrang vor der Landwirtschaft. Moskau half mit 2,5 Mrd. $ und 12 000 Experten. Doch »der große Sprung nach vorn« endete 1960 in Konflikten, Erschöpfung und dem vorzeitigen Abbruch des zweiten Aufbauplans. Der dritte Plan 1966–1970 berücksichtigt wieder die Landwirtschaft stärker als zuvor.

Dieses volkreichste Land der Erde wird heute hinreichend

ernährt. Allem Anschein nach steigt der Nahrungsstandard und das Konsumniveau schon über diejenigen Stufen hinaus, auf denen noch der indische Nachbar verharrt. Vor allem aber erhebt sich die Frage, ob China zu den Großmächten aufrückt. Hat es heute schon eine ausreichende Basis hierfür? Dafür sprechen dem Anschein nach vor allem vier Faktoren: der wachsende Handel mit dem Westen, die neuen Industrieerzeugnisse, die Wasserstoffbombe und der Konflikt mit der Sowjetunion.

Der wachsende chinesische Handel mit dem Westen ist weitgehend auf den gebremsten Handelsaustausch mit dem Ost-Block zurückzuführen. Etwa 90% des Angebots erstrecken sich auf einfache Rohstoffe. – Die neuen Industrieerzeugnisse der Kantoner Messen umfassen Kühlschränke, Werkzeugmaschinen, elektronische Geräte und Automobile. Aber die Produktionsziffern sind noch verschwindend gering. China erzeugt heute nur 20 kg Stahl pro Kopf (Bundesrepublik 600 kg). – Die Wasserstoffbombe, die im Juni 1967 getestet wurde, hat allerdings zu Recht Aufsehen erregt. Ein Jahr zuvor wurden schon Atombomben mit lenkbaren Raketen gezündet. Jedoch besteht nicht die geringste Aussicht, daß China das Wettrüsten der USA und Sowjetunion jemals einholen könnte. Die in der Provinz Sinkiang erzeugten Bomben können nicht in die ballistischen Sperrgürtel der beiden Supermächte eindringen. – Der Konflikt mit der Sowjetunion schließlich offenbart, wie schwer die Hypotheken der Vergangenheit wiegen. Nach dem Opiumkrieg 1842 wurden China zahlreiche ungleiche Verträge aufgezwungen, an denen sich auch der heutige russisch-chinesische Grenzkonflikt entzündete.

Alles in allem ist die wirtschaftliche Basis für eine Großmachtstellung in der nahen Zukunft völlig unzureichend. Auch für China gelten die Gesetze des »gleichförmigen Pfades« wirtschaftlicher Entwicklung und die langen Fristen. Bis zum Jahr 2000 kann dieses Land die Mittellagen der Entwicklung noch nicht erreicht haben: Auch hier gelten die Gesetzmäßigkeiten, die wir schon früher erläuterten. Die Rückkehr zur Landwirtschaft und die Bekundungen Maos nach dem Höhepunkt der Kulturrevolution demonstrieren die wachsende Einsicht in diese Zwangsläufigkeiten. Mit anderen Worten, China bleibt noch auf längere Sicht den unteren Etagen der Entwicklung verhaftet.

Dennoch nimmt es in vielerlei Hinsicht eine Sonderstellung unter den Entwicklungsländern ein. Es vergibt heute selber Entwicklungshilfe an Länder Asiens und Afrikas. Vor allem aber errichtete Mao ein ideologisches Gegen-Zentrum gegen Moskau. Dieser Konflikt wird mit dem Werben um die Dritte Welt ausgetragen.

China eine Gefahr? Stellen wir diese Frage in unseren Zusammenhang, so können wir sie nicht recht bejahen. China mag aufgrund seiner Größe in strategisch wichtigen Sektoren den »großen Sprung« versuchen, jedoch bleibt es dann den Zwangsläufigkeiten wirtschaftlicher Entwicklung verhaftet. Die ökonomische und technologische Potenz einer Nation steht nicht auf wenigen, sondern auf unzählig vielen Beinen. Sie erfordert Wachstumsprozesse von zwei bis drei Generationen. Und dennoch: Mit dem Verfall der Leistungsgesellschaft kündigen sich heute neue Prozesse an, in denen China in der Tat eine gefährliche Rolle spielen könnte. Das sollten wir nicht übersehen, wenn wir im folgenden Kapitel auf sie näher eingehen.

Japan wird heute gern als eine neue Art der Herausforderung an die hoch entwickelten Industrienationen angesehen. Nach dem deutschen Wirtschaftswunder wird nun das japanische entdeckt. In der Tat sind Tempo und gewisse Eigenarten der wirtschaftlichen Entwicklung erstaunlich. Aber ebenso wie sich das deutsche Wirtschaftswunder bei genauerer Analyse entzaubert, lassen sich die Gesetzmäßigkeiten wirtschaftlicher Entwicklungen am japanischen Beispiel eher demonstrieren als widerlegen.

Vieles ist wirklich interessant an dieser Entwicklung. Nach dem Scheitern der Weltreichpläne im Zweiten Weltkrieg gab Japan – im Gegensatz zu Deutschland – seinen Anspruch auf Weltgeltung keineswegs auf. Es richtete ihn jedoch ausschließlich auf die kommerzielle Expansion und Beherrschung größerer und zusammenhängender Räume. Dazu konzentrierte es seine gesamte ökonomische und technologische Potenz. Diese »Bündelung« der wirtschaftlichen Kräfte ist im wesentlichen ein Prozeß politischer Willensbildung.

Japan bedient sich einer interessanten Strategie, nach Räumen und Entwicklungsstufen gegliedert. Auch die kollektiven Motivationen der japanischen Arbeiter sind für den westlichen Beobachter von denkwürdigem Interesse. Schließlich sind staatliche Lenkungen mit privater Initiative auf eine Weise verknüpft, wie es dem Anspruch auf weltweite kommerzielle Ausdehnung sehr förderlich ist. Man kann das wirklich bewundern, wie es etwa der bekannte Futurologe H. Kahn tut in seinem Buch »Sie werden die ersten sein – Japan 2000« (Wien 1970). Mag man, wie Kahn, daran auch noch naheliegende Hoffnungen für eine Art Achse Washington–Moskau–Tokio knüpfen. Aber das trifft schon nicht mehr den Kern der Dinge. Denn Japan geht trotz aller Eigenarten den Weg der Leistungsgesellschaft. Je länger es sein Schrittempo durchhält, desto schneller muß es das Ende auch seines ökonomischen Zeitalters erleben. Für den Verfall der Leistungsgesellschaft bietet aber Japan bis heute keine tragfähige Alternative an.

Japan eine Herausforderung? Am Ende des ökonomischen Zeitalters muß man diese Frage verneinen. Japan spielt in Wirklichkeit eine tragische Rolle. Zu einem Zeitpunkt, zu dem schon die Leitbilder des ökonomischen Zeitalters stürzen, arbeitet es aufopfernd an seiner Vollendung. So wie das Deutsche Reich unter Hitler noch zu einem Zeitpunkt europäische Geschichte zu »machen« sich anschickte, als das »europäische Zeitalter« seinem Ende zueilte, so baut Japan an den Säulen ökonomischer Potenz, die heute nicht mehr tragen.

Mag man diesem tüchtigen Land seine Bewunderung nicht verwehren wollen. Aber eine Herausforderung stellt es für die niedergehende Leistungsgesellschaft gewiß nicht mehr dar. Was an neuen Konflikten auf uns zukommt, dafür weist Japan keine neuen Wege auf. Vielmehr will es scheinen, daß China hier eine bedeutsame Rolle spielen könnte. Noch ist nicht klar zu erkennen, welchen Weg China gehen wird. Will es die Leistungsgesellschaften »einholen« nach dem japanischen Vorbild, oder wird es die Richtung der neuen Konflikte einschlagen? Daß China hier noch eine echte Wahl hat, das macht es zu der gefährlichen Unbekannten der Zukunft.

Die Wende zum offenen Konflikt

Was erwartet uns am Ende des ökonomischen Zeitalters? Ungeduldig stehen wir vor vielen Fragen. Was können wir tun? Wir können Schritt für Schritt unsere heutige Situation begreifen. Denn wir beginnen heute, die Geschichte des ökonomischen Zeitalters mit ganz anderen Augen zu sehen als diejenigen, die es aufbauten und vollendeten. Wir müssen uns nicht länger mehr der Selbsttäuschung hingeben, daß der Verfall der Arbeitsmoral, der Disziplin und Einordnung die Ursache sei. Das ist nur die Wirkung. Denn der Verlust der Maßstäbe führt zur Maßlosigkeit der Entwicklungen. Nach dem Zweiten Weltkrieg hatte man noch geglaubt, daß die »reifen Volkswirtschaften« wie ein gealterter Organismus zum Abbau ihrer Zellen verurteilt seien. In Wirklichkeit aber bietet sich uns heute das Bild ungehemmter Zellenspaltung und bösartiger Wucherungen.

Am Ende des ökonomischen Zeitalters richten sich die falschen Hoffnungen nicht nur auf den Technokraten und seine Planungen und Reformen. Sie richten sich auch auf die »Modelle der Zukunft«.

Es gilt ein Wort, das M. Djilas in seinem Buch »Die unvollkommene Gesellschaft« für die Visionen des kommunistischen Dogmas prägte: *»Propheten und Weissagungen sind die Saat der Verzweiflung.«*

Was also erwartet uns und was können wir tun? Wir sagten, daß wir Schritt für Schritt unsere heutige Situation begreifen müssen. Und tatsächlich stellt sich von dem neuen Blickpunkt aus, den wir mit dem Niedergang des ökonomischen Zeitalters eingenommen haben, die Welt ganz anders dar. Anders als von den althergebrachten Positionen, von denen aus wir eine »neue« Dekadenplanung für dieses Jahrzehnt formulieren; oder mit den alten Hoffnungen eine »Weltinnenpolitik« programmieren; oder die Dauerhaftigkeit der Sicherheitsabkommen überschätzen. Das, was heute not tut, ist zunächst noch etwas ganz anderes.

Deshalb wollen wir nun einen weiteren Schritt in unserer Analyse tun. Wir haben den Wandel in den Beziehungen zwischen den beiden Supermächten und ihren Block-Mitläufern dargelegt. Nun wollen wir uns den Auswirkungen auf der »Dritten Etage«, den Entwicklungsländern, zuwenden. Denn das ist im Grunde genommen der Anlaß gewesen, in den vorangegangenen Teilen dieses Buches die Entwicklung der letzten drei Jahrzehnte einer sorgfältigen Analyse zu unterziehen. Die denkwürdigen Perspektiven und Zusammenhänge, die wir dabei gewonnen haben, helfen uns nunmehr, diesen weiteren Schritt zu wagen.

Die neuen Konflikte

Welche Konsequenzen ergeben sich nun für die Dritte Welt der Entwicklungsländer? Sie bereiten sich doch erst auf den Eintritt in das ökonomische Zeitalter vor. Sie stehen doch außerhalb der beiden Blöcke und sind »politisches Niemandsland« geblieben. Bleiben sie also von dem Verfall auf den oberen Entwicklungsstufen unberührt? Sind sie von den Veränderungen innerhalb der Blöcke nicht betroffen? Immer schon haben Mahatma Gandhi und andere führende Sprecher der Dritten Welt ganz andere Hoffnungen gehegt. Kann sich ihre Vision erfüllen, daß die Entwicklungsländer den Widersprüchen der kapitalistischen Überflußgesellschaften sowie auch den politischen Zwängen der sozialistischen Aufbaugesellschaften einen eigenen Weg »neuer Humanität« entgegensetzen könnten?

Die Industrieländer starteten ihre »große Invasion« in die Entwicklungsländer mit ihrem Sendungsbewußtsein, aber auch mit ihren Maßstäben, mit ihren Gesetzmäßigkeiten und selbstverständlich auch mit ihren Leitbildern. Das hat nun am Ende des ökonomischen Zeitalters schwerwiegende Konsequenzen, die bisher noch nicht in ihrem ganzen Umfang zutage treten konnten. Zugleich aber vollzieht sich die »große Invasion« auch mit den Widersprüchen der Überflußgesellschaft. Auch das müssen wir in Rechnung stellen, bevor wir die Bilanz aller Auswirkungen auf die »Dritte Etage« ziehen.

Die Industrieländer haben längst vergessen, daß jede Entwicklungsstufe ihre eigenen spezifischen Maßstäbe hat. Vor allem aber haben sie keine konkrete Vorstellung mehr davon, welcher Art ihre eigenen Entwicklungsbedingungen in der Vergangenheit gewesen sind. Es gibt nur recht allgemein gehaltene Beschreibungen der Wirtschaftsgeschichte. Selbst die Statistiken für die Zeit vor 1932 etwa, also vor Ende der Weltwirtschaftskrise, sind ganz unergiebig. Was wir deshalb heute beobachten, ist eine gewisse Rücksichtslosigkeit, mit der die industrialisierten Länder ihre Maßstäbe mit der Entwicklungshilfe durchzusetzen versuchen. Wir beobachten ferner, daß sie gerade in den Entwicklungsländern an der Richtigkeit und Haltbarkeit ihrer eigenen Maßstäbe zu zweifeln genötigt sind. So werden Milliarden Dollar Kapitalhilfe gewährt, wo doch die Erträge der Aufwendungen mehr erhofft als vorausberechnet werden können. So werden Tausende von Fachkräften entsandt, wo ihr Rat immer weniger gefragt ist. Mit anderen Worten, die Entwicklungshilfe setzt ein unverrückbares Vertrauen in die Gültigkeit der Maßstäbe der Industrialisierung voraus; gleichzeitig aber nährt sie die Zweifel an ihrer Gültigkeit.

Und welche Rolle spielen die Spezialisten? Gerade auf den unteren Entwicklungsstufen haben sie nirgendwo einen Anspruch auf Allgemeingültigkeit ihrer Prinzipien geltend machen können. Politische Interessen, Regierungsstürze, militärische Interventionen, Korruption und Desorientierung beherrschen hier die Szene. Als amerikanische und europäische Experten zu Hause noch die Anerkennung ihrer Leistungsgesellschaft fanden, stießen sie draußen in den Entwicklungsprojekten schon auf Unverständnis und Widerstand. Wo sie zu Hause noch stolz sein durften, mußten sie sich draußen kopfschüttelnd fügen.

Nicht nur, daß die Lieferungen zu spät kommen oder falsch zusammengesetzt sind, daß Verträge nicht rechtzeitig verlängert werden, daß die Heimatbehörden wenig Verständnis für ihre Lage draußen haben. Das war schon immer so. Heute erleben sie den Verfall der eigenen Leistungsgesellschaft und ihrer Leitbilder. Es stoßen auch immer mehr junge Entwicklungshelfer zu ihnen, welche die geheiligten Gesetze der Industriegesellschaft in den Slums von Kalkutta, auf indonesischen Dörfern oder in Lateinamerika kritisieren und an den Pranger stellen. Waren die älteren Experten noch ausgezogen mit der Vision einer »Welt, wie wir sie wollen«, so klagen die jüngeren Helfer an, beschimpfen die Entwicklungshilfe als Neo-Imperialismus. Was sich den Entwicklungsländern einst als ein imposanter Aufmarsch entwicklungsbewußter Fachkräfte präsentierte, verwandelt sich nunmehr in eine Flut von anklagenden und protestierenden Sendboten der niedergehenden Industriegesellschaft. Deshalb ziehen sich heute so viele Experten hinter die Zäune ihrer Siedlungen und Glastüren ihrer Büros zurück. Deshalb beschränken sie ihre Aufmerksamkeit auf das Funktionieren ihres Projektes und mißachten seine Wirkungen und Effekte auf die Region oder das Land.

Wir verkaufen den Entwicklungsländern ständig neue Technologien, wo sie die alten noch nicht verkraftet (oder gar bezahlt) haben. Wir liefern ihnen arbeitskräfte-sparende Maschinen, wo Arbeitslosigkeit herrscht. Wir unterweisen sie in kapitalintensiven Verfahren, wo es ihnen an Kapital mangelt. Wir ermuntern sie in der uferlosen Ausdehnung von Behörden und Instanzen. Wir verteilen Erzeugnisse, für die wir selber keinen Absatz mehr finden. Wir entsenden Personal, für das niemand bei uns mehr einen Arbeitsplatz bereithält. Wir zahlen ihm draußen Gehälter, die es im Heimatland nicht erhalten würde. Wohin wir unsere Blicke auch wenden, ungehemmt übertragen wir unsere eigenen Wucherungen in die Dritte Welt.

Auch von der Pseudo-Rentabilität, die sich in den Industrieländern auf verschiedenen Gebieten ausbreitet, bleiben die Entwicklungsländer nicht verschont. Das bekannteste Thema hierzu sind die Handelsbarrieren, welche die Industrieländer gegen den Einstrom von verarbeiteten Produkten aus den Entwicklungsländern errichtet haben. Hier bietet sich das verwirrende Bild, daß einerseits die Industrieländer Entwicklungshilfe geben, aber andererseits ihre Märkte nicht vollends den Entwicklungsländern öffnen. Man kann das mit der Entwicklung von Kosten und Preisen erklären, mit den unterschiedlichen Interessen der Wirtschaft und Administration und vielen anderen Faktoren. Aber letztlich lassen sich diese Tendenzen auf die unkoordinierten Entwicklungen in den Sektoren der hoch entwickelten Volkswirtschaften zurückführen. Der Abkapselung der Spezialisten auf ihre engeren Bereiche entspricht die Tendenz, Schutzschranken auf Teilmärkten zu errichten.

So werden die Widersprüche in den Industrieländern nun auch ständig in die Entwicklungsländer »exportiert«. Dort entsteht die paradoxe Situation, daß die Länder auf niedrigerer Entwicklungsstufe die Konflikte und Widersprüche der Länder auf den oberen Stufen »importieren«, bevor sie noch die mühsamen Phasen der Industrialisierung durchlaufen haben.

Der »Export der Widersprüche« erfolgt im Prinzip von beiden Geberblöcken aus. Auch der Block der sozialistischen Länder »exportiert« seine Probleme der Preisbestimmung, seine politischen Konflikte, seine technologischen und administrativen Wucherungen und seine Pseudo-Rentabilität. Hier bleiben die Entwicklungsländer zwar von agrarischen Überschüssen verschont, weil es sie in der unterentwickelten sozialistischen Landwirtschaft nicht gibt. Aber sie erleben auch hier täglich die Fehlplanungen der sozialistischen Entwicklungshilfe und die Resignation der Fachkräfte. Gerade in Ländern wie Indien, Pakistan und Afghanistan, in denen sich kapitalistische und sozialistische Entwicklungshilfe konzentriert, ergibt der Vergleich beider eine erschreckende Bilanz »importierter« Widersprüche und Konflikte.

Die Leitbilder der Industrieländer verblassen. Wie kann das anders sein, wenn die Slums ihrer Städte wachsen, ihre Rassenkonflikte, die Unruhe in der Jugend, die Berge von Überschüssen, die Probleme der Umwelt? Mit dem Verblassen der Leitbilder hoch entwickelter Volkswirtschaften werden die Entwicklungsländer »Experten-müde«. Immer mehr fühlen sie sich von verunsicherten und eigensüchtigen Spezialisten überfremdet. Immer lauter führen sie Klage gegen die Arroganz ausländischer Experten, gegen ihre Unfähigkeit der Anpassung, gegen die Belanglosigkeit ihrer Planungen, gegen ihre soziale Isolierung und ihren hohen Lebensstandard.

Der »Export der Widersprüche« durch die (bilaterale) Entwicklungshilfe der Industrieländer legt es nahe, mehr als zuvor die Vereinten Nationen in die Vergabe einzuschalten. Tatsächlich mehren sich die Stimmen derer, die einer solchen internationalen (multilateralen) Entwicklungshilfe mehr Raum geben möchten. Aber bietet die multilaterale Hilfe der Vereinten Nationen und internationaler Organisationen einen Ausweg?

Heute werden rund 10% der Entwicklungshilfe multilateral vergeben. Wir machen die Erfahrung, daß diese Hilfe weitgehend politisch neutralisiert ist. Indische Experten arbeiten neben französischen oder mexikanischen Fachkräften an der Aufstellung und Durchführung der Programme. Hier schlägt der Stempel des einzelnen Geberlandes nicht mehr durch.

Aber wir machen zugleich auch noch eine andere Erfahrung: Die Vergabe-Instanzen der Vereinten Nationen produzieren mit ihrer Entwicklungshilfe Konflikte und Widersprüche, die denen der Industrieländer durchaus zur Seite gestellt werden können. Auch in der multilateralen Hilfe sind die Probleme der richtigen Maßstäbe nicht gelöst. Auch hier offenbart sich die Impotenz der Spezialisten gegenüber den Problemen der gesamten Gesellschaft. Auch diese Organisationen zeigen die typischen Wucherungen der Verwaltung. Auch sie verteilen Überschüsse der Industrieländer und begnügen sich bei vielen Entwicklungsländern mit fragwürdigen Entwicklungseffekten.

Darüber hinaus mehren sich die Zweifel an der Leistungsfähigkeit der multilateralen Vergabe-Instanzen. Es fehlt an brauchbaren Vergleichen mit der bilateralen (nationalen) Entwicklungshilfe. Niemand weiß zu sagen, ob die nationale Entwicklungshilfe pro Projektdollar mehr oder weniger kostete als die internationale Entwicklungshilfe. Ganz zu schweigen von den Erträgen beider. Hier treten wieder die bekannten Schwierigkeiten fehlender Maßstäbe auf.

Eine erste umfassende und kritische Analyse der multilateralen Hilfe hat Sir Robert Jackson im Auftrage der UN 1969 vorgelegt (A Study of the Capacity of the United Nations Development System). Einige seiner Ergebnisse sind:

- Die Qualität der Leistungen entspricht in keiner Weise den gestellten Anforderungen.
- Die Entwicklungsländer erhalten bei weitem nicht die Art der Hilfe, die ihnen zugesichert wurde und die sie dringend benötigen.
- Die wichtigste Ursache der vielen Mängel liegt in der erstarrten Struktur des Systems der Vereinten Nationen.
- Die gewaltige materielle Ausweitung der multilateralen Hilfe in den letzten zehn Jahren hat in vielen Bereichen die Leistungskapazität der internationalen Organisationen überschritten und zu einem wuchernden Prozeß ohne die notwendigen Qualitätssteigerungen geführt.

Der Bericht liest sich – mehr noch seine ausführlichen Untersuchungen als seine Zusammenfassung – wie die Bilanz aller jener Konflikte, mit denen die Industrieländer die Entwicklungsländer überhäuften.

Zu den internationalen Organisationen der UN findet der sonst so distanzierte und auch freundlich ironische Sir R. Jackson harte Worte, die seine jahrelangen Erfahrungen widerspiegeln:

»In der Vergangenheit war viel von ihrer Arbeit im Zusammenhang mit administrativen Problemen selbstzerstörerisch ... Die ›Maschine‹ hat eine ausgesprochen eigene Identität; ihre Macht ist so groß, daß man fragen muß: ›Wer kontrolliert diese Maschine?‹ Bisher scheint es, als wären die Regierungen hierzu nicht fähig, ebenso scheint die ›Maschine‹ selber nicht in der Lage zu sein, sich vernünftig zu kontrollieren ... Als Ergebnis wird sie langsamer und schwerfälliger, einem prähistorischen Ungeheuer gleich.«

Ausdrücklich warnt Sir R. Jackson davor, die Dinge einfach treibenzulassen. Wenn die Regierungen mehr Entwicklungshilfe geben wollen, ohne das »System« zu ändern, so sollten – wie Jackson ausführt – »die weiteren Mittel besser durch andere Kanäle geschleust werden«.

Tatsächlich ist zu beobachten, daß heute viele Vergabe-Instanzen der Vereinten Nationen in wachsende Selbstkritik und unverhohlene Resignation geraten sind. Das, was ihre Beamten in den Fluren und Büros ungefragt zu äußern sich befleißigen, läßt nicht einmal mehr den Abglanz dessen erkennen, was einstmals als Vision von der »Welt, wie wir sie wollen«, Geltung hatte.

Letztlich stellen die Vereinten Nationen den institutionellen und politischen Rahmen dieser Einen Welt, die wir errichtet haben. Deshalb müssen auch sie den Sturz der Leitbilder hochindustrialisierter Länder ebenso widerspiegeln wie die wachsende Ungeduld der Länder auf unterer Entwicklungsstufe. Sie wären einfach überfordert, wenn man von ihnen die Lösung oder auch nur Ausklammerung aller jener Konflikte erwarten wollte, die das Ende des ökonomischen Zeitalters kennzeichnen. Die Entwicklung und der Fortgang dieser neuen Konflikte haben sämtlich ihren Ursprung in den Industrieländern selber. Zwei Bereiche sind von besonderer Bedeutung: Konflikte durch die Militärhilfe der beiden Blöcke und Konflikte durch militärische Aktionen der beiden Blöcke. In diesen

Bereichen sind die Entwicklungen nicht mehr von den Zielen und Interessen der Leistungsgesellschaften in ihrer Gesamtheit bestimmt. Im Gegenteil, in beiden Bereichen kommt es zu Prozessen, die sich gegen die erklärten Ziele der Leistungsgesellschaft richten.

Im Bereich der militärischen Aktionen der beiden Blöcke in der Dritten Welt stellt heute der Krieg in Vietnam das bisher überragende Beispiel dar. Man könnte diesen Krieg als eine Fehlleistung des ökonomischen Zeitalters, als einen schrecklichen Irrtum und als das Versagen der ökonomischen Vernunft werten. Denn er paßt nicht in das Nachkriegskonzept von der »Welt, wie wir sie wollen«. Fast will es so scheinen, als ob der Vietnamkrieg einem Rückfall der USA in das »europäische Zeitalter« territorialer Konflikte gleichkäme. Aber alles das sind Wertungen, die heute nicht mehr den Kern der Dinge treffen.

Am Ende des ökonomischen Zeitalters stellt sich der Vietnamkrieg als die zwingende Konsequenz des Verfalls der Leistungsgesellschaft dar. Wie ist das zu verstehen? Der Ansatz für die richtige Einschätzung dieser Vorgänge liegt wiederum bei dem Verlust der gemeinsamen Orientierungsgrundlage der Leistungsgesellschaft. Die Abkapselung der Spezialisten in ihre Bereiche führt nicht nur in den technologischen und administrativen Bereichen zu den bekannten Wucherungen; auch im militärischen Bereich kommt es zu unkontrollierbaren Wucherungen. Die ganze Geschichte der Entstehung und Eskalation des amerikanischen Vietnamkrieges offenbart die Eigendynamik des militärischen Bereiches. Bezeichnenderweise erfolgten die ersten Schritte der Intervention unter zwei Aspekten: dem Ausschluß der Öffentlichkeit und unter der Schirmherrschaft »technischer Berater«. Damit wird die Leistungsgesellschaft als Ganze weder informiert, noch gehört oder gar beansprucht. Das wenige, was an die Öffentlichkeit dringt, wirkt auf sie zunächst keineswegs alarmierend. In irgendeinem fremden Lande sorgen 4000 technische Berater (1962) für politische Stabilität und wirtschaftliche Entwicklung. Der amerikanische Botschafter in Saigon forderte den Rücktritt des südvietnamesischen Präsidenten. Dieser wird gestürzt und wenig später auf der Flucht erschossen (1963). Dann bestätigen amerikanische Senatoren unter Mike Mansfield in einem Bericht, daß »als Antwort auf den Ruf der Saigoner Autoritäten eine große Anzahl von Kampftruppen aus den USA angekommen ist«. Die Leistungsgesellschaft ist in ihrem Verfall nun auch hier nur noch am Funktionieren und an der Steigerung der Wirkungen orientiert: Die Eskalation des militärischen Bereiches wird von der Öffentlichkeit erst zu einem Zeitpunkt zur Kenntnis genommen, zu dem es kein Zurück mehr gibt. Und das ist das spezifisch Neue an diesem Konflikt, daß er militärisch außerhalb des Blocks ausgetragen wird und innerhalb des Blocks keine wirtschaftlichen Störungen verursacht. Im Gegenteil, er erweist sich als förderlich für die wirtschaftliche Dynamik innerhalb der USA und auch der Mitläufer als Lieferanten. Der amerikanische Präsident unterstreicht diesen wichtigen Tatbestand in seinem Economic Report of the President (1967):

»Der Anstieg der Verteidigungsausgaben trug dazu bei, eine wesentliche Veränderung im Klima der (öffentlichen) Meinung zu schaffen. Die Eskalation in Vietnam gab in der Tat den amerikanischen Geschäftsleuten die Garantie, daß es in naher Zukunft keine rückläufigen wirtschaftlichen Veränderungen geben würde.«

Gerade der Krieg in Vietnam enthüllt den Kontrast dieses Konfliktes einer niedergehenden Leistungsgesellschaft zu den herkömmlichen Konflikten des vergangenen »europäischen Zeitalters«. Die imperialistischen Militäraktionen europäischer Volkswirtschaften in unterentwickelten Gebieten dienten ausschließlich ihrer Eroberung. Ihre billigen Rohstoffe und Arbeitskräfte standen ebenso sehr im Vordergrund des Interesses wie die dortigen Absatzmöglichkeiten für die eigenen Industrieprodukte. Die Aktionen der britischen Admiralität in Übersee standen in vollem Einklang mit den Interessen der britischen Wirtschaft und Finanzwelt an den überseeischen Gebieten, mit dem Forschungsdrang der Naturwissenschaftler und dem christlichen Eifer britischer Missionare. Das deckte sich so weitgehend mit den Interessen der europäischen Leistungsgesellschaften in ihrem Aufbau, daß selbst moralische Bedenken praktisch nicht aufkommen konnten.

Der Vietnamkrieg der USA dagegen dient keineswegs der territorialen Eroberung unterentwickelter Gebiete. Hier sind billige Rohstoffe und Arbeitskräfte überhaupt nicht mehr gefragt. Auch ist niemand ernsthaft an den dortigen Absatzmöglichkeiten interessiert. Die Aktionen des amerikanischen Militärs entbehren völlig den wirtschaftlichen Interessen an Vietnam. Auch sonst sind keine nennenswerten Gruppen der amerikanischen Gesellschaft an diesen Gebieten interessiert.

Am Ende des ökonomischen Zeitalters kommt es nun auch zu völlig neuartigen Wechselwirkungen zwischen militärischer und ökonomischer Potenz. Früher sicherten sich die Industriestaaten ihre Umsätze und Gewinne dort, wo sie ihre Waffen einsetzten: in den unterentwickelten Gebieten. Heute sichert sich die amerikanische Industrienation ihre Umsätze und Gewinne dort, wo sie ihre Waffen erzeugt: in ihrer eigenen Volkswirtschaft. Die früheren Kriege in Übersee wurden deshalb durch »außen-wirksame« Faktoren verursacht. Der heutige Vietnamkrieg wird durch »innen-wirksame« Faktoren der Industriegesellschaft selber fortgeführt.

Auf diese Weise »exportiert« die Leistungsgesellschaft ihre Konflikte auch auf militärischem Gebiet in die Dritte Welt. Wo einst der Geschäftsmann die beherrschende Position innehielt, treten nun Sicherheitsbeamte und Militärs hervor. So schrieb Robert Kennedy kurz nach dem Tode seines Bruders in einem Bericht für die Zeitschrift McCall's: »In einigen Ländern, die ich besuchte, war die dominierende amerikanische Figur der Repräsentant des CIA; in verschiedenen Ländern Lateinamerikas war es der Chef unserer Militärmissionen.« Sie spielen nun auch draußen die tragische Rolle des entfremdeten Spezialisten. Daheim aber zerfällt die Leistungsgesellschaft in Gruppen, die sich gegenseitig immer weniger verstehen und schließlich immer erbitterter bekämpfen. Nie zuvor hatten wir mehr Anlaß als heute, eine Antwort auf die Frage zu suchen: Kann die Einheit der Leistungsgesellschaft wieder hergestellt werden?

Die neuen Gruppen

Der Verfall der Leistungsgesellschaft vollzieht sich im nationalen und internationalen Maßstab. Auf diesen gefährlichen Prozeß müssen wir nunmehr unsere Aufmerksamkeit richten, weil er zwangsläufig zu einer ganz neuen Rollenverteilung in der Wende zum offenen Konflikt führt. Im nationalen Maßstab ist es der Zerfall der Leistungsgesellschaft in mehrere, sich fremd und feindlich gegenüberstehende Gruppen. Im internationalen Maßstab ist es der

Zerfall der »dynamischen Ordnung« in die sich entfremdenden Länder auf verschiedenen Entwicklungsstufen. Auf diese Weise gruppieren sich Teile der Gesellschaft und Teile dieser Einen Welt zu einer neuen und politisch brisanten Konfrontation.

Wir wollen unsere Aufmerksamkeit auf den US-Block konzentrieren. Dafür sprechen mehrere Gründe. Zum einen sind wir über den Sowjet-Block nur unvollkommen informiert. Das, was wir in Erfahrung bringen, rechtfertigt gewiß die Vermutung einer zunehmend gefährdeten inneren Einmütigkeit und Stabilität. Aber es reicht nicht für eine genauere Analyse aus. Zum anderen können wir keinen durchgehenden Prozeß erkennen, der aus dem wirtschaftlichen Wachstum heraus zu erklären wäre. Ferner hat die Isolierung des Sowjet-Blocks zur Folge, daß derartige innere Prozesse, wie wir sie jetzt ins Auge fassen müssen, offenbar nur geringe Auswirkungen auf die ganze übrige Welt haben können. Genau das aber ist der Fall beim US-Block. Hier hat das ökonomische Zeitalter seine Vollendung gefunden; hier löst es sich nunmehr auch auf.

Der heutige Zerfall der Leistungsgesellschaft vollzieht sich in ihrer Auflösung in zwei feindliche Formationen. Die erste Formation wird von den Gruppen gebildet, die sozusagen die Träger der Leistungsgesellschaft sind. Wir bezeichnen sie als die »Ordnungs-Gruppen«. Die zweite Formation setzt sich aus denjenigen Gruppen zusammen, welche die Leistungsgesellschaft aussondert. Sie ziehen alles in Zweifel, woran sich die Ordnungs-Gruppen noch klammern, sie wenden sich dagegen und greifen auch zur Gewalt. Wir nennen sie deshalb die »Anti-Gruppen«.

Die Ordnungs-Gruppen setzen sich im wesentlichen zusammen aus den Spezialisten und den disziplinierten Verbrauchern. Beide waren seit jeher orientiert am Funktionieren, Steigern und an den Maßstäben der Leistungsgesellschaft. Die Spezialisten herrschen mit ihrem Sachverstand. Sie bilden das, was der englische Journalist Henri Fairlie 1955 als »establishment« bezeichnete. Sie verdrängten die Nur-Politiker, die Nur-Militärs, die Nur-Besitzenden, die Nur-Kirchen aus ihren ehemals beherrschenden Positionen. Ihr Sachverstand berechtigte sie dazu. Ihrem Sachzwang unterwarfen sich auch die disziplinierten Verbraucher. Beide bilden die Ordnungs-Gruppen im »Technischen Staat«.

Die Spezialisten werden durch den Verlust der Maßstäbe zum

Rückzug auf ihren engsten Zuständigkeitsbereich geführt und somit in die Entfremdung von den gesellschaftlichen Vorgängen in ihrer Gesamtheit. Jedoch beobachten wir für die große Mehrheit der disziplinierten Konsumenten ganz andere Konsequenzen. Für sie schwindet das Interesse an der Steigerung der Leistung und an der Disziplin der Produktion. Sie entzieht sich sogar schrittweise dem Leistungsdruck. Das verlagert sich mehr und mehr auf den Verzehr der Interesse Erträge, auf den Verbrauch. Immer mehr Konsumenten vollbringen heute ihre größten Leistungen nicht mehr an ihrem Arbeitsplatz. Sie vollbringen sie mit der Rastlosigkeit der Käufer, mit den Rekorden der Verbraucher und den Strapazen motorisierter Touristen. Die Disziplin verlagert sich kaum merklich vom Arbeitsplatz in das uniforme und streng geregelte Konsumleben. Deshalb können wir heute die Mehrheit der disziplinierten Verbraucher am ehesten noch als eigensüchtige Konsumenten bezeichnen.

Auf diese Weise zerfallen die Ordnungs-Gruppen in entfremdete Spezialisten und eigensüchtige Verbraucher. Nicht mehr die Selbstachtung im Erfolg ist ihnen gemeinsam, sondern das schleichende Unbehagen. Das Unbehagen der Fachleute entstammt der Rücknahme ihres Herrschaftsanspruchs auf ihr eigenes Fachgebiet. Das Unbehagen der Konsumenten entstammt ihrem Rückzug auf die Eigensucht ihres Verbrauchs. Beiden aber sind die wachsenden Widersprüche bewußt. Beide können nicht mehr recht an die Ordnung der Entwicklungsprozesse glauben. Beide treten ab von den Stufen der Autorität, die sie noch vor nicht allzu langer Zeit mit Selbstverständlichkeit besetzten. Beide geben sich den falschen Hoffnungen auf Planungen und Reformen hin, wenn sie sich nicht einfach treibenlassen nach den Spielregeln des Nur-noch-Funktionierens.

Kann hier noch die ganze Gesellschaft mitspielen? Können hier die Jüngeren noch in die Fußstapfen der Älteren treten? Ist die Ordnung des ökonomischen Zeitalters wirklich noch verbindlich für alle? An seinem Ende erheben sich diese Fragen ganz zwangsläufig. Sie sind nicht nur vom Zweifel diktiert, sondern mehr noch von einem offenen Protest gegen die Entfremdung der Spezialisten und die Eigensucht der Konsumenten. Das ist der Protest gegen die gesamten Ordnungs-Gruppen, gegen das System der Leistungsgesellschaft, gegen ihre Herrschaftsverhältnisse, gegen die »Machthaber« oder gegen die »Drahtzieher«.

Deshalb beziehen die Anti-Gruppen Front gegen die Ordnungs-Gruppen. Deshalb sind die Anti-Gruppen eine durchaus verständliche Konsequenz der Entwicklung. Gerade weil die rationalen Maßstäbe verlorengehen und der sogenannte Sachzwang so groteske Widersprüche hervorruft, verlassen die Anti-Gruppen den Standort der Leistungsgesellschaft. Gerade deshalb beziehen sie die Position des Politischen. Sie verstehen sich nicht mehr als bessere Planer und als Reformisten. Sie wollen nicht mehr die Abläufe der Produktion und des Verbrauchs verbessern.

Was wollen die Anti-Gruppen? Sie wollen im Grunde nichts anderes als die Befreiung von den grotesken Widersprüchen innerhalb der Leistungsgesellschaft, eine Befreiung von ihren Zwängen. Sie wollen es auf vielfältige Weise. Sie drängen nach der Befreiung des Individuums, aber haben zugleich eine tiefe Sehnsucht nach neuem kollektivem Zusammenhalt. Sie verweigern sich dem »Terror« des Verbrauchs, der Autorität der Schulen, des Militärs und der Kirchen, aber tun dies ohne eine neue und tragende Idee. Im Grunde wollen sie die Befreiung von den sie umgebenden Zwängen und damit dasselbe, was früher die Leistungsgesellschaft in ihrem Aufstieg wollte. Auch deshalb bezeichnen wir sie als Anti-Gruppen.

Einige Mitglieder der Ordnungs-Gruppen unterliegen dem schrecklichen Irrtum, daß die Proteste und Aktionen der Anti-Gruppen auf bloßen Ungehorsam oder Niedertracht zurückzuführen seien. Sie erkennen nicht die Anti-Position als eine Reaktion auf verlorene Maßstäbe und falsche Hoffnungen. Sie vermögen noch nicht zu begreifen, daß die Anti-Gruppen keine vorübergehende Erscheinung der Gesellschaft sein können, weil ihr Zerfall unwiderruflich ist. So appellieren sie ganz vergeblich an den »Ordnungssinn«. Sie bemühen vergeblich die Polizei als Hüter dieser Ordnung.

Wer sind die Anti-Gruppen? Zunächst einmal: Sie sind es, welche die Erschütterungen unterhalb der Oberfläche registrieren. Sie sind gewiß in Widersprüche eigener Art verwickelt. Aber ihnen allen ist doch die offene Reaktion auf den Verfall der Leistungsgesellschaft gemein. Sie lassen sich wohl am besten mit folgenden sechs Tätigkeiten charakterisieren.

Diskutieren. – Damit stellen sie die Leitbilder der Leistungsgesellschaft, ihre Prinzipien und Spielregeln ohne wesentliche Einschränkungen in Frage. Hier bilden die Anti-Gruppen ihren eigenen Jargon, mit dem sie sich auf die Positionen der Ordnungs-Gruppen einschießen. Beide Formationen verstehen sich kaum noch. Es kommt heute schon zu einer Art babylonischer Sprachverwirrung zwischen den feindlichen Gruppen der Leistungsgesellschaft. Bemerkenswert ist die Geduld und Ausdauer in den eigenen Diskussionen sowie der Anspruch an die anderen, mit zu diskutieren.

Politisieren. – Die Anti-Gruppen verlassen den Standort der Leistungsgesellschaft und damit auch die Orientierung am Funktionieren, Steigern und Messen. Sie stellen sich außerhalb dieser Kategorien, mit denen unsere heutige Weltordnung errichtet wurde. Ihre neue Position ist allerdings schwer zu präzisieren. Sie selber verstehen sie als eine »politische« und »links« gerichtete. Marx, Lenin, Mao, Che Guevara etc. sind ihre Namen. Da der Kapitalismus als erster die moderne Leistungsgesellschaft schuf, sind sie anti-kapitalistisch. Daran besteht kein Zweifel. Aber sie sind deshalb nicht zugleich für die politische Ordnung des sozialistischen Blocks. Denn dort herrscht ebenfalls das System der Leistungsgesellschaft. Ihre Anti-Haltung verfolgt deshalb am ehesten wohl noch eine vage Tendenz zur sozialistischen Utopie.

Uniformieren. – Das ist ein ganz auffälliges Merkmal der Anti-Gruppen. Sie kleiden sich nach eigener Art, demonstrieren ihre Anti-Haltung mit den Requisiten des Arbeiters, Kämpfers, Guerillas oder Träumers. Darauf wird peinliche Sorgfalt verwendet. Die Kleidung der »bürgerlichen« Ordnungs-Gruppen, ihre Möbel, Automobile, Restaurants und Ferienorte sind tabu. Die Äußerlichkeiten des eigenen Jargons, Habitus und Stils der Anti-Gruppen tragen einen zumindest ebenso uniformen Charakter wie diejenigen der Ordnungs-Gruppen.

Gleichmachen. – Die Anti-Gruppen richten sich natürlich auch gegen die Stufungen nach fachlicher Autorität und Einkommen. Sie wehren sich auch gegen die Relikte der bürgerlichen Gesellschaft, ihre Formen und ihre Titel. Militär, Kirchen und Ausbildungssysteme aller Art fordern besonders stark ihre Anti-Haltung heraus, weil sie noch am sichtbarsten diese Stufungen demonstrieren. Sie selber versuchen in ihrem eigenen Lebensstil die Prinzipien der Gleichheit zu verwirklichen.

Aufladen. – So etwa müßte man die wohl wichtigste Funktion bezeichnen, welche die Anti-Gruppen als kollektive Gemeinschaft ausüben. Das Diskutieren, Politisieren, Uniformieren und Gleichmachen verleiht den Jüngeren ein ganz neues Erlebnis des Zusammenstehens. Es gibt ihnen eine neue Möglichkeit der Identifizierung mit den Gleichgesinnten. Es erlöst sie aus der Einsamkeit des eigensüchtigen Verbrauchers. Es befreit sie von der Ohnmacht, welche die Mitglieder der Ordnungs-Gruppen angesichts der wuchernden Widersprüche des Systems erleiden müssen. Wer sich außerhalb der Leistungsgesellschaft stellt, findet in den Anti-Gruppen einen neuen Zusammenhang. Je stärker die Anti-Haltung produziert wird, desto stärker vermag sich die Gruppe kollektiv aufzuladen.

Heraustreten. – Eine Alternative hierzu ist das individuelle oder kollektive »Heraustreten« aus der Anti-Haltung gegenüber den Ordnungs-Gruppen. Im großen und ganzen bieten sich zwei Möglichkeiten hierfür: der Rausch und die »Blumenkinder«. Der Rausch erlaubt zu jeder Stunde, diese Welt der niedergehenden Leistungsgesellschaft zu verlassen, ihrem Leistungsdruck zu entfliehen. Den Vorzug erhalten diejenigen Rauschmittel, die diesem Heraustreten den stärksten Erlebnisinhalt verleihen. Aber der Rausch hat den Nachteil, daß er zur Rückkehr zwingt. Im Gegensatz hierzu verlassen die »Blumenkinder« die Leistungsgesellschaft, ohne zu ihr zurückzukehren. Mit bizarrer Kleidung ziehen sie in wärmere und freundlichere Länder, nach Asien oder in die Südsee. Sie wünschen nur noch dort zu leben, wo die Tyrannei der wirtschaftlichen Entwicklung noch nicht errichtet ist.

Das Diskutieren, Politisieren, Uniformieren, Gleichmachen, Aufladen und Heraustreten der Anti-Gruppen setzt immer die Existenz der Ordnungs-Gruppen voraus, den Verlust ihrer Maßstäbe und ihre falschen Hoffnungen. Das, was das Ende des ökonomischen Zeitalters charakterisiert, ist die Konfrontation der Ordnungs-Gruppen mit ihren Anti-Gruppen. Diese Konfrontation hat bizarre Züge des Zusammenspiels.

Wir bezeichnen die Mehrheit der Anti-Gruppen als »spielerische Anti-Gruppen«. Sie diskutieren mit der Ordnungs-Gruppe, aber sie setzen nur auf Utopien. Sie politisieren, aber sie haben ihren Marx nicht gründlich gelesen. Sie verehren Mao, aber sie kennen nicht die strenge Ordnung Maos. Sie demonstrieren für Vietnam oder Kuba, aber sie waren selber nicht in Vietnam oder Kuba. Sie uniformieren sich wie harte Arbeiter und unerbittliche Kämpfer, aber sie arbeiten nicht hart und kämpfen auch nicht unerbittlich.

Gerade aber das Spielerische ist der Leistungsgesellschaft ebenso fremd wie verhaßt. Deshalb fühlen sich die Ordnungs-Gruppen so tief beunruhigt. Deshalb finden ihre entfremdeten Spezialisten und eigensüchtigen Konsumenten keine gemeinsame Sprache mehr mit der spielerischen Anti-Gruppe. Deshalb schließlich sind ihre Reaktionen so heftig und voll Bitternis. Vor allem in der schweigenden Mehrheit der disziplinierten Konsumenten erleben wir den wachsenden Groll gegen das Selbstverständnis der Anti-Gruppen. Sie sind aber nicht die Ursache, sondern die Wirkung des Verfalls der Leistungsgesellschaft.

Vor allem verhält sich die spielerische Anti-Gruppe in einer Weise, wie wir sie schon früher bei der Leistungsgesellschaft insgesamt kennengelernt haben: re-aktiv. Die spielerische Anti-Gruppe re-agiert auf die wachsenden Widersprüche und grotesken Wucherungen der modernen Überflußgesellschaft; sie re-agiert als Teil dieser Gesellschaft; sie zählt zu ihr in ihrem Verfall. Nur eine kleine Minderheit der Anti-Gruppe ergreift eigene und neue und gewaltsame Initiativen. Sie allerdings ist eine Gruppe eigener Art.

Wir bezeichnen diese kleine Minderheit als »kämpferische Anti-Gruppe«. Sie hat sich bisher nur lose formiert, sie ist noch nicht als festgefügte Gruppe in Sicht. Zu ihr muß man jene Minderheiten zählen, für die das Diskutieren kein Selbstzweck ist, das Politisieren auf Aktionen abzielt und das Uniformieren, Gleichmachen oder gar Heraustreten aus der Leistungsgesellschaft keineswegs zu ihrem Selbstverständnis zählt. Die kämpferische Minderheit arbeitet mit und ohne die Rechtsmittel der Ordnungs-Gruppen, sie arbeitet mit dem Instrument der Agitation und der offenen Gewalt.

Die kämpferische Minderheit ist ihrer Natur nach eine aktive Gruppe. Ihre volle Wirkung kann sie erst dann entfalten, wenn sie selber die Initiativen ergreift und die Ordnungs-Gruppen in die Defensive treibt. Gerade aber das re-aktive Verhalten der spielerischen Mehrheit kann der kämpferischen Minderheit die Legionen der Gewalt zuführen. Das kollektive Aufladen dieser Mehrheit wird durch kämpferische Aktionen nur noch verschärft. Auch darf kein Zweifel daran bestehen, daß die Anti-Haltung der großen

Mehrheit mit vielen möglichen Inhalten aufgeladen werden kann. Darin liegt der zerstörerische Kern verborgen, der in den meisten Überflußgesellschaften heute noch gar nicht sichtbar geworden ist.

Somit zerfällt die Leistungsgesellschaft in folgende neue Gruppen:

Ordnungs-Gruppen: Entfremdete Spezialisten, eigensüchtige Verbraucher

Anti-Gruppen: Spielerische Anti-Gruppe, Kämpferische Anti-Gruppe.

Nicht nur die führenden Manager der Wirtschaft ignorieren die neue Lage, sondern auch die Spitzen der Verwaltung. Ihre tagtäglichen Probleme des Funktionierens und Steigerns in ihrem eigenen Bereich nehmen sie viel zu sehr gefangen, als daß sie das wachsende Selbstverständnis der Anti-Gruppen wirklich zur Kenntnis nehmen könnten. Abgeschirmt von ihren Aktionen sehen sie ein wenig gelangweilt diesem Treiben zu.

Ganz anderer Art sind die Wirkungen auf die Mehrheit der eigensüchtigen Verbraucher. Ihr ganzes Interesse hat sich längst von der Perfektion und Steigerung der Produktion auf diejenige des Konsums verlagert. Nun ist aber die Welt des Konsums eine ungeteilte Welt. Hier kann man sich nicht auf Teilbereiche zurückziehen. Hier gibt es keine voneinander getrennten Zuständigkeiten wie in der Welt der Spezialisten. Hier hat das Funktionieren und Steigern nur einen Sinn, wenn es für die gesamte Konsumwelt Gültigkeit behält. Man kann sich als Fachmann nur für den Bereich der Finanzen interessieren, nur für den Außenhandel, für Militärpolitik, für Gesundheitswesen oder Regionalplanung. Man kann sich aber als Verbraucher nicht nur auf das Autofahren beschränken oder nur auf Kleidung, höherwertige Nahrung, Fernsehen oder nur auf Urlaubsreisen. Für den Konsum nimmt der Verbraucher seine gesamte Umwelt in Anspruch. Deshalb ist er wie kein anderer an der Ordnung und Perfektion in allen Lebensbereichen interessiert.

Deshalb auch löst die Anti-Haltung eine schockartige Wirkung auf den Verbraucher aus. Die rostigen Autos der Anti-Gruppen, ihre nachlässige Kleidung, ihre schmutzigen Lokale und düsteren Behausungen, ihre kurzen Tage und langen Nächte, alles das schockiert den disziplinierten Verbraucher, bevor es überhaupt zu

Demonstrationen oder Gewalttätigkeiten kommt. Es trifft ihn in seinen ureigensten Lebensbereichen und den Zwängen des streng geregelten Konsumlebens. Es stellt seine Prinzipien und Normen in Frage. Es konfrontiert ihn unvermeidlich mit den Symptomen der wuchernden Widersprüche in der Überflußgesellschaft, die zu verdrängen er bestrebt ist.

Die disziplinierten Verbraucher setzen sich aus den mittleren und unteren Einkommensgruppen zusammen. Gerade die Millionen Arbeiter der Industriegesellschaft haben die Normen des disziplinierten Konsums übernommen und identifizieren sich mit ihnen ohne jede Einschränkung. Aus diesem Grunde fühlen auch sie sich zutiefst betroffen. Vergeblich bemühen sich die Anti-Gruppen, eine Solidarität mit den Arbeitern herbeizuführen. Im Gegenteil, während die mittleren Einkommensgruppen noch schweigend zuschauen, kommt es in den Arbeitervierteln zu Schlägereien.

Waren noch vor wenigen Jahren die Zentren der Anti-Haltung auf einige Universitäten beschränkt, so überziehen sie heute die Schulen, die großen und kleinen Städte. Die Anti-Haltung spaltet die Familien, die Reihen des Militärs und die Domänen der Kirchen. In den Amtsstuben der Verwaltung hängen schon die Plakate mit Che Guevara, in den Klassenzimmern der Aufruf zur Gewalt. So sieht sich die schweigende Mehrheit der disziplinierten Verbraucher von den spielerischen und kämpferischen Anti-Gruppen in gefährlicher Weise umringt.

Dieser Prozeß nimmt einen erstaunlich schnellen Fortgang. Während die Anti-Gruppen in ihrem Selbstverständnis wachsen, treibt die Angst der Ordnungs-Gruppen seltsame Blüten. Die europäische Überflußgesellschaft ruft nach der Polizei, nach strengen Maßnahmen und harten Strafen. Die amerikanische Überflußgesellschaft schreitet zur Selbstverteidigung. In New York werden die Fenster geschlossen, wenn in den Straßen die Gewalt ausbricht. Die disziplinierten Verbraucher bewaffnen sich. Sie haben in den letzten fünf Jahren für eine Milliarde Dollar die bedrohten Bereiche ihres disziplinierten Konsums mit über 6000 Sicherheits- und Alarmanlagen abgesperrt.

Kann die Anti-Gruppe schließlich den Automatismus der Wachstumsprozesse zum Stillstand bringen? Kann sie die bröckelnde Front der Ordnungs-Gruppen aufrollen? Wie groß ist ihre Potenz? Das sind Fragen, die nur in ihrem Zusammenhang behandelt werden können. Und der Zusammenhang ist die gesamte Überflußgesellschaft, die in ihre neuen Gruppen zerfällt. Auch die Mehrheit der spielerischen Anti-Gruppe ist nur ein re-aktiver Teil des Ganzen. Vieles hängt von dem Verhalten der Ordnungs-Gruppen ab, das den Gesetzen des fortschreitenden wirtschaftlichen Wachstums und seiner Widersprüche unterliegt. Wie viel hängt aber von dem Verhalten der kämpferischen Anti-Gruppe ab?

Diese Frage fand im ökonomischen Zeitalter eine klare Antwort: Die Geltung einer gesellschaftlichen Gruppe war auf das engste verknüpft mit ihrer ökonomischen Potenz. Nur wer die Verfügungsgewalt über die Produktionsmittel an sich brachte, der konnte die Bedingungen diktieren. Wer mittellos war, blieb auch machtlos.

Am Ende des ökonomischen Zeitalters wird nun auch dieses Prinzip in Frage gestellt. Für die neuen Gruppen der Gesellschaft zeichnen sich neue Strategien und neue Waffen ab. Bevor wir auf diese Frage näher eingehen, müssen wir noch den Zerfall der Leistungsgesellschaft im internationalen Maßstab ins Auge fassen.

Welche Auswirkungen hat der Zerfall der Leistungsgesellschaft in Ordnungs- und Anti-Gruppen auf die Entwicklungsländer? Wo finden wir die Ursachen hierzu? Wir finden sie in den Industrieländern sowohl als auch in den Entwicklungsländern. In den Industrieländern verschärft sich die Konfrontation der Ordnungs-Gruppen mit ihren Anti-Gruppen. Sie wächst sich zu Konflikten aus, die schließlich völlig aus dem Automatismus der Entwicklungsprozesse heraustreten. Dazu zählen die Rassenkonflikte in den USA; der Aufruhr in den Großstädten Westeuropas; die regionalen »Separatisten« haben wieder eine politische Chance, und zwar selbst in Großbritannien, Frankreich, Belgien oder Kanada; auch von religiösen Gewaltkonflikten bleibt die niedergehende Leistungsgesellschaft nicht verschont (Irland).

Am Ende des ökonomischen Zeitalters treten die Industrieländer wieder in diejenigen Konflikte ein, die bis zu Beginn oder doch nur bis zur Vollendung dieses Zeitalters vorherrschten. Diese Konflikte stehen ebenso kraß außerhalb der Leitbilder der Leistungsgesellschaft wie das Selbstverständnis der Anti-Gruppen. Sie zählen nicht mehr zu den spezifischen Entwicklungskonflikten einer Industriegesellschaft.

Mit wachsender Konfrontation zwischen Ordnungs- und Anti-Gruppen und mit dem wachsenden Spielraum für die neuen Konflikte sind die Industrieländer mehr und mehr mit sich selber beschäftigt. So wie die Spezialisten sich abkapseln, so beschränken die Industrieländer ihre Aufmerksamkeit mehr und mehr auf sich selber. In diesem Zusammenhang muß auch das wachsende Interesse an den Problemen der Umwelt gesehen werden. Sie sind die Probleme einer Leistungsgesellschaft, die ihren Zerfall begreift, die sich ihrer Welt entfremdet und die bösartigen Wucherungen des wirtschaftlichen Wachstums mit Erschrecken zur Kenntnis nimmt.

Die Folgen für das Verhalten der Entwicklungsländer können gar nicht ausbleiben. Auch für sie beginnen die Leitbilder der Industrieländer an Anziehungskraft und Verbindlichkeit einzubüßen. Es bleibt niemandem in der Dritten Welt verborgen, daß die Weisheiten der Experten in ihrem Heimatland nicht mehr viel gelten. Wie soll man ihren Rat in Asien oder Afrika akzeptieren, wenn sie in den USA oder Europa nicht in der Lage sind, dem Zerfall der Städte zu wehren, das Chaos des Verkehrs zu bändigen oder ihre Kinder richtig zu ernähren und auszubilden?

Die Entwicklungsländer beginnen deshalb, die Grundlagen ihrer eigenen Entwicklung in Zweifel zu ziehen. Mindestens zwei Generationen lang sollen sie hart schuften und niemals mehr den alten Träumen von Grenzkorrekturen und Gebietserweiterungen folgen. Sie sollen mit dem Zwang der Dynamik in immer tiefere Schulden geraten. Sie sollen die Verschlechterung der Austauschrelationen im Außenhandel mit den Industrieländern hinnehmen. Sie sollen den wachsenden Rückstand akzeptieren. Aber wozu das alles? Damit auch in Rio und Mexico City, in Bangkok und Neu-Delhi die Umwelt in Schmutz und Chaos versinkt?

Alles das können die Entwicklungsländer in Wirklichkeit nur so lange hinnehmen, als sie sich selber mit den Leitbildern der industriellen Entwicklung zu identifizieren in der Lage sind. Deshalb treiben sie heute mit dem Sturz dieser Leitbilder wieder in ihre alten Konflikte. Deshalb mehrt sich angesichts der zerfallenden Industriegesellschaften ihre eigene Enttäuschung. An die Stelle vorgezeichneter Erwartungshorizonte tritt die Ungeduld. Je stärker die beiden Geber-Blöcke sich ihren eigenen Problemen zuwenden, desto unsinniger muß ihnen selber die Rolle der re-aktiven Mitläufer erscheinen.

Tatsächlich beobachten wir heute in vielen Entwicklungsländern so etwas wie eine Anti-Haltung zu den Prinzipien sozio-ökonomischer Entwicklung. Sie äußert sich nicht nur in der wachsenden Skepsis gegenüber den ausländischen Experten und Beratern. Schwerer wiegt das erneute Heraustreten aus der Ordnung der Entwicklungsprozesse. Wir erleben in der Dritten Welt eine Eskalation gewaltsamer Konflikte, denen die beiden Geber-Blöcke verständnislos gegenüberstehen.

Alastair Buchan, der 1958 zum Direktor des Londoner »Institute for Strategic Studies« berufen wurde, hat in einer gedrängten Studie über »Die Zukunft des Krieges« die offenen Konflikte nach Gebieten gezählt:

	1928–47	*1948–67*
Europa	4	3
Mittelost	2	15
Asien	10	22
Afrika	2	23
Nord- und Südamerika	2	10

Die wachsenden Konflikte erstreckten sich auf alle Spielarten. Aufstandskriege brachen in Algerien, Kenia, Zypern, Laos, Aden und in zahlreichen Ländern Lateinamerikas aus. Bürgerkriege brachen in Vietnam, Indonesien, Malaysia, Philippinen und Nigeria aus. Territoriale Kriege nach altem europäischem Muster brachten China gegen Indien auf, Indonesien gegen Malaysia, wiederum Indien gegen Pakistan und Israel gegen die arabischen Staaten. Gewaltsame Staatsstreiche erlebten Pakistan, Syrien, Ägypten, die Türkei, Korea, Algerien, Indonesien, Nigeria, Ghana, Sierra Leone und viele andere mehr. Im Kongo folgten Anarchie und Chaos.

Die Anti-Haltung dieser Länder zur Ordnung wirtschaftlicher Entwicklung macht Schule. Dabei geht es überhaupt nicht mehr darum, sozusagen in einem gewaltsamen Handstreich die eigene ökonomische Potenz zu erhöhen. Es geht um außer-ökonomische Ambitionen und Konflikte. Das alles sind im Grunde genommen wieder Auseinandersetzungen, die stammesmäßig motiviert sind oder nationalistisch, rassistisch oder religiös. Noch lange bevor die

Dritte Welt die festen Grundlagen für ihr eigenes ökonomisches Zeitalter zu legen in der Lage ist, droht sie in die Wirren der vorökonomischen Epoche zurückzufallen.

Was aber vermögen die unterentwickelten Länder gegen die heutige Ordnung nach Entwicklungsstufen auszurichten? Können sie diese Ordnung etwa aufheben? Hierauf war die Antwort im ökonomischen Zeitalter klar und eindeutig: Wer mittellos ist, muß auch machtlos bleiben.

Am Ende des ökonomischen Zeitalters wird dieses Prinzip nicht nur im nationalen sondern auch im internationalen Maßstab in Frage gestellt. Nicht nur für die neuen Gruppen innerhalb der Leistungsgesellschaften, sondern auch für die neuen Gruppen der Entwicklungsländer mit gewalttätiger Anti-Haltung bieten sich heute schon neue Strategien und Waffen an. An die Stelle jahrzehntelanger Durststrecken wirtschaftlichen Aufbaus treten verlockende strategische Konzeptionen und neuartige Mittel gewaltsamer Aggression. Kann die Herrschaft der beiden Supermächte und ihrer Blöcke diese Wende zum offenen Konflikt noch unter Kontrolle halten?

Die neuen Strategien

Welche Strategien und Waffen stehen den neuen Gruppen in ihrer Anti-Haltung heute zur Verfügung? Und was ist an ihnen überhaupt neu? Das sind die Fragen, die sich in der vorangegangenen Analyse immer wieder aufdrängen. Wir erleben heute eine wachsende Zahl von Staatsstreichen und fragen deshalb zunächst, ob die neuen Konflikte und neuen Gruppen auf diese Strategie setzen. Sodann wenden wir uns der militärischen Strategie in ihrer umfassenden Bedeutung zu.

Der Staatsstreich ist die planvolle Ergreifung der Macht. Er ergreift sie innerhalb des Systems. Er übernimmt nur einen Teil des Staatsapparates, mit dem er dann die gesamte Kontrolle gewinnt. Deshalb ist der Staatsstreich die Machtergreifung einer kleinen Gruppe »von innen«. Die Bevölkerung spielt nicht mit (wie bei der Revolution). Auch sind fremde Streitkräfte nicht im Einsatz (wie im Kriege). Der Staatsstreich von »links« rollt ebenso nach diesen Regeln ab wie derjenige von »rechts«. Er ist – wie jede Strategie – mit jedem übergreifenden politischen Ziel durchführbar.

Was uns hier interessiert, ist der geringe Einsatz von Machtmitteln zur Erlangung aller Macht. Nach dem Staatsstreich sind alle überrascht, wie leicht und schnell alles vonstatten ging. Nur müssen eben die Bedingungen für die Machtergreifung einer kleinen Gruppe »von innen« erfüllt sein. Diese Bedingungen kann man nicht erzwingen. Man kann sie nur nutzen, sobald sie sich einstellen. Das aber ist eine Frage der Technik. Und zur »Technik des Staatsstreiches« hat Curzio Malaparte in seinem gleichnamigen berühmten Buch 1931 alles Notwendige gesagt. Er interessierte sich damals natürlich in erster Linie für die europäischen Staaten. Heute hat die Planung und Durchführung des Staatsstreichs in den Entwicklungsländern eine ungleich höhere Aktualität. Diese Techniken verfeinert Edward Luttwak in seinem bemerkenswerten Buch »Der Coup d'Etat« (Reinbek 1968).

Gewaltsame Formen der Machtergreifung mit Hilfe des Militärs sind keine Staatsstreiche. Man bezeichnet sie deshalb als Putsch (zumeist unmittelbar nach einem Krieg) oder als Bürgerkrieg (wenn die Streitkräfte gegeneinander kämpfen) oder als »Befreiung« (wenn von außen interveniert wird) oder als »Pronunciamento« (wenn die lateinamerikanischen Spielregeln angewendet werden). Auf alles das müssen wir hier nicht näher eingehen. Unser Augenmerk richtet sich vielmehr auf die Bedingungen, die für den erfolgreichen Ablauf des Staatsstreiches vorherrschen müssen.

Eine erste wichtige Bedingung ist die Bündelung der Macht in einem politischen Zentrum. Eine kleine Gruppe kann sie nicht ergreifen, wenn sie über das ganze Land gestreut in der Hand vieler ruht. In den Industriegesellschaften ist wegen der Arbeitsteilung und den vielen Interessengruppen die Macht gestreut. Sie ist anonym und allgegenwärtig. Deshalb sind die herrschenden Bedingungen für einen Staatsstreich in hoch entwickelten Ländern im allgemeinen nicht günstig.

Eine zweite Bedingung ist die geringe Beteiligung der Bevölkerung am politischen Prozeß. Dann kann sich der Staatsstreich unter Ausschluß der Öffentlichkeit vollziehen. Auch diese Bedingung ist in den Industrieländern im allgemeinen nicht erfüllt. Der politische Dialog findet in aller Breite statt. Zwar gehört die aktive Beteiligung eines jeden Staatsbürgers zur Utopie der Lehrbücher und Dogmen. Aber die Wirkung der Massenmedien, die Aktivität der

Interessengruppen oder die ständige Instruktion einer Einheitspartei führen diesen Dialog tagtäglich.

Die letzte Bedingung von prinzipieller Bedeutung ist die Abwesenheit fremder Streitkräfte. Viele Staatsstreiche sind an ihrer Anwesenheit gescheitert. Sowjetische Streitkräfte haben Aufstände in Ost-Berlin, Budapest und Prag verhindert. Im West-Block fehlen bislang derartige Beispiele, weil es – mit Ausnahmen in Lateinamerika – keine Staatsstreiche gab, die sich gegen die Stationierungskräfte einer fremden Macht richteten. Das scheint jedoch nicht für alle Zukunft ausgeschlossen zu sein.

Durchweg gilt also, daß die hoch entwickelten Volkswirtschaften keine günstigen Voraussetzungen für den Staatsstreich bieten. Im Gegenteil, was wir an der re-aktiven Gesellschaft auf den oberen Entwicklungsstufen bemerkenswert fanden, entbehrt der Motive für Initiativen einer kleinen Gruppe zur Machtergreifung »von innen«. Wirtschaftlicher Stillstand und die Handlungsunfähigkeit einer Regierung sind dagegen ein ernsthafter Anlaß hierzu. Gerade also die Unfähigkeit einer Regierung, so zu funktionieren und zu steigern, wie es die Leistungsgesellschaft will, macht sie reif für ihre Ablösung. Mit anderen Worten, das ökonomische Zeitalter vollendet sich in der Stabilität reaktiver Regierungen ohne eine prinzipielle Gefährdung derselben durch Staatsstreiche.

Hat dies auch heute noch Gültigkeit? Mit dem Aufkommen neuer Konflikte und neuer Gruppen verliert ja die Leistungsgesellschaft ihre herkömmliche Geschlossenheit. Die Anti-Haltung richtet sich ganz offen gegen die bestehende staatliche Ordnung. Und dennoch liegen keine Anzeichen für einen grundlegenden Wandel in der aufgezeigten Tendenz vor. Die Anti-Gruppen stellen sich ja überhaupt gegen das ganze System von Macht und Autorität der Leistungsgesellschaft. Einen Staatsstreich durchführen heißt aber, sich dieses Systems zu bemächtigen, seine Macht zu ergreifen.

Tatsächlich bestätigt dies die Anschauung. Die heutigen Anti-Gruppen sind in der Regel an einem Staatsstreich nicht interessiert. Sie diskutieren ihn praktisch nicht, obschon sie doch praktisch alles diskutieren. Man muß sich auch klar darüber sein, daß er ein gehöriges Maß an systematischer Vorarbeit und Infiltration in die Kommandostellen der Macht voraussetzt; nach koordinierten Maßnahmen muß man blitzartig zuschlagen. Nun sind gerade diese Aktionen der Anti-Gruppe ihrem Wesen nach fremd. Wir haben ihre große Mehrheit auch deshalb eine spielerische genannt, weil sie in der debattierenden Anti-Pose verharrt.

Natürlich lassen sich keine zuverlässigen Voraussagen machen. Das gilt um so mehr, als die kämpferische Anti-Gruppe auch in Zukunft die große Unbekannte sein wird. Immerhin zeigt der Verfall der Leistungsgesellschaft einige Aspekte auf, die den genannten Bedingungen für einen Staatsstreich nahekommen können. So unterhalten zwar die USA in ihren Blockmitgliedern eigene Truppen. Aber gerade dieser Block-Polizist unterliegt selber der heftigsten Konfrontation zwischen Ordnungs-Gruppen und ihren Anti-Gruppen. Was den politischen Dialog anlangt, so nimmt er mitunter die makabren Züge eines Schaustücks politischer Impotenz an, in welchem die entfremdeten Spezialisten die Schauspieler und die eigensüchtigen Verbraucher das Publikum sind. Hier kann eine kämpferische Minderheit Chancen haben.

Geradezu ideale Voraussetzungen für den Staatsstreich finden wir in unterentwickelten Ländern. Dort ist die politische Macht noch in wenigen Händen und Instanzen vereint. Ein überschaubarer Kreis von Personen hält sie inne. Es gibt Entwicklungsländer, wo man nur durch 20 Türen schreiten muß, um alles an sich zu reißen. Aber auch die zweite Bedingung ist vielerorts erfüllt, der Mangel an politischem Dialog. Ein Mannschaftswechsel in der politischen Zentrale gehört zu den gewohnten Überraschungen. Die dritte Bedingung, Abwesenheit fremder Streitkräfte, ist ebenfalls in der Regel erfüllt. Beide Welt-Polizisten wirken auf die Dritte Welt ein ohne die historische Form der militärischen Okkupation. So besteht im Prinzip kein Anlaß zu Interventionen.

In der Tat ist das »politische Niemandsland« der Dritten Welt der Schauplatz ständig neuer Staatsstreiche geworden. Edward Luttwak (»Der Coup d'Etat«) zählt in den vergangenen 23 Jahren mehr als 70 Länder, in denen der Staatsstreich erfolgreich ablief. In dem Vorwort zu seinem Buch gibt S. E. Finer, Politologe der Universität Manchester, eine Zahl von 73 an (für 43 Länder) und sieht sich zu der lakonischen Bemerkung veranlaßt: *»Der Staatsstreich ist als Modus des Regierungswechsels weiter verbreitet als Neuwahlen.«*

Nicht wenige Länder haben im ersten Entwicklungsjahrzehnt 1960–1970 mehr als drei Staatsstreiche hinter sich gebracht. Alle Spielarten abrupter Regierungswechsel eingerechnet, dürfte die durchschnittliche politische Lebensdauer der Regierungen in Entwicklungsländern kaum mehr als zwei bis drei Jahren betragen haben. Das sind im allgemeinen kaum 70 % der Laufzeit ihrer Entwicklungspläne oder weniger als 20 % der Laufzeit ihrer Entwicklungskredite und Rückzahlungen an die beiden Geber-Blöcke.

Neue Strategien sind heute nicht nur für Entwicklungsländer sondern für die Länder auf allen Stufen zur Hand. Clausewitz beschränkte die Strategie noch auf »die Lehre vom Gebrauch der Gefechte zum Zwecke des Krieges«. Heute umfaßt die militärische Strategie praktisch alle Bereiche der Gesellschaft und keineswegs nur den militärischen. Aber, was der geniale Clausewitz seiner Zeit voraus hatte, war die klare Unterscheidung zwischen der übergreifenden Konzeption und ihren bloßen Techniken. Darin könnten wir heute wieder in seine Schule gehen. Denn nichts stiftet so viel Verwirrung und Mißverständnis in diesem wichtigen Bereich wie die Vermengung von Strategie und Taktik.

Strategie ist das planvolle Durchsetzen übergreifender politischer Ziele. Dies geschieht unter Anwendung von Gewalt. Da das planvolle Vorgehen die wechselnden Lagen und sich ändernden Mittel berücksichtigen muß, gibt es keine »absolute« Strategie. Im Gegenteil, die Strategie ist die Kunst, das jeweils Mögliche zu bewirken. Sie enthält das Schöpferische. Sie ist nicht auf Gesetzmäßigkeiten oder Prinzipien festgelegt. Und darin wurzeln so viele Mißverständnisse.

Der bestmögliche Einsatz der Waffen und Mittel zur Anwendung einer Strategie wird nach militärischem Sprachgebrauch als Taktik bezeichnet. Ihr zur Seite steht die Logistik als die bestmögliche Lenkung der Truppen und ihres Nachschubs. Taktik und Logistik haben gemeinsam, daß sie am Aufwand-Ertrags-Verhältnis orientiert sind. Hier stoßen wir im militärischen Bereich genau auf das, was wir schon als das wichtigste Prinzip der Industriegesellschaft kennenlernten: Mit gegebenem Einsatz eine größtmögliche Wirkung zu erzielen. In diesem Sinne wollen wir die Taktik sorgfältig von der Strategie scheiden.

Taktik (und Logistik) ist also die Domäne der Spezialisten. Deshalb kann es gar nicht verwundern, daß im ökonomischen Zeitalter die Taktik Trumpf ist. Sie entspricht den herrschenden Normen des Denkens und Handelns. Sie wird bestimmt vom Funktionieren und Steigern. Die bessere Taktik geht mit dem technologischen Fortschritt Hand in Hand. Dagegen wird die Strategie zum Stiefkind der industrialisierten Leistungsgesellschaft. General Beaufre, der seine Stelle in der bedeutsamen Standing Group in Washington gegen die Leitung des Institut Français d'Etudes Stratégiques tauschte, schrieb ein aufschlußreiches Buch mit dem Titel »Totale Kriegskunst im Frieden« (1963). Darin führt er Klage, daß

»... man an die Überlegenheit des Materiellen über das Ideelle glaubt, ohne dies einzugestehen. Trotz eines Raymond Aron in Frankreich und eines Lidell Hart in England findet die Strategie weder in der breiten Öffentlichkeit noch eigentlich in den Kreisen der Militärs, die weiterhin in technischen und taktischen Begriffen denken, Eingang.«

Für unser Verständnis ist gerade dies die unausweichliche Konsequenz, die sich aus der allgemeinen Orientierung am Funktionieren und am Steigern ergeben muß. Auch das Militär bleibt hiervon nicht verschont. Auch dort beobachten wir den Hang zum Perfektionismus und zur bloßen Steigerung der Wirkung. Wenn man die Strategie als die Kunst begreift, das jeweils Mögliche zu bewirken, dann darf man auch sagen, daß der Zerfall der Leistungsgesellschaft in die Impotenz des Strategischen mündet.

Welche Möglichkeiten eröffnen sich nun am Ende des ökonomischen Zeitalters für neue Strategien? Zur Beantwortung dieser Frage verschaffen wir uns einen kurzen Überblick über das, was von Beginn des ökonomischen Zeitalters bis zu seiner Vollendung geschehen ist. Auch hier scheint ein kleiner Umweg der kürzeste Weg zum Verständnis der Gegenwart zu sein.

Drei Etappen kennzeichnen den Gang der Dinge. Die erste Etappe beginnt mit der Industrialisierung zu Anfang des 19. Jahrhunderts. Die Technik und Potenz der frühindustriellen Waffen ist noch wenig entwickelt. So bleiben die vielen europäischen Kriege begrenzte Aktionen. Das Konzept ist: kleiner Einsatz – kleine Wirkung. Einer dieser »Klein-Kriege« fand zwischen Deutschland und Frankreich im Jahre 1871 seinen Abschluß.

Die zweite Etappe (1871–1945) erlebt die Industrialisierung im stürmischen Vormarsch. Die Produktion stellt immer gewaltigere Mittel zur Verfügung. Bis schließlich die Materialschlachten der zwei Weltkriege eine gänzlich ungewollte Wirkung offenbarten: Nicht der rasche Sieg, sondern die gewaltige Aktivierung der gesamten Volkswirtschaften bis zu ihrer Erschöpfung.

Die dritte Etappe (ab 1945) schließlich fällt in die Vollendung des ökonomischen Zeitalters nach dem Zweiten Weltkrieg. Jetzt wird die direkte Drohung praktiziert. Die Strategien des 19. Jahrhunderts beruhten noch, wie schon Napoleon formulierte, auf »einer einfachen Kunst, bei der alles auf die Ausführung ankommt«. Nun richtet sich die ganze Aufmerksamkeit auf die Vorbereitung. Der Automatismus der Wachstumsprozesse liefert hierzu immer gigantischere Mittel. So gesehen, ist die Atombombe der Triumph der Spezialisten, weil sie die Grenzenlosigkeit der Steigerungen zu beweisen scheint. Das Strategische tritt immer mehr hinter das Taktische zurück, hinter die permanente Verbesserung des Verhältnisses von Einsatz und Wirkung.

In der ersten Etappe noch richteten sich alle Kräfte auf den raschen militärischen Sieg. Danach folgte das politische Arrangement. Reparationszahlungen wurden nach den Regeln der Fairneß vereinbart. Auf diese Weise ließ die Strategie die ökonomische Potenz des Gegners praktisch unangetastet.

Ganz anders schon stellt sich die zweite Etappe dar. Die Materialschlachten des Zweiten Weltkrieges zehrten die Wirtschaft der beteiligten Nationen aus. Jedoch gingen Sieger und Besiegte mit enormen Produktionskapazitäten aus diesem Kriege hervor.

In der dritten Etappe der atomaren Drohung dagegen steht die Existenz der Volkswirtschaft auf dem Spiel. Nunmehr ist es möglich geworden, die gesamte ökonomische Potenz aller Parteien auszulöschen. Die grenzenlose Steigerung der Wirkung mündet in die Möglichkeit, die Volkswirtschaften von ihren hohen Stufen der Entwicklung herunter in das Dunkel eines ungewissen Schicksals zu stoßen.

In den genannten drei Etappen gewinnt der Luftkrieg zunehmend an Bedeutung. Was bedeutet dies für unseren Zusammenhang? Der Landkrieg stellt in besonderem Maße die natürlichen Gegebenheiten des Geländes in Rechnung. Der Kämpfende kann sich ohne Hilfsmittel fortbewegen, er kann mit einfachen Mitteln kämpfen. Der Seekrieg und vollends dann der Luftkrieg vollzieht sich im »freien Raum«. Hier muß der Kämpfende mit immer kostspieligeren Hilfsmitteln ausgestattet werden. Die Kämpfe werden kapitalintensiv. Die gesteigerten Wirkungen versenkter Schiffe und abgeschossener Flugzeuge gehen in die Milliarden Dollar wie die Umsatzschlachten internationaler Konzerne. Mit Raketen- und Anti-Raketensystemen vollzieht sich schließlich die völlige »Befreiung« vom Raum. So wie die Atombombe die alte Beziehung zwischen Wirkung und Masse aufhebt, so hebt das Raketensystem die alte Beziehung zum Standort auf. Die atomare Taktik bringt die zerstörerische Gewalt der ökonomischen Potenz in ihrer reinsten Form zum Ausdruck.

Aber noch in einem weiteren Sinne haben die Strategien und Taktiken die Prinzipien des ökonomischen Zeitalters übernommen. Wir meinen damit das re-aktive Verhalten. So wie die Industrialisierung schließlich zur re-aktiven Gesellschaft geführt hat, so brachten die militärischen Entwicklungen die re-aktive Taktik hervor.

Das Rüstungspotential der Industrieländer ist auf das engste mit ihrem wirtschaftlichen Potential verknüpft. Hier wie dort bestimmen Umfang der Investitionen und der technologische Fortschritt die Größe des Potentials. Hier wie dort liegen die Probleme weniger in der Erzeugung als im Absatz der Produkte. In der zivilen Wirtschaft können wir heute die Produktion von einzelnen Konsumgütern nahezu beliebig vermehren, nur stoßen wir auf die Grenzen des Absatzes. In der Rüstungswirtschaft können wir ebenso die Produktion von Vernichtungswaffen beliebig vermehren, aber auch hier stoßen wir auf die Grenzen ihres »Vertriebes«. Die gewaltige Bedeutung des modernen »Marketing« im zivilen Bereich findet im »Marketing« der Raketensysteme ihre Entsprechung. So wie in vielen Bereichen der zivilen Wirtschaft die Vertriebskosten die Produktionskosten übersteigen, so gilt dies auch für den militärischen Bereich. Die (Anti-Anti-)Raketensysteme sind um ein Vielfaches teurer als die Raketen, die sie verschießen (oder abwehren) sollen. Nun besteht aber kein Zweifel daran, daß die Taktik des Vertriebs ungleich stärker auf das Re-agieren abstellt als die Taktik der Produktion. Auch das gilt heute uneingeschränkt für den militärischen Bereich.

Auch im militärischen Bereich herrscht schon längst das konkurrierende Verhalten vor. Es läßt sich im wirtschaftlichen Bereich etwa so erklären, daß es in der Regel niemand zum äußersten kommen lassen will. Die Konkurrenz vollzieht sich mit einem re-aktiven Verhalten, das die ständige Fortsetzung des Spiels zur Vorbedingung hat. Das gilt gleichermaßen für die Konkurrenz von Unternehmen wie von Verbrauchern untereinander. Nicht anders im militärischen Bereich. In der frühindustriellen Epoche herrschte noch die Strategie des rauhen Sieges als Schlußstrich unter die Auseinandersetzungen. Alles war auf seine Ausführung angelegt. Heute treiben wir Konkurrenz in der ständigen Fortsetzung der Vorbereitungen. Das ist der Kern der nuklearen Abschreckung. Der amerikanische General Maxwell Taylor hat diese Strategie als »flexible Reaktion« (flexible response) bezeichnet. Wir können uns keine zutreffendere Bezeichnung denken.

So gehört es zum Prinzip der »flexiblen Reaktion«, daß die beiden Supermächte die Wahl der Wirkungsstufen gegenseitig bestimmen: örtliche Konflikte, klassische Gefechte, taktische Atomgefechte, beschränkte strategische Kriege, totaler strategischer Krieg. Die Blockmitglieder müssen sich fügen. Und nicht nur das. Sie müssen im Ernstfall zugleich auch den Schauplatz liefern, und zwar für alle möglichen Wirkungsstufen. Wenn sie »geschützte Zonen« fordern, so verkennen sie nur die Spielregeln der »flexiblen Re-aktion« und ihre eigene Rolle, die zu spielen sie gezwungen sind.

Wir brechen hier unsere Überlegungen ab. Die Parallelen zwischen zivilem und militärischem Bereich verdienen nicht – so erstaunlich sie auch sind – unsere Aufmerksamkeit im gleichen Maße wie das, was wir nunmehr am Ende des ökonomischen Zeitalters zur Kenntnis nehmen müssen. In der Tat zeichnet sich auch im militärischen Bereich ein tiefgreifender Wandel ab. Auch hier stehen wir vor etwas qualitativ Neuem. Auch hier dürfen wir uns nicht länger mehr mit der bloßen Fortschreibung allseits bekannter Entwicklungstendenzen begnügen.

Am Ende des ökonomischen Zeitalters stürzen seine Leitbilder nun auch im militärischen Bereich. Wir erleben denselben Verlust der Leitbilder wie im wirtschaftlichen und gesellschaftlichen Bereich. So wie dort die Erträge produktiver Leistungen in wachsendem Maße unwägbar geworden sind, so entziehen sich hier die »Erträge« zerstörerischer Leistungen mehr und mehr jedem rationalen Kalkül. So wie dort der Zerfall des ganzen Systems in Teilbereiche zu unkontrollierten Wucherungen führt, so kommt es hier zu rüstungswirtschaftlichen Wucherungen. Auch der Spezialist in Uniform beginnt eine tragische Rolle zu spielen. Die Grundlagen seiner Orientierung gehen verloren, weil bei steigenden Einsätzen die Wirkungen immer ungewisser werden. Niemand kann mehr die Wirkungen taktischer Atomgefechte oder beschränkt strategischer Kriege bestimmen.

Inzwischen sind wir aber schon in eine völlig neue Ära strategischer Konzeptionen eingetreten: die Guerilla-Strategie. Sie stellt die ganze bisherige Entwicklung auf den Kopf. Sie will weder den raschen Sieg (erste Etappe) noch die Materialschlacht (zweite Etappe), noch die atomare Drohung (dritte Etappe). Ihr sind weder die gigantischen Mittel der Supermächte, noch ihr äußerst beschränkter Handlungsspielraum zu eigen. Im Gegenteil, die Guerilla-Strategie bedient sich der Taktik der primitiven Mittel: Das auf einen einzelnen Kämpfenden investierte Kapital beträgt einen minimalen Bruchteil dessen, was für die hoch gerüsteten Streitkräfte üblich ist. Der Guerilla-Kämpfer vermag in kleinen Gruppen mehr zu bewirken als schwer gerüstete und große Einheiten. Er verfügt zugleich über einen enorm großen Handlungsspielraum, weil er ihn selber bestimmen kann. Der Handlungsspielraum kleiner Gruppen beträgt ein Vielfaches von demjenigen integrierter Streitkräfte.

Strategien im ökonomischen Zeitalter

	Beginn	*Fortschritt*	*Vollendung*	*Umkehrung*
Mittel:	geringe	gesteigerte	gigantische	minimale
Wirkung:	rascher Sieg	verschleppter Sieg	Stabilität/ Vernichtung	Labilität/ Umsturz

Eine erste Darstellung der neuen Strategie bot Th. E. Lawrence – bekannt als Lawrence von Arabien – nach dem Ersten Weltkrieg. Lenin und Stalin haben dann gewisse Grundlagen gelegt, indem sie dem materiellen Potential hoch gerüsteter Streitkräfte so etwas wie eine psychologische Strategie im Hinterland entgegensetzten. Mao Tse-tung entwickelte daraus seine berühmten sechs Regeln. Sie ersetzten re-aktives durch aktives Verhalten, gewaltige durch geringe Mittel, komplizierte durch primitive Waffen, Drohung durch Angreifen. Das ist die völlige Umkehrung der strategischen Konzeptionen, wie sie sich etappenweise im ökonomischen Zeitalter entwickelten.

Die neue Strategie verbindet die Taktik und Logistik der kämpferischen Anti-Gruppe. Auf diesen Nenner kann man ihre zahlreichen Merkmale bringen. Sie ist die angemessene Strategie der neuen Gruppe in den Entwicklungsländern, die aus der Ordnung des ökonomischen Zeitalters heraustreten wollen. Sie unterläuft den hohen Rüstungsstandard der Industriestaaten. Sie bestimmt den Schauplatz, Zeitpunkt und das Ausmaß der eigenen Initiative. Damit setzt sie dem re-aktiven Verhalten der Rüstungsgiganten etwas Neues und gleichsam Unüberwindbares entgegen.

So gesehen, war der Atom-Sperrvertrag eine Art Schlußstrich unter das ökonomische Zeitalter. Die Atom-Rakete verkörpert noch das geltende Prinzip dieses Zeitalters: Nur wer im Besitz der höchsten ökonomischen und technologischen Potenz ist, besitzt auch die höchste militärische Gewalt. Zwar können viele Länder die Atombombe produzieren, aber nur sehr wenige die komplizierten Raketensysteme. Der Atom-Sperrvertrag wurde geschlossen, damit auf die Dauer aus den wenigen nicht viele wurden. Er schließt die Nachzügler von der höchsten militärischen Gewalt aus.

Aber die neue Strategie des Guerilla-Krieges öffnet nun allen Ländern dieser Erde auf allen Entwicklungsstufen den Zugang zur umfassenden militärischen Aktion. Damit durchbricht sie das jahrhundertealte Prinzip des ökonomischen Zeitalters. Heute sind nicht mehr die reichsten Länder die militärisch mächtigsten. Die kämpferischen Anti-Gruppen auf allen Entwicklungsstufen können in einem Umfang militärische Aktionen und Gewalt entfalten, der in seiner Gänze noch gar nicht sichtbar geworden ist.

Damit wird nun die Rolle der beiden Block-Giganten auch im militärischen Bereich in Frage gestellt. Ihre hoch entwickelten Waffen werden stumpf, ihre kapitalintensiven Strategien unbrauchbar. Das weite »politische Niemandsland« der Dritten Welt entzieht sich ihrer militärischen Kontrolle. Selbst die Einstellung aller Waffenlieferungen würde heute daran kaum etwas ändern.

Der letzte Krieg des ökonomischen Zeitalters endete im Jahre 1945. Der Krieg in Vietnam ist der erste Krieg einer noch nicht erkennbaren Epoche, die auf das ökonomische Zeitalter folgen mag. Dieser Krieg offenbart den Verfall der Leistungsgesellschaft auch in ihrer Strategie. Der ins Gewaltige gesteigerte Einsatz ihrer ökonomischen Potenz vermag nicht mehr den Gang der Dinge zu bestimmen. Im Gegenteil, Washington verstrickt sich in ein groteskes Mißverhältnis von Aufwand und Wirkung. In Vietnam erhalten alle Industrieländer die blutige Warnung, nicht länger mehr ihren stürzenden Leitbildern anzuhängen.

Wie wird es weitergehen? Diese Frage drängt sich gewiß auf. Aber wir wollen uns auf das beschränken, was unsere Analysen zu leisten vermögen. Nach den Gesetzen des ökonomischen Zeitalters hätten die kämpferischen Anti-Gruppen noch viele Jahrzehnte schuften und investieren müssen, bevor sie sich militärisch hätten zu Wort melden können. Am Ende des ökonomischen Zeitalters bieten sich ihnen überraschende Möglichkeiten.

Das ist der brisante Kern der neuen Strategie. Wieweit die Entwicklungsländer von ihr Gebrauch machen werden, läßt sich noch nicht sagen. Das hängt davon ab, wieweit sie sich der spielerischen Anti-Haltung hingeben werden oder aber die kämpferische Anti-Haltung einnehmen wollen. Das hängt auch noch von etwas weiterem ab: von den Mitteln, die ihnen zur Verfügung stehen. Jede Strategie besitzt ihre eigenen Waffen. Welche neuen Waffen hat die neue Strategie zur Hand?

Die neuen Waffen

Die neue Strategie ist die Strategie auch der armen Länder. Die neuen Waffen sind auch ihre Waffen. Das Prinzip des ökonomischen Zeitalters – wonach die wirtschaftliche Potenz die militärische bedingt – wird aufgehoben. Mao machte dieses Prinzip für den strategischen Bereich zunichte. Die neuen Waffen heben es nunmehr auch für den taktischen Bereich vollends auf.

Die neuen Waffen sind die chemischen und biologischen Kampfmittel. Sie werden unter dem Begriff der chemisch-biologischen

Kriegführung zusammengefaßt. Der amerikanische General J. H. Rothschild sagte schon 1959 in einer Analyse: *»Eine einzige Unze von dem Giftstoff, der das Q-Fieber erzeugt, würde genügen, um 28 Milliarden Menschen zu infizieren.«*

Wir bevölkern heute die Erde mit weniger als 4 Milliarden Menschen. Und schon gelangen die gewaltigsten Vernichtungswaffen in die Hände jedes Staates, lange bevor er die Stufenleiter der Entwicklung erklommen hat. Es ist kein Vertrag auch nur denkbar, der 140 Staaten den Zugang zum Giftwaffen-Klub verwehren könnte.

Was sind Giftwaffen, und welche Bedrohung stellen sie wirklich dar? Ein Schleier der Geheimhaltung ist noch über die neuen Waffen gelegt. Dennoch gibt es heute schon eine recht umfangreiche Dokumentation. Ein nüchternes Buch ist beispielsweise das von Robin Clarke »Stumme Waffen« (Wien 1969). Es gibt ebenso viele Verharmlosungen wie Übertreibungen, denn die Geheimhaltung erschwert ein zutreffendes Urteil. Wir wollen hier weder eine vollständige Übersicht geben, noch den phantastischen Überteibungen mancher Autoren folgen. Vor allem wollen wir nicht in den alten Fehler verfallen, mit der Entwicklung neuer Waffen den Gang der Geschichte zu erklären. Waffen sind immer nur die Mittel der Taktik; und Taktik ist immer nur die Anwendung der militärischen Strategie; und die militärische Strategie ist immer nur ein Teilbereich der Auseinandersetzung von Gruppen, Staaten oder Blöcken.

Deshalb interessieren uns die neuen Waffen nur als ein Glied in den Auseinandersetzungen am Ende des ökonomischen Zeitalters, die zu neuen Konflikten und zu neuen Gruppen führten. Unser Interesse beruht natürlich auf der frappanten Feststellung, daß die heute im ökonomischen und gesellschaftlichen Bereich erkennbaren Merkmale nun gleichzeitig auch im waffentechnischen Bereich auftauchen. Aus diesem Grunde nennen wir die Giftstoffe auch »neue Waffen«. Es gab sie schon im Ersten Weltkrieg. Aber beide Weltkriege wurden mit den »alten Waffen« geführt. Die neuen Waffen erhalten erst mit dem Verfall der Leistungsgesellschaft und ihrer Weltordnung ihre eigentliche Bedeutung. Deshalb kann die Erzeugung von Polio-Viren so gefährliche Konsequenzen haben. Der Inhalt eines Tischtennisballes kann theoretisch 3 Millionen Mal so viel Menschen töten als heute die Erde zählt.

Das Sortiment der auf Lager produzierten Giftstoffe ist verwirrend groß. Unter den chemischen Kampfstoffen führt historisch das deutsche Tränengas Tabun den Reigen an; es wurde im Ersten Weltkrieg entwickelt. Bald darauf erwies sich Sarin als ein wirksameres Nervengas, und 1944 folgte dann die Produktion des noch weitaus stärkeren Soman. In amerikanischen Militär-Handbüchern werden diese Gase lediglich als »Mittel zur Bekämpfung von Unruhen« bezeichnet. In Wirklichkeit ist ihre schädliche und auch tödliche Wirkung immer wieder nachgewiesen worden.

Eine drastische Steigerung der Wirkung erleben wir bei den biologischen Giftwaffen. Sie bestehen aus Lebewesen wie Bazillen und Viren, die sich ihrerseits im menschlichen Körper rasch vermehren können. Sie erzeugen Giftstoffe wie etwa das Protein A und B. Davon würden 40 Gramm ausreichen, um die Bevölkerung von Indonesien auszulöschen. Ein bekannteres Toxin unter den biologischen Waffen ist beispielsweise das Botulinumtoxin, das besonders leicht Eingang in den menschlichen Organismus findet und sich in der Produktion von Giftstoffen als »sehr produktiv« erweist. Alle biologischen Stoffe wirken nach dem Prinzip sich ausbreitender Epidemien, einer Art »Schneeball-Effekt«. Für die Produzenten dieser Giftwaffen ist die große Pest (»Der Schwarze Tod«), die Europa im 14. Jahrhundert heimsuchte, der Modellfall. Damals starb über ein Viertel der westeuropäischen Bevölkerung; uns ist der völlige Zerfall ihrer damaligen wirtschaftlichen und sozialen Ordnung eindrucksvoll überliefert.

Den historisch ersten Einsatz von Giftwaffen schreibt man häufig den Deutschen zu. In Wirklichkeit feuerten die Franzosen als erste im August 1914 Tränengas mit Gewehrgranaten ab. Bis zum Ende des Ersten Weltkrieges wurden über eine Million Tote und Schwerverletzte des Gaskrieges gezählt. Die weltweite Reaktion der öffentlichen Meinung führte dann 1925 zum Genfer Abkommen, das den Einsatz von Giftwaffen ächtete. Die USA unterschrieben zwar dieses Abkommen, aber der Senat ratifizierte es nicht. Damals wurde dem Umstand, daß die USA als einzige Großmacht sich dem Beitritt verweigerten, keine weitere Bedeutung beigemessen.

Der Zweite Weltkrieg lief noch nach dem Spielplan der Industriegesellschaften ab. Nur die klassischen Waffen des ökonomischen Zeitalters kamen zur Anwendung. Im Ringen der ökonomischen Potenzen gaben die überlegenen Produktionskräfte der Alliierten den Ausschlag. Die Taktik General Eisenhowers zur Rückeroberung des europäischen Kontinents zeigte frappante Ähnlichkeit mit der Eroberung von Marktanteilen durch einen Konzern.

Die deutsche »Wunderwaffe« (V 1 und V 2) war nicht das Erzeugnis einer Handvoll von Giftstoff-Experten, sondern eines gewaltigen industriellen Produktionsapparates. Die Atombombe schließlich bildete den Höhepunkt in der Erzeugung und Anwendung industrieller Vernichtungswaffen.

Erst nach dem Kriege nahmen die Entwicklungen der chemisch-biologischen Kriegführung einen so überraschend schnellen Fortgang. Hitlers Minister für Rüstung und Produktion erklärte 1947 vor dem Nürnberger Militärtribunal, daß Deutschland nicht ernsthaft den Großeinsatz von Giftstoffen erwogen habe. Noch als Speer in Nürnberg aussagte, schafften die Amerikaner und Sowjets die deutschen Bestände an Giftstoffen in ihre eigenen Labors.

Heute sind die Vereinigten Staaten und mit großer Wahrscheinlichkeit auch die Sowjetunion die Hauptproduzenten von Giftwaffen aller Art. In den USA läßt sich die Entwicklung in gewisser Weise an der steil ansteigenden Spirale öffentlicher Ausgaben für chemisch-biologische Kriegführung ablesen. Nach Beendigung des kalten Krieges und nachdem die beiden Welt-Polizisten ihr Hauptaugenmerk von der Dritten Welt wieder auf ihren eigenen Block lenkten, stiegen die Ausgaben in den USA sprunghaft an. Im Jahre 1965 verdreifachte sie der amerikanische Kongreß. Man schätzt heute die Anlage der Basen des sog. Chemie-Korps in Maryland (Fort Detrick), Arkansas, Colorado, Indiana und Utah auf über eine Milliarde Dollar. Allein im Fort Detrick arbeiten mehr als 5000 Personen an der Erforschung, Erzeugung und Erprobung von Giftwaffen.

Über die Entwicklung von Giftwaffen der Sowjetunion ist ein ungleich dichterer Schleier der Geheimhaltung gelegt. Bekannt ist, daß die Sowjets gegen Ende des Zweiten Weltkrieges die wichtigsten deutschen Forschungs- und Produktionsanlagen besetzten. Allein vom Nervengas Tabun erbeuteten sie 12 000 t. Schon 1956 sagte Marschall Schukow vor einem Parteikongreß: »Für einen künftigen Krieg, sollte er vom Zaune gebrochen werden, wird der massive Einsatz von ... Massenvernichtungsmitteln wie atomarer, thermonuklearer, chemischer und bakteriologischer Waffen kennzeichnend sein.« Jede sowjetische Division führt eine Abteilung für chemische Kriegführung, und jede Befehlsebene (bis hinunter zum Bataillon) verfügt über chemische Spezialeinheiten.

Nähere Einzelheiten sind gleichfalls aus Großbritannien bekanntgeworden. Dort wurde im Zweiten Weltkrieg in größerem Maßstab auf Gruinard Island mit Milzbrand-Bakterien experimentiert. Die mikrobiologische Forschungsanstalt in Porton, Wilshire, widmet sich den gleichen Aktivitäten wie Fort Detrick, ist aber kleiner. In den 50er Jahren drang der Tod eines Mitarbeiters an einem Test auf den Bahama-Inseln an die Öffentlichkeit, der an der Pest verstarb. Aus den Laboratorien Schwedens wurde bekannt, daß ein F-Gas entwickelt worden ist, welches sich besonders zur Versprühung eignet. Die tödliche Dosis liegt bei 15 Milligramm pro Liter und die Wirksamkeit beim 6fachen Wert des Sarins und 10fachen Wert des Tabuns.

Es ist ebenso deprimierend wie sinnlos, in die Giftküchen der Großmächte zu schauen. Wenn die äußeren Erscheinungen einer Entwicklung unsere ganze Aufmerksamkeit in Anspruch nehmen, dann sind wir ihr in einem viel gefährlicheren Maße ausgeliefert, als wenn wir ihre Ursachen und Tendenzen zu erkennen vermögen. Deshalb sind die Nachrichten von neuen Giftstoffen, sterbenden Versuchstieren oder atmosphärischen Wunder-Mikroben in ihrer eigentlichen Ursächlichkeit zu werten, obschon sie hervorragend geeignet sind, den heimlichen Bedarf der Überflußgesellschaft an Schockmitteln zu befriedigen.

Das wirklich Bemerkenswerte an der raschen Entwicklung der chemisch-biologischen Kriegführung sind die typischen Merkmale des Verfalls der Leistungsgesellschaft. Sie nimmt in ihrer Gesamtheit gar nicht zur Kenntnis, daß hier in einem geheimnisvoll gehüteten Bereich gefährliche Wucherungen besonderer Art ihren Lauf nehmen. Wie in allen wuchernden Bereichen der Gesellschaft, so arbeiten auch hier die Wissenschaftler den entfremdeten Spezialisten fleißig zu. Elinor Langer gab in der amerikanischen Zeitschrift »Science« eine Übersicht über die vielfältigen Zuarbeiten der Universitäten und Forschungsinstitute. In dieser stattlichen Reihe finden sich die Universitäten von Chikago, Michigan, Minnesota und Texas ebenso wie die Botanischen Gärten von New York, das Brooklyn College und Massachusetts Institute of Technology und das Hahnemann Medical College. In einer Londoner Konferenz über die verschiedenen Aspekte der geheimen Vorbereitung des chemisch-biologischen Krieges (Steven Rose: »Gefahr aus der Retorte« (Freiburg 1969) wurde ein amtliches stenographisches Protokoll über Forschungsaufträge an englische Universitäten von imposanter Vielfalt vorgelegt. Darunter zählen Themen wie »Faktoren, welche die Gelierung von Flüssigkeiten beeinflussen« (Welsh College of Advanced Technology), »Einfluß von Pharmazeutika auf die Übertragung Nerv – Muskel« (Universität Bristol) oder »Biochemie der Haut« (Queen's University Belfast).

Ein Mitglied des Direktoriums für Rüstungsforschung und -ingenieurwesen in den USA traf den Kern der Sache, als es in einem Interview mit »Missiles and Rockets« (1964) erklärte: *»Was wir brauchen, ist nicht eine große industrielle Produktion, sondern Grundlagenforschung und Entwicklung auf dem Gebiete der Physiologie, Toxologie und Mikrobiologie.«*

Als Spezialist klagte er: »Wir haben Mühe, Leute zu finden, die imstande sind, an diesem Problem zu arbeiten ... Wir kämpfen zum Beispiel um Männer, die an der Krebsforschung arbeiten.«

Und die Wissenschaftler wiederum verschließen die Augen vor den Folgen der Erfindungen ihres eigenen Teilbereiches. Auf diese Weise bietet sich uns auch hier das Bild einer Leistungsgesellschaft, deren Teilbereiche nicht nur groteske sondern höchst gefährliche Widersprüche erzeugen.

Immer wieder stoßen wir auf den Versuch der moralischen Rechtfertigung. Im Bereich der chemisch-bakteriologischen Waffen ist es der Vorwand einer »humanen« Kriegführung. So schrieb General Rothschild, früherer Direktor der Entwicklungsabteilung für chemische Kriegführung: »Hätten wir die Invasion der (japanischen) Insel Betio (im Zweiten Weltkrieg) anstatt mit Sprengbomben mit Senfgas vorbereitet, wäre die feindliche Garnison innerhalb von zwei oder drei Tagen tot oder kampfunfähig gewesen.«

Wie auf zahlreichen anderen Fachgebieten, wenden sich schließlich einige Wissenschaftler ab von den erschreckenden Widersprüchen ihrer eigenen Erfindungen. Aber den entfremdeten Spezialisten kann das nicht mehr beirren. Die Entwicklung ist nicht mehr aufzuhalten, wenn die Wirkungen ihre höchsten Steigerungen erfahren. Als 5000 amerikanische Wissenschaftler, darunter 22 Nobelpreisträger, 1967 ein Schreiben an Präsident Johnson richteten, in welchem sie forderten, die Entwicklungen wieder unter Kontrolle zu bringen, unterzog sich die Administration nicht einmal der Mühe, eine Antwort zu geben.

Bezeichnend für die re-aktive Gesellschaft ist auch, daß nur der Druck der öffentlichen Meinung zu den Widersprüchen und nicht allein die Existenz dieser Widersprüche politische Re-aktionen hervorrufen. Zwar versprach Präsident Nixon Ende 1969, die Bestände an chemisch-biologischen Waffen abzubauen. Dieses Versprechen gab er unter dem Zwang der öffentlichen Meinung. Aber auch die öffentlichen Diskussionen können nicht mehr die Wucherungen der Leistungsgesellschaft unter Kontrolle bringen. So erregte sich 1970 die amerikanische Öffentlichkeit über den Landtransport von Giftwaffen und ihre Versenkung in der Karibischen See. Aber, daß die Beseitigung der Giftstoffe eine ziemlich belanglose Geste darstellte, blieb weitgehend unbemerkt. Gerade die gefährlichsten biologischen Waffen sind von begrenzter Lebensdauer. Die Beschränkung der Lagerhaltung beseitigt weder die Produktionskapazitäten, noch beschränkt sie die Erforschung weiterer Hochleistungsarten.

Ein weiteres wichtiges Merkmal der niedergehenden Leistungsgesellschaft offenbar sich auch in diesem Bereich: dem »Export« ihrer eigenen Widersprüche in die Dritte Welt. Seit Jahren ist Vietnam der Schauplatz dieses Vorgangs. Die Gasangriffe amerikanischer Streitkräfte häuften sich seit 1964. Da die Wirkungen nicht in dem gewünschten Ausmaß eintraten, griff man nach und nach zu gefährlicheren Mitteln, die nicht nur vorübergehend kampfunfähig machen. In den Jahren, in denen die Nahrungshilfe der amerikanischen Leistungsgesellschaft ihren ersten Höhepunkten entgegenschritt, zerstörten amerikanische Truppen in Vietnam weite Anbauflächen durch Besprühung mit Giftstoffen. Eine Studie des Pentagon kommt zu dem Ergebnis, daß allein der Einsatz im Jahre 1967 mehr als 380 000 Hektar Land vergiftete. Japanische Untersuchungen beziffern die vergifteten Anbauflächen für Getreide in Vietnam auf 1,5 Millionen Hektar; es starben fast 1000 Bauern und über 13 000 Stück Vieh.

Die entfremdeten Spezialisten finden auch untereinander keine gemeinsame Sprache mehr. Den Protest prominenter Pflanzenphysiologen an den amerikanischen Präsidenten beantwortet ein Abteilungsleiter im Verteidigungsministerium so: *»Präsident Johnson hat mich ersucht, Ihr Schreiben vom 6. September zu beantworten. Chemische Pflanzenvertilgungsmittel werden in Vietnam dazu verwendet, den Pflanzenwuchs im Dschungel zu lichten ...«*

Nun kann nicht der geringste Zweifel daran bestehen, daß die neuen Waffen auch in den Händen der Entwicklungsländer in mehrerer Hinsicht eine gefährliche Bedeutung annehmen. Bisher waren sie von militärischen Aktionen größeren Ausmaßes solange ausgeschlossen, wie die beiden Supermächte ihre Kontrollfunktionen ernst nahmen. Ihre Militärhilfe schuf feste Bande der Abhängigkeit, weil die Entwicklungsländer die Waffensysteme des ökonomischen Zeitalters nicht produzieren können und von Ersatz- und Wartungsleistungen abhängen. Der Luftraum als die wichtigste Dimension dieser Waffen gehört ihnen schon lange nicht mehr.

Mit den neuen Waffen zeichnet sich eine gefährliche Emanzipation der unterentwickelten Länder ab. Ihre politischen Ambitionen, nationalistischen Kräfte und überhaupt jeder Versuch, die kämpferische Anti-Haltung einzunehmen, wird in überschaubarer Zukunft die tödlichsten Waffen in ihre Hände bringen.

Damit holen die Entwicklungsländer die Industrieländer zwar nicht im Pro-Kopf-Einkommen, aber doch in der potentiellen Fähigkeit der Umweltzerstörung ein. Die Schranken wirtschaftlicher Entwicklungsstufen, die sie bislang vom Zugriff zu den Superwaffen abhielten, fallen.

So war die Produktion der »alten« Waffen mit immensen materiellen Kosten verknüpft, die nur auf den höheren Entwicklungsstufen aufgebracht werden können. Auf die erste Generation der Düsenflugzeuge folgte die immer kostspieligere zweite und dritte Generation. In den Raketensystemen folgte auf »Sentinel« der »Safeguard«. Während aber der Ausbau ihrer Basen in Missouri und Wyoming noch nicht voll finanziert ist, wurde im Sommer 1970 in einer Debatte des amerikanischen Senats der »Hardsite« als neuester Hydrakopf im Wettrüsten sichtbar. »Safeguard« verschlang mindestens 20 Milliarden Dollar. Die Kosten des »Hardsite« gaben Rätsel auf. Im Gegensatz zu dieser Entwicklung nehmen sich die Kosten für die Erzeugung von Giftwaffen überraschend niedrig aus. Dort sind schon Produktionskosten von 100 000 Dollar eine Größe, mit der eine gewaltige Vernichtungspotenz erzeugt werden kann.

Auch über das technologische Wissen für die Erzeugung »alter« Waffen verfügen nur hoch entwickelte Industriestaaten. Dagegen stellt die Züchtung von Bakterien, Viren und anderen Organismen in kleinen Laboratorien eine lösbare Aufgabe auch für kleine Länder und kleine Gruppen dar. Sie muß zwar in Kulturen aus isolierter Zellsubstanz oder doch zumindest in geeigneten Nährbrühen erfolgen und erfordert komplizierte Techniken und großes Geschick. Aber schon eine geringe Menge von »Anfangsmaterial«, das in Gewebskulturen des Hirns oder der Embryone erzeugt wird, stellt dann den ganzen »Kapitalstock« fortlaufender Erzeugung dar. Inzwischen muß man nicht mehr in einzelnen Abschnitten produzieren, sondern kann auch die schwierige Viruserzeugung mit Hilfe der Zonen-Ultrazentrifuge in permanenten Serien durchführen. Keine der Anti-Gruppen in Afrika oder Lateinamerika ist vom Zugriff auszuschließen.

Der »Vertrieb« der neuen Waffen steht im Prinzip nun allen Ländern auf allen Entwicklungsstufen offen. Die Giftstoffe können als Aerosole durch Versprühung oder durch Winddrall verbreitet werden, durch wandernde Organismen oder auf dem Wasserwege. Auch hier bestehen Schwierigkeiten wegen der begrenzten Lebensdauer der Bazillen und Viren. Aber ihre Überwindung ist möglich ohne gewaltige finanzielle und technische Einsätze. Der ehemalige Leiter der chemischen Abteilung der U.S. Army, General Marshall Stubbs, versicherte, daß biologische Kampfstoffe den Ausfall ganzer Kontinente bewirken.

Schließlich zeigen die neuen Waffen auch in der möglichen Steigerung ihrer Wirkungen Merkmale auf, die in krassem Gegensatz zu denen der »alten« Waffen stehen. Letztere unterliegen eben auch dem Gesetz, daß nur gewaltige Einsätze von Kapital und technologischem Wissen gewaltige Zerstörungen verursachen können. Den neuen Waffen ist das »Schneeballsystem« wachsender Zerstörung ohne gewaltige Einsätze gemein. Die Giftigkeit dieser Waffen bemißt sich nach ihrer Fähigkeit zur Infektion (Infektiosität) und Erzeugung von Krankheit und Tod (Virulenz). Beide sind von dem Niveau der Kosten und des »Know-how« der Produktion nahezu unabhängig.

Die neuen Waffen richten sich nicht gegen befestigte Anlagen, Häfen, Brücken oder Staudämme, sondern einzig und allein gegen die Bevölkerung. In der Sprache der entfremdeten Spezialisten heißt die chemisch-biologische Kriegführung ausgerechnet die »nicht zerstörende« (non-destructive) Kriegführung.

Am Ende des ökonomischen Zeitalters zerfällt nicht nur die Einheit der Leistungsgesellschaft, sondern auch die dynamische Ordnung der Staaten nach Entwicklungsstufen. Bevor noch die kämpferischen Anti-Gruppen sich richtig formiert haben, um die offenen Türen einzustoßen, sind schon die neuen Strategien und neuen Waffen in ihre Reichweite gerückt. Wie zwei blinde Giganten taumeln die beiden Blöcke in eine Epoche, deren Konturen wir heute noch nicht zu erkennen vermögen.

Die Stunde der Außenseiter

Vier Generationen haben am Aufbau unserer gegenwärtigen Gesellschaft gearbeitet. Sie waren fasziniert von der Ausbreitung wirtschaftlicher Macht und geeint in dem Wunsch nach mehr Produktion, mehr Konsum, gewaltigeren Leistungen. Auf diese Weise deckte sich immer mehr politische Macht mit wirtschaftlicher Potenz.

Washington und Moskau konnten eine Weltordnung errichten, die diesem Grundsatz entsprach. Die Führungsrolle in ihrem eigenen Block sicherten sie sich durch die Bündelung der unbestreitbar größten Potenz auf wirtschaftlichem und militärischem Gebiet. Auf der zweiten Stufe spielten alle übrigen Industrieländer die Rolle der Mitläufer in der Markt- und Planwirtschaft, in der Rüstungswirtschaft und Raumfahrt. Auf der dritten und untersten Stufe aber wurden die Entwicklungsländer von beiden Blöcken in den Anfängen wirtschaftlicher Entwicklung unterwiesen und zugleich kontrolliert.

Je gewaltiger die wirtschaftliche Macht, desto größer der politische Einfluß. Jahrzehntelang wurde die Menschheit an dieses Prinzip gewöhnt. Es bestimmte ebenso die internationalen Beziehungen wie auch die Position jedes einzelnen innerhalb der Gesellschaft. Auf ihm fußen auch die vielen »Modelle der Zukunft«.

Dennoch geht die »Weltordnung der drei Stufen« ihrem Ende entgegen. Es stürzen die Säulen der Blockstabilität. Die Macht der Giganten entzaubert sich. Sie weicht einer tiefen Ohnmacht. Mehr und mehr entgleitet die Dritte Welt der Kontrolle der Supermächte und ihrer industrialisierten Mitläufer. Auch innerhalb der Landesgrenzen zerbricht die alte Ordnung. Die alten Maßstäbe erweisen sich als unbrauchbar, die Leitbilder als trügerisch. Deshalb entzweit sich die Gesellschaft in feindliche Gruppen. Überall stößt man auf den Prozeß des Auseinanderbrechens.

Die Ursachen aber liegen vor allem im wirtschaftlichen Wachstum. Heute erst beginnen wir zu begreifen, daß es durch nichts mehr aufzuhalten ist in seiner Zwangsläufigkeit. Mehr und mehr geraten wir in den Automatismus ebenso ungehemmt wie ungewollt ablaufender Prozesse. Mehr und mehr offenbart sich wirtschaftliches Wachstum als eine gefährliche Wucherung, die immer weitere Bereiche des menschlichen Lebens überdeckt und zerstört. Was uns einstmals frei machen sollte, läßt uns heute ersticken unter der Allgewalt dieses Prozesses.

In der beginnenden Verwirrung und einer schon schwankenden Weltordnung erliegen wir allzu leicht phantastischen Trugschlüssen. So etwa glaubten wir eine Zeitlang allen Ernstes, dies sei die Folge fehlender oder falscher Planungen. Aber inzwischen entpuppen sich Planungen und Reformen als die falschen Hoffnungen entfremdeter Experten. In Wirklichkeit sind wir an dem Punkt angelangt, an dem wir ganz klar die Ursachen von den Wirkungen trennen müssen.

Die Probleme der Umwelt sind nur die Wirkungen. Wer bei ihnen verweilt, der wird noch seine Überraschungen erleben. Denn unsere Epoche geht nicht zu Ende, weil wir mit Schmutz und Lärm nicht fertig werden. Sie eilt deshalb ihrem Ende entgegen, weil wirtschaftliche Macht und politisches Wollen gegeneinander geraten. Unaufhaltsam schreitet das Wirtschaftswachstum voran, dessen innere Gesetze längst nicht mehr unserem Bewußtsein entsprechen. Wir lehnen uns gegen diese Gesetze auf und somit auch gegen die Prinzipien der Industriegesellschaft und gegen die Fundamente unserer Weltordnung.

Wir erleben heute einen phantastischen Verschleiß an politischen Parteien, Figuren und Parolen. Denn ihre Programme, ihre Taktik und ihre Versprechungen sind noch hoffnungslos an die Zwänge des Wachstums-Automatismus gekettet. Wo immer die Gesellschaft versucht, sich weiterhin auf die verlorene Einheit von politischer und wirtschaftlicher Macht zu stützen, spielt sie die Rolle des Zwangsvollstreckers unseres ökonomischen Zeitalters.

Gibt es einen Ausweg? Hier erheben sich die Stimmen derer, die nach Ordnung rufen, nach den Schutzmächten im Inneren des Landes und nach Erhaltung der Bündnissysteme. Deshalb haben wir sie die »Ordnungsgruppen« genannt. Aber, was sie fordern, ist lediglich das strikte Festhalten an den alten Fahrplänen. Und hier erheben sich auch die Stimmen derer, die nach mehr und besserer Planung rufen. Sie tun dies in der Hoffnung, daß die gewaltig angehäuften Mittel der Industriegesellschaft nur richtig eingesetzt werden müßten. Aber so unentbehrlich die Planung in Einzelbereichen bleibt – in der Unternehmung, in der Verwaltung usw. –, so sehr versagt sie heute in der Steuerung übergreifender Prozesse. Wir haben die Gründe hierfür im Wirtschaftswachstum selbst aufdecken müssen und deshalb diese Gruppen auch als die »entfremdeten Spezialisten« bezeichnet.

Bieten diejenigen einen Ausweg, die sich selber als »kritisch« oder als »engagiert« bezeichnen? Auch sie nehmen als »Anti-Gruppen« einen festen Platz im Niedergang der Industriegesellschaft ein. Sie beschränken sich auf ein bloßes Reagieren und folgen somit den Gesetzen des Verfalls. Denn auch den eigensüchtigen Konsumenten, die nach Ordnung rufen, wie den entfremdeten Spezialisten mit ihren falschen Hoffnungen ist dieselbe Hilflosigkeit gegenüber den Wucherungen des wirtschaftlichen Wachstums gemein.

Ein wirklicher Ausweg steht nur denen offen, die sich außerhalb der Zwänge des wirtschaftlichen Wachstums stellen. Man wird sie daran erkennen können, daß sie ihr politisches Wollen über die ökonomischen Verkettungen setzen, daß sie aus dem bloßen Re-agieren heraustreten und die politischen Initiativen ergreifen, daß sie die Spielregeln einer niedergehenden Gesellschaft verwerfen und neue Maßstäbe setzen. Woher sie kommen werden, aus welcher Partei oder Gruppierung, das ist eine ebenso absurde wie überflüssige Frage. Denn gerade darin unterscheiden sie sich von den entfremdeten Spezialisten und den re-aktiven Politikern der Parteien und Gruppen, daß sie ihre Ziele über die Trends der Futurologen setzen und ihre Mittel außerhalb der ökonomischen Zwangsläufigkeiten finden. Ihnen hat die Stunde geschlagen – die Stunde der Außenseiter.

Welches Programm die Außenseiter sich zu eigen machen werden – das kann heute nur Gegenstand politischer Spekulationen sein. Ob sie »links« oder »rechts« stehen, auch diese Frage trifft nicht mehr den Kern. So wie die Dinge aber liegen, werden sie fordern und nicht versprechen; sie werden agieren und nicht re-agieren. Auch in den internationalen Beziehungen werden sie die Prinzipien des ökonomischen Zeitalters nicht mehr befolgen. Sie werden die »Ordnung der drei Etagen« und diejenigen, die sich an sie klammern, herausfordern.

Welchen parteipolitischen Standpunkt sie einnehmen und welche politischen Systeme sie sich zu eigen machen werden – alles das ist nicht der entscheidende Punkt. Erkennen wird man die Außenseiter daran, daß sie ihren politischen Willen und die Wahl ihrer Mittel von den wirtschaftlichen Zwängen und den an ihnen orientierten Leitbildern lösen. Die Außenseiter werden die politische Macht nicht mehr an die Verfügungsgewalt über wirtschaftliche Potenz fesseln.

Schon kündet die Ohnmacht der Mächtigen die Wende. Die Mittel, die sich heute dem Zugriff kleiner Gruppen anbieten, sind gewaltig. Die Zentralen der Macht und die Schaltstellen der Volkswirtschaften sind im Grunde niemandem mehr verschlossen. Strategien und Taktiken sind längst für eine Handvoll Namenloser entwickelt worden. Selbst die Superwaffen der Zerstörung gelangen in die Reichweite neuer Gruppen. In der niedergehenden Ordnung der zwei Supermächte, ihrer Mitläufer und der von ihnen kontrollierten Dritten Welt erhalten nun auch diejenigen eine Chance, die nach den Gesetzen ökonomischer Entwicklung längst den Anschluß verpaßt hatten.

Wird deshalb die alte Ordnung in eine Epoche der Gewalt und Zerstörung münden? Und werden wir zu einer neuen Ordnung finden, die frei ist von den zerstörerischen Zwängen der ökonomischen Über-Entwicklung? Die Stunde der Außenseiter birgt wohl eine Reihe schwer kalkulierbarer Risiken, aber wenn sie schlägt, wird sie auch den Keim eines neuen Anfangs in sich bergen.

Register

Abhängigkeit der Entwicklungsländer 71
Abwanderung von Fachkräften 111
Afghanistan 42, 82, 87
Aggression, äußere 86
Aggression, organisierte 171
Agitation 210
Albrecht, U. 125
Alleinvertretungsanspruch 81
Amerikanisierung 144
Anti-Gruppen 205 f.
ANZUS-Pakt 27 f.
Arbeitsteilung der Militärhilfe 90
Arbeitsteilung, sozialistische 123 f.
Assuan-Damm 94
Atomindustrie 132
Atom-Sperrvertrag 133 f., 226
Aufbaugesellschaft 184
Aufstände 41
Ausgabenpolitik der Konsumenten 146 f.
Ausklammerung Europas 17 f
Außenseiter 240, 241
Automatismus 70 f., 113, 143
Automatismus der Entwicklungsprozesse 70 f., 113, 143

Balance 87
Bandung-Konferenz 89
Baruch-Plan 133
Beaufre, General 221
Befreiung des Individuums 207
Berlin-Krise 117
Bevölkerung, wachsende 51
Bhilai 83
Biologische Kampfmittel 227 f.
Blockdisziplin 141 f.
Blöcke 25
Blumenkinder 209
Botulinumtoxin 229
Breschnew 105
Bruttohilfe 67 f.
Buchau, A 215
Buchanan 31
Bündnissystem 93
Bündnissysteme der USA 27 f., 93
Bulganin 82
Bundesrepublik Deutschland 128, 142
Burdick, E. 73

Canberra Bomber 136
Cartierismus 73
Castro, F. 32 f., 62
CENTO Pakt 27 f., 94
Chemische Kampfmittel 227 f.
China 16, 122, 191 f.
Chruschtschow 26, 82, 95, 107, 185
Churchill 16, 24, 103
Clark, H. 21, 51
Clarke, R. 228

Clausewitz 220
Colegrove, A. M. 72 f.
Comsat Corporation 131
Concorde 110

DAC 66
Dampfmaschine 170
Demin, A. I. 98
Demonstranten 181
Desorientierung der Steuerzahler 167
Deutsche Demokratische Republik 121, 142
Deutsches Reich 19
Dialektik 106
Diktatur des Proletariats 122
Disziplin der Konsumenten 206, 159
Djilas, M. 195
Dominikanische Republik 36
Dragon Reactor Project 110
Dulles, J. F. 40, 133
Durgapur 83
Dymshyts, V. 83
Dynamisierung der Entwicklungsländer 61

Economic Report of the President 203
Eigendynamik des militärischen Bereichs 202
Eigenentwicklung des Wachstumsprozesses 170
Eindämmungsländer 42
Einkommenslücke 60
Einmischung der Geberländer 78 f.
Einstein 171
Eisenhower 133, 230
Eiserner Vorhang 24
Engels 107
Entmenschlichung 171
Entscheidungen im Planungsprozeß 173
Entwicklung, Stationen der 57
Entwicklungsdefekte 170
Entwicklungshilfe 39 f., 197
Entwicklungshilfe, multilaterale 199 f.
Entwicklungslücke der Entwicklungsländer 70
Entwicklungslücke zwischen den Blöcken 184
Entwicklungspläne 44 f.
Entwicklungsprozesse der Länder 54 f.
Entwicklungstempo 58
Entwicklungszeiten für Produkte 131
Entwicklungszeiten von Produkten 126 f., 131
Erfolg, meßbarer 161
Erklärung von Widersprüchen 186 f.
Eroberung der Zukunft 154
Ersatzteillieferungen 91
Erträge, nicht-monetäre 149
establishment 205
EURATOM 110
Europäisches Vakuum 19 f.
Europäisches Zeitalter 202
European Organization for Nuclear Research 110
European Space Research Organization 110
EWG 110, 122
Existenzerhaltung 163

Export der Widersprüche 199
Exporterlöse 68

Faddejew, N. 124
Fairlie, H. 205
Fanfani 108, 114
FAO 51
Finer, S. E. 219
Flexible Parity Program 49
flexible response 224
Forschung und Entwicklung 109 f.
Fort Detrick 230, 231
Fortschrittsindustrien 119
Freedman, L. Z. 171
Führerschaft im Verfall 183
Fulbright, J. W. 36
Futurologie 154

Gallup 73
Gapago, von O. 124
Gandhi 64 f., 143, 196
GATT 48
Gaulle, de 19
Geber-Nehmer-Beziehung 74
Gemeinschaftsprojekte der Waffenentwicklung 127 f.
General Motors 109
Genfer Abkommen 229
Genfer Gipfelkonferenz 25
Gesellschaften, post-industrielle 54 f.
Ghana 63, 95
Großbritannien 16, 58
Grundstoffindustrien 123
Guatemala 32
Guerilla-Strategie 225 f.
Guevara, Che 62
Guinea 63, 90, 95

Haushaltsplan 148
Hazlitt, H. 73
Hilfe-Offensive, sowjetische 76, 117
Hollister, J. B. 45
Horkheimer, M. 171
Hornig 108
Huerta 32
Hughes, D. 92

Ideologische Offensive 92
Ideologische Sprachregelung 186, 189
Ideologisches Dogma 187
Imperialistische Militäraktionen 203
Indien 42, 68, 88 f., 89, 90
Indonesien 91, 94
Industrialisierung, Gleichförmigkeit der 57
Industrielle Revolution 153
INFAS 73
Infrastruktur 149, 164 f.
Innovationen 110 f.
Institute for Strategic Studies 128, 215
International Aid 80
Interventionen 29, 31 f.
Invasion 39
Investitionsausgaben, staatl. 150
Iran 86, 91, 98
Irrationalität des Wirtschaftsablaufes 177
Isolationismus 112
Isolierung der Spezialisten 177 f.

Jackson-Report 103
Jackson, Sir R. 200

Jakubowski, I. 26
Jalta-Konferenz 22, 103
Japan 19, 193
Jefferson 31, 34
Johnson, L. B. 108
Jouvenel, B. de 172

Kahn, H. 194
Kalter Krieg 24, 41, 116
Kanada 135
Kapitalbildung 57
Kapitalinvestionen 118
Kennedy, R. 204
Kernkraftwerke 132
Kernländer 28
Kernwaffenstaaten 137
Kernwaffentechnik 133
Kissinger, H. 85, 88
Know-how 91
Know-how, militärisches 43 f., 91, 136
Kolonien 18
Kommunalismus, afrikanischer 63
Konferenz von Messina 122
Konflikte der USA 181
Konflikte zwischen Entwicklungsländern 215
Kongo 63
Kongo (Brazzaville) 95
Konkurrenzprinzip 87
Konsumausgaben, staatl. 150
Konsumentenstaat 165
Konsumgesellschaft 164 f.
Konsumsteigerung 121, 141
Konsumsteigerung der Blockmitglieder 105, 121, 141
Konsumzwang 119 f.
Kontrollfunktion der Waffenlieferanten 91
Kooperation der Geberblöcke 90
Kosten-Ertrags-Analyse 165
Kostenlücke 131
Kredite, private 69
Kreditkonditionen 66
Kriegsproduktion 42
Kriegsschulden 40
Kuba 32
Kurswechsel, politischer 56

Landwirtschaft in Entwicklungsländern 50
Langer, E. 231
Laser-Strahl 170
Lateinamerikanische Länder 87
Lateinamerikanische Staaten 29 f., 87
Lateinamerikanischer Weg 71
Lawrence, T. E. 225
lead times 131
Lebensdauer von Regierungen 220
Lederer, W. 73
Leistungsgesellschaft 154, 158 f., 202 f., 231
Lenin 93
Lerngesellschaft 157
Lieferembargo 91
Lizenzen 111
Logistik 220
Luftfahrtindustrie im sozialistischen Block 123
Luftkrieg 222
Luftstreitkräfte 91
Lumumba 63
Luttwak, E. 217, 219

Machtergreifung 217
Malaparte, C. 217
Management Information System 144
Mansfield, M. 202
Mansholt-Plan 103
Mao Tse-tung 97, 226
Marketing 144
Marketing der Raketensysteme 223
Marktautomatismus 142
Marktwirtschaft 109 f.
Marokko 91
Marshall-Plan 24 f.
Marshall-Plan technologischer 108, 114
Martinez, F. G. 36
Marx, K. 106
Materialismus, dialektischer 106
Matzke, O. 47
Mc Kean 130
Mc Namara-Ausschuß 134
Mc Neill 15
Militärhilfe 42 f., 86 f.
militärische Führungskräfte 44
Milzbrand 231
Missionare 174
Mitläuferrolle 116 f., 139 f.
Mitläuferstaaten 143
Mittelmeerflotte, sowjetische 94
MLF-Struktur 134
Modelle für die Zukunft 154
Molotow 23
Monroe-Doktrin 33 f.
Montgomery, J. D. 79
Morgenthau 19 f.
Mythos des Weltfriedens 15

Nachrichtensatelliten 131
Nahrungsdefizit 47 f.
NASA 131
Nationalismus der Blockmitglieder 121
Nationalstaat 159
NATO 25 f., 94, 104, 134
Nehru 64 f.
Neo-Imperialismus 72
Nettohilfe 67 f.
Neuer Weg der Entwicklungsländer 62
Neutralität der Geberländer 80
New York 182
Nirumand, B. 98
Nützlichkeit der Konsumausgaben 163
Nutzen der öffentlichen Ausgaben 149

OAS 104
Oberkommando NATO 25
Öffentliche Hand 148 f.
Ökonomisches Prinzip 160
Ökonomisches Zeitalter 153 f., 195 f., 222 f.
Oktoberrevolution 77, 107
Opposition, innere 190
Ordnungsgruppen 205
Overseas Development Ministry 56

Pakistan 42, 86, 94
Panzerfahrzeuge 127
Partei 106
Parteidoktrin 108
Passman, OE. 45
Patente 111
Pearl Harbor 14

Pearson Report 80, 103
Peccei, A. 113
Perfektionismus 176, 178
Permanent Nuclear Defense Affairs Committee 134
Peron 81
Pest 229, 231
Petri, A. 133
Pincus, J. 78
Planning Programming Budgeting System 144
Planung 172 f.
Planwirtschaft 120, 142, 185
Plowden-Report 130, 131
Plutonium 135
point of return 168
Polaris-U-Boot 136
Polio-Viren 228
Politik des Rohrstocks 31
Potsdamer Abkommen 21
Preismanipulation 129
Preispolitik im sowjetischen Außenhandel 124
Prioritäten der Vergabe 80 f.
Produktionsverbote für Waffen 128
Pro-Kopf-Einkommen 53 f., 58, 162
Prognosen für Entwicklungsländer 55
Pseudo-Rentabilität 176, 198
Publizitätseffekt der sowjetischen Hilfe 83

quality of life 166

Raketen 43, 132, 223
Raketensysteme 223
Randländer 28
Rapacki-Plan 134
Rassenproblem 84, 181
Raumfahrt 130
Rauschmittel 209
Reformen 173
Regulative der Planung 184
Ritch 130
Rohöl 124 f.
Rohstofflieferungen 123
Roosevelt, T. 31, 39, 115
Rose, S. 232
Rothschild, J. H. 228, 232
Rourkela 83
Rubel-Invasion 76
Rüstungsausgaben der Blöcke 125
Rüstungsexporte 126
Rüstungsmonopol 26, 104, 116, 134
Rüstungsumsätze 46
Rumänien 190
Rußland, zaristisches 77

Sacharow, A. D. 103
Salisbury, Lord R. 34
Sarin 229
Schelsky, H. 174
Schuldendienst 66 f.
Schweinebucht 33
Schwerindustrie 96
SEATO-Pakt 27 f., 91
Sekou Touré 90
Selbstlosigkeit der Auslandshilfe 77 f.
Selbstverteidigung 212
Separatisten 213
Servan-Schreiber, J.-J. 112
Sicherheitsbedürfnis 141
Souveränität, kontrollierte 141

Sozialismus, afrikanischer 63, 71
Sozialismus, wissenschaftlicher 107
Staatsausgaben 109, 146 f.
Staatsstreich 216 f.
Stabilität, bedingte 187
Stabilität der Blöcke 103
Stabilität des Geldwertes 50
Stabilität, innere 86
Stalin 16, 107, 188
Starfighter 127
status quo 23, 98, 117
Steigerung der Leistungen 160 f.
Strategie 216 f.
Stromausfall 178
Studienreisen 106
Subventionen 49
Subversion, innere 86
Südafrika 135
Sukarno 94

Tabun 229
take-off 70 f.
Taktik 220
Taylor, M. 224
Technokratie 173 f.
Technologische Lücke 108 f., 182
Technologische Zahlungsbilanz 111
Territorialkonflikte 29
Tinbergen, J. 41
Tischner, H. 124
Trägersysteme 135 f.
Transall 127
Transfer von Gewinnen 118
Truman, H. 22, 39, 42, 76
Tschechoslowakei 121
Türkei 42, 86, 94

Übersättigung der Leistungsgesellschaft 162
Überschüsse der Industrieländer 47 f.
Umwandlung der Umwelt 158
Umwelt 171
Umweltplanung 166
Umweltzerstörung 168 f.
Unternehmungen in der Leistungsgesellschaft 169
Unterordnung der Einflußgebiete 140
Uran 132
Uranspaltung 170

Vereinigte Arabische Republik 91, 94
Vereinte Nationen 22, 88, 134, 200
Vergeltung, abgestufte 26
Verlust der Maßstäbe 164
Verrechnungskurse 85
Verschuldung der Entwicklungsländer 65 f.
Versorgungswirtschaft 184
Vietnamkrieg 202, 227
Vorbild der Industriestaaten 145

Wachstumsraten in Entwicklungsländern 59
Wachstumstrend der Entwicklungsländer 60
Waffenlieferungen 86 f.
Warschauer Pakt 25, 104
Wasserstoffbombe 135, 192

Weltgeltung Japans 193
Welthandelskonferenz 89
Welt-Innenpolitik 156
Weltkrieg II 13
Weltmarkt für Weizen 48
Werbung 147
Wiederaufbau 41
Wilson, T. W. 15, 32, 34
Wilson, H. 108
Wirtschaftswunder 142
Wucherungen 168, 195, 231

Zinsleistungen an die UdSSR 85
Zukunftsplanung 154
Zwang der Dynamik 142, 145, 170 f.
Zwangssysteme der Planwirtschaft 188